하나님 뜻 앞에서
계산기를 내려놓자

특별히 _____ 님께
이 소중한 책을 드립니다.

정도출 목사의 HOLY VISION

하나님 뜻 앞에서 계산기를 내려놓자

정도출 목사 지음

나침반

생사의 고비에서 예수님을 만난 후…

10년도 더 된 일이다. 기독교 서점에 들러 책을 보다가 나침반 출판사에서 나온 책이 눈에 띄어 꺼내 보았다. 표지도 깔끔하고 내용도 참신했다. 그걸 보면서 나도 모르게 "아, 나중에 내가 책을 쓰게 된다면 이 출판사에서 만들어야겠다"라고 중얼거렸다.

그리고 내 기억에서 완전히 사라졌던 그 일이 올 초에 갑자기 수면 위로 떠올랐다.

나침반출판사 김용호 대표와는 일면식도 없었는데... 내 소문(?)을 듣고 책을 내자고 전화를 한 것이다. 느닷없는 전화 한 통과 함께 그 옛날의 기억이 다시 떠올랐다. 하나님은 그저 중얼거렸을 뿐인 그 한 마디도 땅에 떨어뜨리지 않으시고 기억하고 계셨던 것이다.

하나님의 전적인 사랑을 받는다는 것, 그리고 내 마음의 작은 바람이 아름다운 꿈으로 영글 때까지 기다려주고 또 기억하시는 하나님이 함께 하신다는 것, 내 나그네 길의 세월을 인도하신 하나님의 선하신 손길을 떠올리며 내가 자랑할 것은 오직 주 예수 그리스도 밖에 없다는 것을 이 일로 다시 나는 깨달았다.

하루하루 숨 붙어 살아갔던 나는 내일을 기약할 수 없었고, 찢어지게 가난한 환경은 공부할 기회를 앗아가 버렸다. 꿈조차 꿀 수 없는 가혹한 환경이었다. 내가 가진 것으로는 아무것도 이룰 수 없었다. 지금 세대가 말하는 7포세대(연애, 결혼, 출산, 인간관계, 내집, 희망, 꿈)의 원조가 바로 나였다.

체념과 포기가 일상화됐던 내 인생은 불행하지는 않았지만 행복하지도 않았다. 하지만 하나님께서는 내가 그렇게 살길 원하지 않으셨다. 하나님은 좌절과 분노로 뒤엉켜 있는 내게 직접 찾아오셔서 세상이 그어놓은 한계선을 지우고 새로운 가능성과 꿈을 심어주셨다.

생사의 고비에서 예수님을 만난 후 내 인생은 완전히 바뀌었다. 예수님 안에서 진정한 '나'를 만났고, 하나님의 창조 질서를 회복시켜 가는 아름다운 사역에 동참하고 싶은 꿈을 갖게 하셨으며 그로 인해 지금 나는 내게 주시는 능력 안에서 그 꿈을 실현시키며 살 수 있는 큰 복을 누리고 있다.

사람들은 지금 시대를 일컬어 꿈을 꿀 수 없는 시대라고 한다. 희망이 상실된 세상이라고 한다. 세상을 바라보면 분명 그렇다. 하지만 엉망진창이 된 세상을 바라보시면서도 다시 회복시킬 것을 꿈꾸며 오늘도 우리를 부르시는 하나님, 그 불가능한 꿈을 이루시기 위해 역사의 주인이 되어 우리의 마음과 영혼을 빚어가시는 하나님을 바라볼 때 우리는 비로소 꿈을 소유할 수 있다.

그 꿈을 소유하고 하나님의 능력 안에서 실현시켜 나갈 때 우리는 다윗이 고백한 하나님이 주시는 진정한 기쁨, "주께서 내 마음에 두신 기쁨은 그들의 곡식과 새 포도주가 풍성할 때보다 더 하나이다"(시편 4:7)을 누릴 수 있다.

주님이 주신 이 기쁨을 나와 같이 주님을 섬기는 비전교회 성도들께 감사하며 함께 나누고 싶다. 그리고 나의 이야기를 잘 정리해준 함혜원 작가와 나침반출판사 담당자들의 수고를 기억하며, 무엇보다도 언제나 어디든 함께 해준 아내 박정옥 사모와 큰아들 성욱, 딸 성혜 막내 성민에게 사랑과 감사를 전하고 싶다.
또한 이 책을 읽는 모든 분들이 하나님 안에서 아름다운 꿈을 꾸며 풍성한 기쁨을 누리길 기도한다.

하나님의 엄청난 사랑을 찬양하며
정도출 목사

CONTENTS

1부

아버지처럼 별스럽게
예수를 믿지 않으리라!

지금이야 아버지의 마음을 되짚어 이해할 수 있다. 하지만 그때는 너무 어렸고, 중학교도 못 갈 만큼 형편이 어렵다보니 '집안을 망하게 한 하나님께 왜 저렇게 충성을 바치나. 정말 동네 사람들 말대로 우리 부모님은 참 바보 같이 사신다'라고 밖에 생각되지 않았다.

거꾸로 선 아이

바울은 자신이 사도가 된 것은 스스로의 선택이 아니라 어머니의 태에서부터 하나님의 택정하심이 있었기 때문이라고 고백하였다. 이 고백을 들을 때마다 가슴이 뜨거워진다. 사도 바울의 이 고백이 나의 고백이기 때문이다. 나 역시 어머니의 태로부터 나를 선택하시고 은혜로 부르신 하나님의 뜻에 순종하여 목회자로 살고 있다. 바울의 인생만큼 굴곡진 삶은 아니었지만 내 삶이 마냥 평탄하고 순탄했던 것은 아니다. 그러나 "그리스도의 고난이 우리에게 넘친 것 같이 우리가 받는 위로도 그리스도로 말미암아 넘치는도다"(고린도후서1:5)라는 말씀처럼 고난은 있었으나 주님으로부터 받은 위로와 축복이 넘쳤다. 고난과 함께 오는 위로는 내가 태어날 때부터 시작되어 내 삶의 동반자처럼 계속됐다.

　내 고향 포항은 우리나라 지도를 펼쳤을 때 호랑이 꼬리 부분에 해당되는 후미진 곳이다. 그중에서도 내가 태어나 자란 오천읍은 포항 시내에서도 남쪽으로 깊숙이 들어가야 되는 외진 마을이었다. 시골 깡촌이라 제대로 된 병원도 없었다. 그런데 나는 겁도 없이 세상에 발부터 내밀었다. 아이가 세상에 나올 때는 머리부터 나와야 정상인데 나는 그 좁은 자궁 안에서도 길을 잃어버렸는지 머리를 위로 한 채 거꾸로 자리를 잡고 있었다고 한다.
　지금 의학기술로야 태아가 거꾸로 앉아있어도 수술을 통해 안전하게 출산할 수 있지만 1949년에 '역아'(거꾸로 있는 태아)는 죽은 아이나 다름없었다. 제왕절개가 일반화되지 않았기 때문에 태아를 억지로 꺼내다가 산도에 머리가 걸려 빠져나오지 못하는 경우가 다반사였다. 천신만고 끝에 아이가 무사히 나왔다 해도 목숨을 보장할 수 없었다.

　태아도 산모도 살 길은 오직 하나, 뱃속에서 방향을 바꾸는 것뿐이었다. 그래서 진통이 심한 중에도 어머니와 의사는 뱃속의 내 자리를 바꿔보려고 갖은 노력을 다 기울였다고 한다. 나중에는 병원에 있던 모든 의료진들이 다 달라붙어 9시간 가까이 사투를 벌였지만 끝내 내 고집을 꺾지 못했다. 뱃속의 아이는 꼼짝 않고 산모의 몸만 만신창이가 됐다. 아이를 살리려는 욕심에 산모가 생명을 잃을 수 있는 절체절명의 위기였다. 이미 반송장처럼 탈진해버린 어머니를 보며 결국 의사는 아버지를 불러 산모와 아이 중 한쪽을 선택하라고 했다.

그 말을 듣자마자 어머니는 나를 선택하셨다. 아버지가 대답도 하기 전에 아들인 나를 살리겠다고 하신 것이다. 긴 산고 끝에 어머니는 내가 아들인 것을 알고, 고통 중에서도 마음에 기쁨이 넘치셨단다. 2대 독자 집안에 시집와서 딸만 내리 두 명을 낳았기 때문에 며느리로서의 본분을 다하지 못했다는 죄책감이 있었는데, 나를 무사히 살려내면 집안의 대를 이을 수 있으니 그보다 더 큰 경사는 없다고 생각하신 것이다. 내가 죽더라도 아들을 낳겠다는 어머니의 뜻이 워낙 강경하여 아버지도 의사도 차마 반대하지 못하셨다고 한다. 결국 내가 최종 선택자로 낙점됐다.

그 다음부터는 나를 어떻게 뱃속에서 안전하게 *끄*집어내느냐가 문제였다. 의사는 기계를 어머니 뱃속에 집어넣어 내 몸의 방향을 돌리는 방법 밖에 없다고 했다. 산모에게는 치명적이지만 내가 세상 빛을 볼 수 있게 하는 최선의 방법이었다. 하지만 뱃속의 나도 고집이 만만치 않았던 모양이다. 자리를 바꾸지 않으려고 요리조리 기계를 피해 다닌 덕분에 한 시간 넘게 사람들의 진땀을 *빼*며 기진맥진하게 만든 후에야 세상에 머리를 들이밀었다고 한다.

어머니의 목숨을 담보로 살아난 아이, 하지만 어머니도 의사도 나의 첫 울음소리를 들으며 다들 맥이 빠졌다고 한다. 그렇게 가냘프고 힘없는 울음소리는 들어본 적이 없었기 때문이다. 다행히 손가락, 발가락, 눈, 코, 입은 있어 구색은 맞췄지만 숨만 겨우 붙어있는 위태로운 생명이었다. 세상 구경 한 번 한 것으로 만족해야 할 그 핏덩이를 낳기 위해 피를 너무 많이 흘리고, 척추와 자궁이 다 망가진 어머니는 고통으로 정신을 잃으셨다.

의사는 아버지에게 "마음의 준비를 하셔야 할 것 같다"고 최종 통고를 했다. 한 사람이라도 살리려고 했지만 결과적으로는 두 사람 다 놓칠 수 있게 된 것이다. 하지만 아버지는 내가 태어났다는 사실 그 하나만으로 감격하고 또 감동하셨다. 이미 죽었다고 생각했던 아들을 무사히 태어나게 하신 하나님께서 두 사람의 목숨을 책임지실 거라는 강한 확신이 있었기 때문이다. 아버지는 우리 모자의 생명은 하나님께 맡기고, 감사의 기도를 드리셨다. 아들 없는 집안에 아들을 주셨으니 이 귀한 아들을 하나님의 종으로 바치겠다고 서원기도를 하신 것이다.

그리고 이름도 도출(道出)이라고 지으셨다. 우주의 본체이며 근본이신 하나님(道)을, 세상에 나가서 전파(出)하는 부흥사를 뜻하는 도출(道出)은 다름아닌 아버지의 신앙고백이었다. 아들이 부흥사가 되어 복음 들고 세상에 나가 하나님의 말씀을 전하게 해 달라고 기도하시며 아버지는 내 이름 속에 하나님에 대한 감격과 사랑을 고스란히 담음과 동시에 나를 하나님께 바치셨다.

물론 나를 부흥사로 바치신 데는 부흥사에 대한 아버지의 선망과 존경의 마음도 크게 작용했다. 어머니와 결혼하시면서 교회에 다니게 된 아버지가 부흥회에서 하나님을 만나셨다. 당시 부흥사로 유명하셨던 이성봉 목사님(李聖鳳 1900~1965)의 부흥회에서 예수님을 구주로 영접하고 영생을 얻어 하나님의 자녀가 된 아버지는 부흥사를 생명의 은인으로 여기셨다. 영원한 생명으로 인도하는 부흥사, 하나밖에 없는 아들이 사람들의 생명을 구하는 귀한 사역을 하게 된다면 얼마나 좋을까, 아들에 대한 다함없는 사랑과 축복이 내 이름과 아버지의 서원기도 속에 담겨 있다.

복덩어리? 병덩어리!

아버지는 나를 항상 복덩이라고 부르셨다. 하지만 실제로 나는 병덩어리였다. 가난한 집안에서 태어났다면 아무리 2대 독자라도 아마도 천덕꾸러기 신세를 면치 못했을 것이다. 다행히 아버지는 면사무소 직원인데다 집안 대대로 내려오는 전답도 있어서 큰 부자는 아니었지만 끼니를 걱정할 정도는 아니었다.

하지만 병덩어리인 내가 복덩이 대접을 받은 건 집안이 넉넉해서만은 아니었다. 살은 오르지 않고 골골대기만 하는 나도, 하반신 마비가 되다시피 해서 자리보전하고 누운 어머니도 하나님께서 반드시 일으켜 주실 거라는 아버지의 믿음 덕분이었다. 아버지는 하루하루 생명을 이어가는 나를 대견하게 여기시며 나로 인해 큰 축복을 받으셨다고 하셨는데, 그 확신은 한국전쟁을 겪으면서 더 확고해졌다.

내가 태어나고 그 이듬해에 한국전쟁이 발발했다. 전쟁과 동시에 파죽지세로 남하하던 북한군은 이틀 만에 서울을 점령하고 부산을 향해 내려오고 있었다. 낙동강방어선의 최전방에 속했던 포항은 최대 격전지로 북한군과 한국군이 사투를 벌였던 곳이다. 그 당시 전투가 얼마나 치열했는지 영일만 바다가 피로 붉게 물들었었다고 한다.

그러다보니 거뭇하게 수염만 나도 무조건 징집 대상이 되었다. 우리 집에도 군인들이 총을 앞세우고 찾아왔다. 무조건 끌고 가려는 군인들에게 아버지는 나와 어머니를 안전한 곳에 피신시킨 후 곧장 가겠다고 말씀하셨다.

그러나 긴박한 전쟁 중에 그런 사정을 봐줄 리 없었다. 군인들은 당장 나오라며 소리를 질렀고, 그 서슬에 놀란 내가 울음을 터뜨렸다. 그때 군인들이 나를 발견했다. 그때 겨우 숨만 붙어서 쌕쌕거리는 갓난쟁이, 울음소리조차 크게 내지 못하는 나를 보고 군인들의 마음이 약해졌는지, 빨리 아이를 피신시키라며 아버지의 등을 떠밀었다고 한다.

그 덕분에 우리 가족은 난리 통을 벗어나 30리 너머로 피난을

갈 수 있었고, 무사히 전쟁을 지날 수 있었다. 아버지는 이 모든 것이 하나님께 복덩이를 바쳤기 때문에 복을 주신 거라며 나를 더욱 귀하게 여기셨다.

전쟁에서는 살아남았지만 내 명줄은 그리 튼튼하지 못했다. 늘 병을 달고 살았기 때문에 어려서부터 우리 집에서는 한약 달이는 냄새가 가실 줄 몰랐다. 전쟁이 끝나자 바로 홍역에 걸려 사경을 헤맸고, 겨우 사람이 되나 싶어 한시름 놓을 무렵에는 무릎을 크게 다쳤다.

고모가 발을 헛디뎌서 주저앉았는데 하필이면 내 무릎 위에 넘어진 것이다. 가뜩이나 약했던 뼈에 충격이 가해지자 완전히 빠개졌다. 정신없이 나를 둘러업고 병원에 갔지만 의사는 비관적이었다. 약 처방을 하기엔 너무 어렸고, 그 당시 의술로는 수술도 불가능한 상황이었다. 속수무책인 건 한의원도 마찬가지였다.

침도 한약도 소용없는 한 살배기에게 해 줄 수 있는 건 민간요법뿐이었다. 어머니는 뼈 다친 데는 치자만한 게 없다는 얘기를 들으시고는 밀반죽에 치자 물을 섞어서 아침저녁으로 무릎에 붙여주셨다. 무명천으로 만든 붕대로 무릎을 감을 때마다 어린 나는 싫다고 발버둥 치며 울었다고 한다.

그때마다 어머니는 내가 살겠다고 발버둥치는 것 같아 가슴이 미어졌다고 한다.

"하나님 이 작고 가여운 것을 불쌍히 여겨 주세요."

어머니의 기도가 간절해질수록 내 다리에도 조금씩 힘이 생겼다. 기도와 지극정성으로 돌본 어머니 덕분에 일 년이 채 되기 전에 다리가 완치되었다.

그렇다고 해서 다른 아이들처럼 산으로 들로 뛰어다닐 만큼 튼튼해진 것은 아니다. 하지만 내가 망아지처럼 뛰어다니지 못한 것은 다리가 아니라 오장육부 때문이었다. 워낙 약골로 태어나다 보니 폐활량이 낮고 심장은 약한데다 기운마저 없어서 대여섯 걸음만 걸어도 숨이 차고, 기운이 없어서 걷질 못했다.

그러다보니 노상 다른 사람 등에 업혀 다녔다. 학교 다니기 전에는 집에서 궂은일을 맡아 해주셨던 아저씨와 누나의 등에 업혀 살았고, 오천초등학교에 입학해서는 옆집에 사는 세 살 많은 동급생이 날마다 업어서 학교에 데려다 주었다. 우리 집 바로 옆에 면사무소가 있고, 그 옆에 학교가 있어서 엎어지면 코 닿을 곳인데도 한 번도 제대로 걸어서 가 본 적이 없다.

그렇게 비리비리해서 가족은 물론 남들의 걱정을 샀던 나도 펄펄 날 때가 있었다. 온 마을을 다니며 장독을 깰 때가 바로 그때다. 내가 어렸을 때만 해도 집집마다 뒤란에 장독대가 있었다. 모름지기 장독대란 집안에서보다 집 밖에서 더 잘 보이는 터라 동네 개구쟁이들의 표적이 되곤 했다. 햇빛 잘 드는 곳에 놓인 항아리들이 반짝반짝 윤이 나면 아이들은 장독마다 새총을 겨누며 입맛을 다시곤 했다.

하지만 실제로 새총을 쏘는 아이는 없었다. 먹을 게 귀했던 그 시절에 장독은 온 가족의 식량 창고나 마찬가지였다. 나이는 어렸어도 눈치가 빨랐던 아이들은 장독 대신 애꿎은 참새 뒤꽁무니만 좇았다. 솔방울을 총알 삼아 참새를 잡겠다고 헛심을 빼는 게 일과였다.

하지만 나는 달랐다. 가뜩이나 기운이 없는데 참새를 잡는 것처럼 실현가능성이 없는 일에 매달릴 체력이 부족했다. 게다가 뒷일은 생각지 않고 재미있으면 무조건 달려드는 철부지였기 때문에 장독만 목표물로 삼았다. 그중에서도 항아리에 홍고추와 새까만 숯, 푸른 솔가지가 새끼줄에 엮여져 있는 것만 보면 두 번 생각하지도 않고 새총을 쐈다. 그건 십중팔구 간장독이기 때문이다.

된장이나 고추장 독은 맞혀봤자 별 재미가 없었다. '픽' 소리가 날뿐, 장독 깨는 맛이 안 났는데 간장독은 그야말로 오감만족이었다. '쨍' 소리와 함께 항아리가 깨지면서 크게 기침하듯 '쿨럭' 간장이 쏟아지는 걸 보는 재미가 오금이 저리도록 짜릿했다.

내 머리통 바로 위에서 호통을 치는 것처럼 벼락같이 소리를 치며 뛰어 나오는 어른들을 피해 내달리는 것도 스릴 넘쳤다. '이놈의 자식' 소리를 지르며 달려 나오지만 바로 내 앞에서 헛웃음을 지며 맥없이 돌아가셨기 때문에 나는 내가 세상에서 가장 빠른 아이라고 생각했다. 다른 건 몰라도 36계 줄행랑은 누구보다 잘 할 수 있다고 우쭐댔다.

그런데 그분들이 방향을 바꿔 가신 곳이 우리 집이었다. 기껏 도망친다는 게 그 집 울타리도 채 못 벗어나 나무 뒤에서 숨만 할딱거리는 나를 잡아서 혼낸들 무슨 소용이 있겠나 싶어 못 본 척 봐주신 것 같다.

나를 못 잡을 거란 확신이 들어도 뒷일은 걱정되기 마련이다. 마음 한구석이 켕겨서 마지못해 걸음을 되짚어 집으로 가면 아버지가 나를 대신해 봉변을 당하고 있었다. 집을 둘러싸고 있는 높다란 대나무 울타리에는 내가 던져놓은 책보자기가 휘장처럼 걸려 있었고, 화단에는 책과 공책이 흩어져 있었다. 어른들은 그것을 보고는 혀를 차면서 아버지에게 "아들을 이렇게 키워서 어쩌려고 그럽니까. 귀한 아들일수록 천하게 키우라고 했는데, 이렇게 세상 무서운 줄 모르게 철딱서니로 키웠다가는 나중에 후회합니다"라고 말씀하셨다. 그리고 나 때문에 온 동네 장독이 성할 날이 없다고 성토 아닌 성토를 하셨다.

무섭게 혼을 내야 못된 습관을 고칠 수 있다고 충고하는 마을 어르신들의 말씀에 아버지는 아무 대답도 하지 않으시고 그저 "미안하다"고, "마음 푸시라"는 말씀만 하셨다. 그렇게 마음을 달래시고는 장독과 간장값을 후하게 주시곤 했다. 사흘이 멀다 하고 그런 법석이 일어났지만 아버지는 한 번도 나를 탓하거나 혼내지 않으셨다. 오히려 슬금슬금 눈치 보며 숨는 나를 불러내 머리를 쓰다듬어 주시곤 했다. 천성이 부드럽고 선한 분이셨던 아버지는 개구쟁이였던 나의 모든 행동을 사랑으로 받아주시고, 너그럽게 이해해주셨다. 그런 아버지 덕분에 귀신도 피해가게끔 금줄까지 두르며 애지중지하는 간장독을 깨고 다니면서도 마을 사람들에게 머리 한번 쥐어 박히지 않았다.

예수 믿어 망한 집

아버지는 포은 정몽주 선생의 후손이다. 하지만 그것만으로 마을 사람들의 존경을 받은 건 아니다. 어려운 처지에 있는 사람들을 그냥 지나치지 못했던 아버지는 그 넉넉한 인품으로 자타공인 덕망 높은 마을 유지 역할을 감당했다. 그런 아버지의 아들이었기에 천둥벌거숭이로 온 동네를 헤집고 다녀도 나를 향해 눈살 한번 찌푸리는 사람이 없었던 것이다.

아버지의 아들이라는 이유만으로 마을 사람들에게 귀염을 받을 만큼 아버지는 신망이 두터웠다. 그런 아버지에게 마을 사람들이 딱 하나 못마땅하게 생각하는 게 있었다. 바로 예수를 믿는 것이었다. 마을 사람들이 보기에 아버지는 예수를 믿어 망한 사람이었다.

(정영학 장로, 큰누나 정정자(오른쪽),
작은누나 정영자(왼쪽) 정도출(가운데)
막내동생 정해숙(맨앞)

법 없이도 살만큼 선량한 사람이 어느 날 갑자기 예수에 미쳐서 30리 밖에 있는 교회에 허구한 날 다니더니만 느닷없이 교회를 우리 마을에 세우겠다며 논과 밭은 물론 과수원과 산까지 다 팔아치웠으니 다들 미쳤다고 생각했다.

가난해도 좋고, 아파도 감사하고, 고난이 와도 하나님만 믿을 수 있으면 복을 받은 거라고 굳게 믿는 아버지를 마을 사람들은 이해할 수 없었다. 그래서 마을 사람들은 아버지를 볼 때마다 하필이면 예수에 미쳐서 그 많던 재산을 다 버렸다고 오랫동안 자기 일처럼 안타까워했다.

아버지는 그런 평판에 전혀 개의치 않으셨다. 그리고 우리 집 가까운 곳에 교회를 세우는데 전심을 다하셨다. 전도 받으신 후 아버지는 어머니와 함께 시내에 가까운 곳에 있는 광명교회에 다니셨다. 그 교회는 초대 선교사가 세운 교회로 역사와 전통을 자랑하는 교회로 은혜가 넘치는 곳이었다.

하지만 한 가지 치명적인 단점이 있었으니 그것은 너무 멀다는 것이었다. 우리 마을 분들을 특히 초신자를 전도하여 데리고 가기에 30리 길은 까마득했다. 그래서 우리 마을에도 교회가 생기길 바라는 마음만 갖고 있었는데 내가 태어나면서 아버지가 직접 교회를 짓겠다는 결단을 하셨다. 나의 출생이 아버지 믿음의 기폭제가 된 것이다.

2대 독자가 태어났지만 집안에는 우환이 겹쳤다. 내 생명은 언

제 꺼질지 모를 정도로
유약했고, 어머니의 병세
는 점점 위중해져서 내
일을 기약하기 어려울
정도였다. 그런 상황에서
아버지가 의지할 수 있
는 분은 오직 하나님뿐
이었다. 아버지는 목사님

정영학 장로 면장취임

이 심방오시면 함께 예배드리고, 못 오실 때는 마을에서 함께 교
회 다니는 두 분과 함께 기도하셨다. 그렇게 날마다 믿음의 제단
을 쌓으시면서 아버지와 어머니의 하나님의 임재를 체험하셨다.

"두세 사람이 내 이름으로 모인 곳에는 나도 그들 중에 있느니라."(마태
복음 18:20)라는 말씀대로 하나님은 그곳에 함께 계셨고, 회복의
역사와 함께 아버지와 어머니께 군건한 믿음의 능력을 주셨다.

석 달 만에 건강을 되찾으신 어머니는 아버지와 함께 복음을
전하는데 앞장서셨다. 예배 속에 임하시는 하나님을 체험한 두
분은 가까운 곳에 교회 세우기를 간절히 바라셨고, 결국 재산을
팔아 교회를 건축하기로 하셨다. 아버지는 함께 광명교회에 다니
셨던 두 분과 이 일을 의논하시며 그 중 젊은 분께는 신학 공부
하기를 권하셨다. 목회자가 귀했던 시기라서 교회 건축과 함께
목사님을 보내달라고 기도드렸는데 하나님께서는 아버지에게 목
사도 세우라는 응답을 주셨다. 그래서 청년인 분은 신학을 공부

하고, 장년인 두 분은 장로로서 목사님을 섬기기로 하셨다.

교회는 우리 집에서 5리 정도 떨어진 곳에 있는 우리 땅에 짓기로 했다. 부지가 결정되자 건축비가 급해져서 아버지는 논과 밭, 과수원과 산까지 한꺼번에 다 내놓고 뭐든 빨리 팔리기만 기도하셨다. 그리고는 하나 둘씩 재산이 팔려 없어질 때마다 아이처럼 기뻐하셨고, 즐거워하셨다. 다른 사람들은 도저히 이해할 수 없는 일이었다. 잔돈푼이라도 쌓이는 맛이 있어야 사는 재미가 있는데 전 재산을 다 교회 짓는데 쏟아붓고도 벙싯벙싯 웃고 다니니 예수 때문에 아까운 사람을 버렸다고 안타까워했다. 그들 보기에 더 답답한 것은 내외가 같이 예수 밖에 모른다는 것이었다. 바깥양반이 별나게 믿으면 안사람이라도 살 궁리를 해야 되는데 평생을 모아도 가질 수 없는 재산을 안팎으로 다 교회에 갖다 바치니 예수 믿어 망한 집이라고 혀를 찼다.

어린 내가 보기에도 아버지와 어머니는 참 별나게 하나님을 섬겼다. 물론 마을 사람들이 말한 것처럼 우리 집이 예수를 믿어 망하지는 않았다. 그때 아버지는 면사무소 직원으로 계셨고, 얼마 안 있어 면장이 되셨기 때문에 먹고 사는 걱정은 없었다. 딸셋 아들 한 명을 키우기에 아버지의 월급은 넉넉하여 집에는 항상 가사 일을 돕는 분과 집안의 허드렛일을 해주시는 아저씨가 계셨다. 그래도 사람이 오늘만 사는 게 아닌데 내일을 위한 준비는 전혀 없었다. 우리 부모님은 내일은 하나님께 맡기고 오늘 충성하는 삶을 사셨다. 아버지도 어머니도 하루 일과의 대부분을 주의 일을 하는데 헌신하셨다.

새벽기도에 가셨다가 아버지는 교회와 주변을 깨끗하게 청소하신 후에 출근하시고, 어머니는 집안일을 간단히 마친 후에 목사님과 함께 심방을 다니셨다. 내가 유모의 등에 업혀 있을 때도, 한두 발짝씩 떼며 걸음마를 할 때도, 온 동네 장독을 깨고 다닐 때도 어머니의 일과는 바뀌지 않았다. 어린 시절 내가 기억하는 어머니는 하얀 옥양목 한복 위에 까만 성경책을 들고 있는 '전도부인'의 모습이었다.

어머니는 아침나절에 심방을 나가서 저녁 어스름이 돼서야 들어오셨다. 그 사이 나는 유모와 터울 많은 누님들이 돌봐주었다. 그러다보니 유모와 누님들에게 특별한 사랑을 많이 받았다. 특히 나와 터울이 많이 지는 큰 누님은 나에겐 어머니와 다름없었다. 누나 등에 업혀 까무룩 늦은 낮잠을 자고 있으면 어머니가 종종걸음으로 집에 돌아오셨다.

아버지의 퇴근 시간과 어머니의 귀가 시간은 엇비슷했다.

부랴부랴 저녁을 준비해서 먹고 나면 아버지는 또 교회로 향하셨다. 다음날 새벽예배를 위해 청소하고, 주변을 둘러보고 기도하시다가 9시가 돼서야 집에 돌아오셨다. 그리고 나와 내 동생이 잠들고 나면 산으로 철야기도를 가셨다. 두 분은 그야말로 기도와 예배로 꽉 찬 삶을 사셨다. 하나님 섬기고 예수 믿는 것을 최우선으로 여기셨던 두 분에게 세상일은 항상 뒷전이었다. 정말 예수 밖에 모르는 분들이셨다.

아버지는 전도왕, 어머니는 전도부인

부모님이 신앙생활을 하면서 가장 중요하게 생각하신 것은 복음을 전하는 일, 전도였다. 어머니는 전도부인으로 심방 위주로 가가호호 찾아다니며 전도를 하셨다면 아버지는 지역 유지로서의 위치를 잘 활용하셨다. 그 당시만 해도 시장이나 군수, 경찰서장 등이 새로 부임해 오면 지역 유지를 찾아다니며 인사를 했다. 지역에서 선출된 분이 아니라 중앙에서 내려온 분들이기 때문에 정책이나 일을 할 때 지역 유지들의 도움이 절대적으로 필요했다.

아버지 정영학 장로

그래서 지역 유지들과의 관계를 굉장히 중요하게 생각했다. 그런 상황을 다 파악하고 계셨던 아버지는 시장이나 군수, 경찰서장이 당신을 찾아오면 항상 목사님을 만나보시라고 추천하셨다. 아버지는 면장이셨고, 포은 정몽주 선생의 후손으로 그 지역에서는 대대로 알아주는 유지였는데도 불구하고 "오천읍에서 가장 영향력 있는 분은 김성호 목사님이십니다. 그분과 만나셔서 의논하세요"라고 말씀하시며 목사님 댁 주소를 쥐어주셨다. 그리고 저녁에 목사님을 찾아가 봉투를 드리며 그 다음날 찾아온 분을 찾아가 인사 답례로 식사 대접을 하시라고 말씀하셨다. 자연스럽게 친분을 쌓을 수 있는 기회를 만들어주신 것이다.

그렇게 목사님과 군수, 경찰서장 등이 친구처럼 허물없어지면 어려운 일이 생길 때 도움받기가 쉬워진다. 예를 들면 건축허가를 받아야 하는데 계속 미뤄지거나 삼림지소 허가를 받아야 벨 수 있는 나무 벌목을 해야 할 때, 아이들끼리 싸워서 경찰서에 붙들려 갔을 때 군수나 경찰서장에게 부탁하면 억울한 일을 당하지 않고 원만하게 해결할 수 있는 길이 열린다.

물론 교회가 주민들의 민원을 해결하는 곳은 아니지만 어려운 일을 해결하기 위해 사람들이 문턱 높은 관공서보다 교회에 더 자주 오다보면 전도가 수월해질 거라고 아버지는 생각하셨다. 그래서 아버지가 할 수 있는 일도 다 목사님과 의논드리라고 하시며 당신은 뒤로 숨으셨다. 그렇게 목사님을 높여드리고, 사람들이 목사님께 신뢰감을 가져야 교회가 성장할 수 있다고 믿으셨기 때문이다. 아버지의 겸손과 목사님의 헌신을 하나님께서 받으셨는지 교회가 불일 듯 일어나 그 당시 지역교회에서는 드물게 교인이 이천 명이 넘는 교회로 성장하였다.

교회는 우리 집 사랑채

교회가 그렇게 성장하기까지 우리 부모님은 목사님 못지않게 바쁘셨다. 그래도 하나님께 부모님을 뺏겼다고 생각한 적도, 매일 교회 일로 바쁜 부모님께 불평한 적도 없었다. 옹알이할 때는 유모 등에 업혀서, 걸음마할 때는 어머니 손을 붙잡고 새벽예배에 참석했던 나에게 교회는 우리 집이나 다름없었다. 어른들이 많이 모이시는 사랑채 같았다. 그러니 아버지 어머니가 안방에 계시는 게 자연스러운 것처럼 교회에 계시는 것 또한 내게 당연한 일이었다.

고향에 있는 오천교회에서는 아마도 내가 최연소 새벽예배 장기 출석자일 것이다. 부모님은 내가 바깥출입이 가능한 달수를 채우자마자 새벽예배에 데리고 가셨다. 갓난쟁이 때야 유모에게 업혀 다녔지만 좀 커서는 부모님과 셋이 걸어서 새벽예배에 갔다. 그런데 재밌는 건 교회에 갈 때는 셋이었지만 집에 올 때는 언제나 혼자였다. 잠든 나를 부모님은 교회에 두고 먼저 가신 것이다.

마룻바닥 위에 방석을 깔고 앉으면 잠이 왜 그리 쏟아지던지, 십자가가 어른거리고 목사님 설교가 먼 데서 들리는 것처럼 희미해진다 싶으면 그만 잠이 들곤 했다. 웅얼거리는 기도소리를 자장가 삼아 선잠 든 내가 깰까봐 부모님은 살짝 이불만 덮어주시고 가셨다. 교회가 텅 비었으니 얼마나 조용했겠는가, 거기서

동이 틀 때까지 실컷 자고 일어나면 기분이 상쾌했다. 어둑할 때 깼으면 무서웠겠지만 이른 아침 교회는 신비로웠다.

십자가 앞을 비추는 햇살에 먼지는 금가루처럼 반짝였고, 마룻바닥은 따끈따끈하게 데워져 있었다. 마치 잘 정돈된 할아버지 방에서 늘어지게 자고 일어난 것 같았다. 그렇게 매일 아침 교회에서 눈을 뜨다보니 그곳이 우리 집이 된 것이다. 그래서 아버지와 어머니가 교회 일로 바쁘신 것에 대해서는 눈곱만큼도 불만이 없었다.

하지만 먹는 문제는 좀 달랐다. 넉넉하게 살았다 해도 하루 세 끼 밥걱정을 안했을 뿐이지 주전부리나 특별식은 꿈도 꾸지 못했던 그 시절에 참외나 배, 감 같은 과일이나 떡과 약과 같은 건 구경하기도 쉽지 않았다. 그런데 우리 집에 그런 떡과 과일이 산더미처럼 쌓여 있을 때가 있었다. 바로 목사님께서 심방오시는 날이다.

심방 받는 날이면 꼭두새벽부터 온 집안이 목사님 맞이에 분주했다. 어머니는 떡을 찌고, 과일을 씻고, 고깃국을 끓이시며 만반의 준비를 하셨고, 나는 어머니 뒤를 졸졸 따라다니며 호시탐탐 먹을 것을 노렸다. 기름에 갓 부쳐낸 빈대떡의 고소한 냄새에 홀려 나도 모르게 입을 갖다 대면 어머니는 "목사님이 먼저 잡숫고 나서 먹어야지"라고 말씀하시며 빈대떡 접시 위에 소쿠리를 덮어놓으셨다. 그저 한입만 먹고 싶다는 것인데 야멸차게 대하시는 것 같아 부아가 나기도 했지만 그래도 수북하게 쌓인 빈대떡을 보며 기대감을 높였다.

그렇게 아침 내내 향긋한 과일향과 콩고물 묻힌 떡의 구수한 냄새의 유혹을 이기며 목사님의 식사가 끝나기만을 학수고대했다. 어른들이 예배드리는 내내 나는 방문에 바짝 붙어서서 침만 꼴딱꼴딱 삼키고 있었다. 길고 지루한 식기도가 끝나고 목사님이 식사를 시작하시면 내 심장은 두근거리기까지 했다. 혹시라도 나를 보시고 들어오라고 하진 않으실까 기대에 차서 방문 앞에 얼굴을 가깝게 갖다 대도 내게 관심을 갖는 분은 아무도 없었다. 그래도 괜찮았다.

문제는 목사님의 식성이었다. 육척장신이었던 목사님은 고깃국에 밥 한 공기를 뚝딱 드시고 빈대떡과 시루떡, 사과와 배까지 골고루 다 드셨다. 어머니는 접시가 빌 때마다 다시 채우셨고, 목사님은 접시가 채워질 때마다 다시 깨끗하게 비우셨다. 그러길 몇 차례 하고 나면 부엌에는 남은 음식이 하나도 없었고, 목사님은 더 이상은 못 먹겠다고 하시면서 무거운 몸을 일으키셨다.

지금 생각하면 정성껏 준비한 음식을 남길 수 없어 무리해서 잡수신 거였을 텐데 어린 나는 목사님이 마냥 원망스러웠다. 배가 부르다고 하시면서도 수저를 놓지 않는 목사님께 화가 났고, 평소에는 구경도 못할 귀한 음식을 한 입도 못 먹게 한 어머니께도 서운한 마음이 들었다. 그래서 나는 나중에 커서 목사님과 심방을 다니게 되면 꼭 음식을 남기겠노라고 결심했다.

내가 유독 먹는 것에 예민했던 것은 목사님 때문에 포기한 음식이 한둘이 아니었기 때문이다. 부모님은 집에 귀한 음식이 들어오면 무조건 교회로 가져가셨다. 그때는 물자가 흔치 않던 때라 식재료도 넉넉지 않았다. 겨우 한 식구 맛볼 만큼의 양을 가지고 갔으니 음식이 남을 리가 없었다. 그러니 나는 입가심도 못한 채 군침만 흘려야 했다. 그러니 목사님이 계시는 한 맛있는 음식 먹긴 틀렸다고 머리를 외로 꼬고 다닐 수밖에.

목사님을 예수님처럼, 주의 종을 섬기는 마음

아버지는 하나 밖에 없는 아들보다 목사님을 더 귀하게 섬겼다. 아버지는 목사님을 똑같은 사람이라고 생각지 않으시고, '하나님이 선택하여 부르신 종'이라고 생각하셨기 때문에 목사님의 말씀에는 항상 '아멘'으로 순종하셨다. 하나님의 종에게 순종하면 하나님께서 우리를 선하게 인도해주실 거라고 굳게 믿으신 것이다. 그래서 우리에게도 언제나 '목사님께 순종하라'고 강조하셨고, 당신보다 10살이나 어린 목사님을 집안의 어른을 대하듯 깍듯하고 정중하게 대하시면서 본을 보이셨다.

아버지는 귀한 물건이나 음식을 드리는 것은 물론이고, 수시로 목사님 댁을 다니며 불편한 게 없는지 살피셨다. 어떻게 그럴 수 있나 싶겠지만 사실이다. 목사님 댁이 바로 우리 옆집이었기 때문이다. 아버지는 목사님을 더 잘 섬기고 싶은 마음에 우리 집 바로 앞에 있는 채소밭에 목사관을 지으셨다.

목사님과 이웃사촌으로 지내다보니 집안 사정을 속속들이 알게 되었다. 비참한 삶을 너무나 상세히 알게 된 것이다. 목사님 댁에서는 매일 찬송소리만 나올 거라고 생각했는데 언제부턴가 사모님과 아이들의 악다구니가 들려왔다. 사모님이 크게 화내는 소리가 우리 집까지 들려왔다. 아버지가 놀라서 가보니 아이들이 울면서 사모님께 "오늘도 기성회비를 안 가져가면 선생님한테 손바닥 맞는단 말이에요. 오늘은 주신다고 했잖아요. 엄마도 약속 안 지키면서 왜 우리보고만 학교에 가라고 그러세요?"라고 말하면서 학교에 가지 않겠다고 버티고, 사모님은 그래도 학교는 가야 된다고 윽박지르면서 생긴 사단이었다.

알고 보니 목사님은 그동안 사례비로는 도저히 감당하기 어려운 아이들 교육비와 생활비를 충당하기 위해 대구에 있는 해외 선교부에서 양 세 마리를 얻어와 새벽마다 양젖을 짜서 시내에 내다 파셨다. 살림 빠듯한 시골교회에서 사례비를 올려달라고 하기 어려워 가난한 선비가 찬물 끓이며 굴뚝에 연기를 냈던 것처럼 그렇게 사셨던 것이다.

아버지는 교회에서 집도 주고, 땔감과 쌀도 주고, 전기요금도 내주기 때문에 목사님이 사시는데 어려움이 없을 거라고 생각하셨는데 교육비는 생각지 않은 복병이었다. 그래서 아버지는 장로님들과 모여 목사님이 목회에만 전념하실 수 있도록 사례비를 올려드리자고 의논하셨고, 목사님 사례비를 15만원으로 책정하셨다.

1960년대 법관 봉급이 6만원 정도였는데 시골 목사님 사례비로 15만원을 드린다는 것은 엄청나게 파격적인 일이었다. 이웃 교회에서도 항의가 빗발쳤다. 교인이 70명밖에 안되는 교회에서 사례비를 5배로 올리면 다른 교회에서는 어떻게 하냐며 다시 책정하라는 압력까지 행사했다. 하지만 아버지는 그분들을 만나서 다 설득하시고, 끝내 사례비를 15만원으로 책정하셨다. 밤낮없이 심방을 다니시며 복음 전파에 힘쓰셨던 목사님의 헌신 뒤에는 아버지의 한결같은 섬김이 있었다. 어렸을 때부터 그런 아버지의 모습을 봤기 때문에 나 역시 '아버지가 먼저 수저를 드셔야 우리가 밥을 먹을 수 있는 것'처럼 좋은 것은 당연히 목사님께 드려야 된다고 생각했다.

하지만 TV만큼은 내놓고 싶지 않았다. 내가 중학교 다닐 무렵 아버지가 텔레비전을 한 대 가져오셨다. 아마 우리 마을 사람들은 텔레비전이라는 것을 그때 처음 보았을 것이다. 그만큼 텔레비전이 흔치 않았다. 그런데 그 텔레비전이 우리 집 안방에 있으니 얼마나 놀라고 기뻤겠는가. 당장 텔레비전을 켜서 축구경기를 보고 싶은 마음이 굴뚝같았다. 그런데 아버지가 텔레비전 상자를 들고 밖으로 나가시는 게 아닌가. 알고 보니 텔레비전을 교회까지 가지고 갈 손수레를 가지러 집에 잠깐 들르신 거였다. 텔레비전을 교회에 두면 사람들이 많이 올 것이라 생각해서 목사님 댁이 아닌 교회에 두기로 하셨단다. 그때만큼 아버지에게 화가 났던 적은 없었다. 다른 것은 다 양보해도 텔레비전만큼은 우리 집에 두고 싶었다.

하지만 하나님 섬기는 일에 있어서는 예외조항이 없었던 아버지께 안 된다고 말씀드려 봤자 소용없다는 걸 알았기에 이불을 뒤집어쓰고 혼자 화를 삭였다. 그리고 텔레비전을 보러 교회에 갈 때마다 아버지를 원망했다. 레슬링을 시작할 시간은 다가오는데 교회는 너무 멀었고, 바람은 차가웠다. 언 발을 동동 구르며 그 먼 길을 갈 때마다 나는 큰 소리로 아버지를 욕했다.

"미쳤지. 집에 있는 텔레비전을 왜 교회에 갖다 주냐고. 그렇게 하지 않아도 천국가고 하나님을 믿을 수 있는데 정말 별나게도 믿는다."

이 말을 수없이 중얼거리면서 교회에 도착하면 또 다른 난관에 봉착했다. 교회 어르신들이 모여 있어서 내 맘대로 텔레비전을 켤 수가 없었다. 그러면 나는 또 속으로 "별난 아버지 덕분에 아들이 생고생을 한다"며 아버지를 욕했다.

남들은 조금이라도 더 가지려고 애쓰고, 좀 더 모으려고 아등바등 노력하는데 아버지는 아까운 줄도 모르고 좋은 건 다 교회에 갖다 바치니 이해할 수가 없었다. 정말 남들이 말하는 것처럼 아버지가 바보가 아닌가 생각이 들기도 했다. 그러면서 나는 절대로 아버지처럼 별스럽게 예수를 믿지 않겠다고 다짐 또 다짐했다.

사라호 태풍보다 더 무서운 예수

내가 아버지와 어머니의 신앙에 반발심을 갖게 된 건 초등학교 6학년 때 발생한 사라호 태풍 때문이기도 하다. 초등학교 때까지 어려움을 전혀 모르고 살았던 내가 처음으로 겪은 재난이 바로 사라호 태풍이었다. 1959년 그해 가을은 빗소리로 시작해서 태풍으로 끝났다. 가으내(가을)비가 내리더니 추석을 일주일 앞두고는 본격적으로 장대비가 내리기 시작했다. 이미 학교는 임시휴업을 했고, 동네 장정들은 마을을 가로질러 흐르는 작은 도랑을 흙더미로 막아 물이 넘치지 않도록 했다.

그렇게 장마가 지나가나 싶었는데 추석 전날, 갑자기 불길한 사이렌 소리가 들리더니 확성기에서 "지금 동네가 떠내려가고 있습니다. 빨리, 지금 곧 대피하십시오."라는 다급한 목소리가 들려왔다. 그때 나는 뒤란을 향하고 있는 창문으로 바깥을 보며 비가 그치기만 기다리고 있었는데 방송과 함께 문이 벌컥 열리는 소리가 들렸다. 대피방송을 듣고 동태를 살피러 밖에 나가셨던 아버지가 우리를 데리러 오셨다. 그런데 그 열린 문으로 와락 물이 쏟아져 들어왔다. 그리고 눈 깜짝할 새에 정강이를 지나 무릎까지 차오르더니 이내 허리를 육박해왔다.

아버지는 나보다 네 살 어린 여동생을 업고 뛰셨고 나는 누님과 어머니의 손을 잡고 마당으로 나섰다. 그때는 이미 물이 가슴께까지 높아져 있었다. 방문을 나서자마자 물살에 휩쓸린 나는 어머니와 누님들의 손을 놓쳐 버렸고, 대문 밖까지 혼자 떠내려가고 있었다. 어머니와 누님들은 나를 잡으려고 발을 동동 굴렸지만 속수무책이었다. 계속되는 비와 강력한 바람으로 둑이 무너져 물이 순식간에 불어났고, 태풍에 뿌리뽑힌 나무와 커다란 바위들이 물 위에 둥둥 떠내려오고 있었다. 물에 빠지기 전에 바위에 부딪혀 죽을 판이었다.

그때 커다란 손이 나를 덥석 잡아 올렸다. 아래채에 살던 아저씨가 나를 구해준 것이다. 아저씨는 나를 업고 그대로 언덕으로 뛰어올라갔다. 다행히 언덕은 우리 집에서 그리 멀지 않았다. 약 백 미터 정도 떨어진 곳에 있었는데 그 짧은 거리가 얼마나 길게 느껴졌는지 모른다. 어디선가 안방만한 그릇에 물을 담았다가 쏟아붓는 것처럼 한 번씩 물폭탄이 쏟아져 내려오는데 동네에서 힘깨나 쓴다고 하는 아래채 아저씨조차 한걸음을 내딛기가 힘겨워 보였다. 노아의 홍수가 바로 그랬을까? 아저씨 등에 업혀서 나는 겁에 질려 하나님께 '살려달라'는 기도만 되뇌었다. 노아의 방주처럼 나를 살려줄 수 있는 언덕이 바로 앞에 있었지만 거대한 물살을 거슬러 올라가기가 쉽지 않았다.

지금 생각하면 나를 끝까지 놓지 않고 업고 간 아저씨께 얼마나 감사한지 모르겠다. 집채만 한 바위가 떠내려오고, 애지중지 기르던 소와 돼지도 휩쓸려와서 제 몸 하나 건사하기 힘든 판국에 다른 집 아이를 책임진다는 건 쉬운 일이 아니었다. 그래도 아저씨는 내 손을 놓지 않고 언덕까지 올라갔다.

올라가보니 그 작은 둔덕에 마을 사람들이 다 모여 있었다. 아버지는 나를 데리러 내려오시던 길이었고, 누님들과 어머니, 여동생은 한쪽에 자리를 마련하고 있었다. 언덕 아래는 전부 바다였다. 우리 집도 지붕까지 잠겨 울타리조차 보이지 않았다. 순식간에 마을 하나가 사라져 버렸다. 마을을 집어삼킨 태풍을 보며 나는 하나님의 위대하심과 자연의 위력을 새삼 느끼며 겁에 질려 있었다.

하지만 두려움도 잠시, 머리 피할 곳도 없는 한데에서 반나절 이상 꼼짝하지 않고 있다 보니 무서움은 점점 사라지고, 배고픔이 몰려왔다. 젖은 옷이 찬바람을 맞아 차가워지면서 몸이 덜덜 떨려오기 시작했다. 다행히 오후가 되면서 비가 조금씩 잦아들고, 바람도 사그라지기 시작했다. 그때부터 눈에 띄게 물이 바다로 빠져나갔다. 조금씩 땅이 드러나더니 서너 시쯤 되자 웅덩이처럼 물이 고인 우리 집 마당이 보였다.

그러자 아버지는 우리들을 데리고 언덕을 내려가셨다. 내려오는 길은 올라갈 때보다 더 무서웠다. 조금만 발을 헛디디면 진창에 빠지기 일쑤였고, 나뭇가지와 돌이 거치적거릴 뿐 아니라 맨다리를 자꾸 긁어대서 걷기가 힘들었다. 그래도 집에 갈 수 있다는 생각에 힘든 줄 모르고 걸었다.

해는 져서 어두워졌는데 물에 잠긴 집에서는 건질 게 하나도 없었다. 솥이며 냄비 같은 가재도구와 옷가지는 다 없어졌고, 그나마 남아있는 이불은 물에 푹 잠겨 있었다. 집만 덩그마니 남아

있는 곳에서 우리 여섯 식구는 생명을 살려주신 하나님께 감사 기도를 드리며 그 추운 밤을 보냈다.

다음날 일어나보니 하룻밤 사이에 세상이 완전히 달라져 있었다. 논과 밭에는 자갈과 바위가 수북했고, 길과 도랑을 구별할 수 없을 만큼 깊게 패어 있었다. 성한 것이라곤 하나도 없는 마을을 보며 비록 어린 나이였지만 고생이 시작될 것을 예감했다.

처음에는 목숨을 건진 것만으로도 감사했는데 자갈밭이 된 논을 보니 앞으로 어떻게 살아야 하나 막막했다. 어린 내가 그런 생각을 했을 정도니 어른들은 오죽했겠는가. 삶의 터전을 잃어버린 사람들은 망연자실해서 하늘만 쳐다보고 있었다. 추수해야 할 가을에 알곡을 다 앗아갔으니 겨울 보낼 걱정과 새봄에 씨 뿌릴 염려에 한숨만 깊어갔다. 우리나라 기상관측이 시작된 이래 가장 큰 규모였다는 사라호 태풍은 그렇게 경상도 일대를 초토화시키고 지나갔다.

논밭전지를 잃은 사람들은 미국에서 원조해주는 밀기울로 끼니를 연명했다. 우리 집도 1년 가까이 밀기울로 죽을 쒀서 배고픔을 면했다. 그 밀기울이라는 것은 소여물보다도 못한 것이었다. 나무껍질처럼 거칠고, 풀기가 하나도 없어서 뭉쳐지지 않아 먹으면 뱃속이 더부룩하고 탈나기 일쑤였다.

8살짜리 여동생은 죽그릇을 내밀 때마다 쌀밥을 달라고 울어댔다. 보들보들한 쌀밥만 먹다가 거칠거칠한 밀기울 죽을 먹자니 목에 넘어가지 않았던 것이다. 아버지는 우는 동생을 달래며 "조금만 기다려라. 1년만 지나면 괜찮아질 거다"라고 다독여주셨다. 어린 동생에게 1년은 까마득하게 먼 일이었다. 여전히 칭얼대는 동생을 달래고 얼러 죽 몇 순가락을 밀어 넣어주었다. 오늘 당장 밀기울을 먹지 않으면 살 수 없다는 걸 알았기 때문이다. 겉으로는 의젓한 척, 오빠 노릇을 했던 나도 사실은 깔끄러운 밀기울을 넘기

태풍오기 전 집 앞에서
막내동생 정해숙(8살) 정도출(11살)

기가 힘들어 배가 고파 허리가 꼬부라지지 않을 만큼만 먹으며 1년을 버텼다.

그때는 누구랄 것 없이 다 힘들었지만 우리 집은 특히 더 어려웠다. 태풍이 오기 직전에 아버지가 정치에 뜻을 두어 면사무소를 그만두신 상황이라 월급도 끊겼고, 논과 밭은 교회에 다 바쳤기 때문에 어디서 보리 한 말 나올 데가 없었다. 날품팔이 말고는 돈 생길 곳이 없었는데, 논밭에 심을 곡식이 없었기 때문에 일꾼을 찾는 집도 없었다. 삼키기도 어려운 밀기울도 계속 먹을 수 있다는 보장이 없었다. 미국 원조도 길어야 1년이었다.

초대형 태풍이 앗아간 중학교 진학

쌀 한 톨 구경 못하는 상황이 되자 나도 어렴풋이 집안 형편을 헤아리면서 내 미래에 대해 생각하기 시작했다. 마침 그때가 6학년이라서 진로를 결정해야 할 시기였기 때문이다. 중학교 진학 기회는 사라호 태풍이 이미 앗아가 버렸기 때문에 나도 다른 아이들처럼 농사를 지으며 살아야겠다고 생각했다. 그 당시는 초등학교까지가 의무교육이었기 때문에 시골에서는 중학교에 가지 않았다.

내가 다니던 오천초등학교는 한 학년이 120명으로 두 반이었는데, 6-7명만이 졸업 후 중학교에 진학했고 나머지 아이들은 초등학교를 끝으로 학업을 마쳤다. 태풍으로 동네가 쑥대밭이 되기 전에도 시골 어려운 형편에 아이들을 중학교까지 보내는 건 벅찬 일이었다. 그래서 대부분의 아이들은 초등학교를 마치면 집에서 농사를 짓거나 돈을 벌러 외지로 나갔다.

그래서 중학교에 못 가는 것에 대해 그리 서운하지 않았다. 다만, 내가 농사를 지어야 한다고 생각하니 우리 집에 남아있는 논과 밭이 하나도 없다는 게 마음에 확 다가왔다. 정신이 번쩍 들면서 부글부글 속이 끓었다. 지어먹을 땅만 있어도 식구들이 이렇게 고생하지 않아도 될 텐데, 아버지는 왜 그걸 몽땅 하나님께 바쳤는지 도저히 이해되지 않았다.

다들 똑같이 고생하고 있었지만 다른 집들은 봄을 준비하고 있었다. 내년 농사를 위해 땅에 있는 돌을 고르고 흙을 뿌려 논밭을 원래대로 만드느라 바빴다. 그런데 우리는 농사를 짓고 싶어도 땅이 없으니 씨 뿌릴 곳도 없었다. 한마디로 미래가 없었다.

나중에 안 사실이지만 태풍으로 그나마 조금 남아있던 논 몇 마지기가 다 사라지면서 아버지는 정치에 입문할 기회를 잃으셨다. 도의원에 출마하려고 준비하고 계셨는데 태풍으로 그 기반이 사라지자 자의 반 타의 반 포기하신 것이다. 당장 입에 풀칠할 것도 없는데 정치를 한다는 건 어불성설이었다. 그 당시 아버지 역시 직장도, 꿈도, 재산도 다 잃으셨다. 거기에 하나밖에 없는 아들조차 중학교에 보낼 형편이 안되니 얼마나 속상하셨겠나.

지금이야 아버지의 마음을 되짚어 이해할 수 있다. 하지만 그 때는 너무 어렸고, 중학교도 못 갈 만큼 형편이 어렵다보니 '집안을 망하게 한 하나님께 왜 저렇게 충성을 바치나. 정말 동네 사람들 말대로 우리 부모님은 참 바보 같이 사신다'라고 밖에 생각되지 않았다. 그도 그럴 것이 그 상황에서도 아버지는 내게 "괜찮다. 걱정하지 말아라. 네 앞길은 하나님이 다 인도해주신다. 그저 예수님 잘 믿고 목사님께 순종하면 된다"라고 말씀하셨다. 내 앞길이 열리기는커녕 중학교 갈 길도 막혔는데 아버지는 그렇게 답답한 말씀만 하고 계셨다.

중학교 교장 선생님의 선물

툴툴대긴 했지만 나 역시 아버지의 아들이었다. 아버지가 하나님만 믿고 대책 없이 계셨던 것처럼 나도 언젠가는 취직을 할 거라 생각하면서 시간을 흘려버리고 있었다. 그러던 어느 날 저녁 시내에 있는 동지중학교 신병부 교장 선생님이 집으로 찾아오셨다. 평소에 아버지와 친분이 있는 분이었지만 집으로 오신 것은 처음이었다.

교장 선생님은 나를 보시더니 다짜고짜 "도출아, 너 중학교에 가고 싶지?"라고 물어보셨다. 얼결에 "네"라고 대답했지만 사실 중학교에 꼭 가고 싶은 건 아니었다. 갈수만 있다면 가겠다는 뜻이었는데 교장 선생님은 아버지께 가시더니 "면장님, 도출이를 우리 학교에 보내주십시오"라고 말씀하시는 게 아닌가.

정말 생각지도 못한 일이었다. 어리둥절해진 나는 아버지 입만 쳐다봤다. 교장 선생님은 아버지의 대답을 기다리지 않고 "도출이를 우리 학교에 보내시면 저희가 3년 간 장학생으로 가르치겠습니다"라고 말씀하셨다. 학비 때문에 진학을 포기했는데 장학금을 주겠다니 이보다 더 좋을 수는 없었다. 아버지도 배움의 기회를 주신 교장 선생님께 감사인사를 하셨다. 교장선생님은 내 머리를 쓰다듬어 주시면서 "경북 도내에서 2등한 수재인데 초등학교 공부만 시켜서야 되겠습니까? 고등학교도 가고, 대학교도 가야죠"라고 말씀하시며 함박웃음을 지으셨다.

교장 선생님의 말씀을 듣자 내가 시험에서 2등을 했던 기억이 났다. 내가 초등학교 다닐 때는 중학교 입시가 꽤 치열했다. 중학교 입시 스트레스로 목숨을 버리는 일이 벌어질 정도로 경쟁이 치열했다. 명문중학교를 가야 명문고, 명문대를 갈 수 있기 때문에 6학년만 되면 아이들이 얼굴이 노래질 정도로 공부를 했다고 한다. 하지만 내가 다닌 시골 초등학교는 그런 경쟁과 거리가 멀었다. 대부분의 배움이 초등학교에서 끝나기 때문에 학교는 친구들을 사귀고, 함께 노는 곳이었다. 그래서 별 기대 없이 중학교 입시시험을 봤다. 그런데 생각지도 않게 내가 경북 도내에서 2등을 했다.

그 일을 대수롭지 않게 여긴 것은 우리 부모님과 내 친구들 뿐이었다. 시골에서는 아등바등 공부를 해봤자 중학교 가기도 쉽지 않았기 때문에 성적에 대한 개념이 별로 없었다. 그래서 학교에서 1등을 하건, 경북 도내에서 2등을 하건 내 친구들은 덤덤하게 받아들였다. 친구들은 '원래 공부 잘하니까 이번 시험도 잘 봤나보다.'라고만 생각했고, 부모님도 잘했다고 칭찬은 해주셨지만 중학교에 보낼 형편이 되지 않다보니 별다른 말씀은 하지 않으셨다.

그런데 포항시와 경북에서는 호들갑스럽게 반응했다. 이름도 없는 시골학교에서 경북도내 2등이 나왔으니 대체 어떤 아이인지, 어떻게 공부를 시켰는지 궁금하기도 했을 것이다. 신문에 내 이름이 오르고, 나에 관한 기사도 실렸다. 그 시험 하나로 나는 '동네 스타'가 된 것이다. 시험 하나로 스타가 됐지만 정작 나는 그런 떠들썩한 관심이 하나도 반갑지 않았다. 상금이나 선물도 없고, 상장을 주지도 않으면서 그저 법석만 떠는 게 시시하기만 했다. 시험을 잘 봤다고 해서 중학교에 갈 수 있는 것도 아닌데 사람들이 왜 그리 야단스럽게 구는지 이해가 되지 않았다.

하지만 하나님의 인도하심은 참 오묘하다. 초등학교 6학년의 머리로 생각하기엔 하등 필요 없어 보였던 그 시험이 결과적으로 나를 중학교에 가게 만들었기 때문이다. 만약 시험 성적이 별 볼일 없었다면 교장 선생님이 나를 위해 장학금을 생각하지도 않으셨을 것이고, 아버지 역시 흔쾌히 장학금을 받지 않으셨을지도 모른다. 우리 고장의 인재를 양성한다는 명목하의 장학금은 내게도 아버지께도 교장 선생님께도 다 흐뭇한 일이었다.

선생님, 시장 다녀오겠습니다!

나는 공부를 잘하는 학생이 아니었다. 천방지축으로 나돌던 나는 나이 많은 동급생 등에 업혀 학교에 도착하면서부터 내내 도망칠 궁리만 하는 골칫덩이였다. 그도 그럴 것이 산으로 바다로 맘대로 휘젓고 다니면서 놀던 내가 한 자리에 앉아 계속 책만 들여다보고 있으니 머리가 지끈지끈 아팠다. 어른을 무서워하는 성격도 아닌데다 줄행랑치는 데는 선수였기 때문에 아침 조회 시간에 줄 서 있다가 "뒤로 돌아가!"라는 구령이 떨어지면 교실 대신 시장으로 내뺐다.

그 당시 시장은 내게 신세계였다. 그곳에 가면 소위 '무서운 형들'이 있었는데 그 형들이 인도해주는 새로운 세계가 그렇게 재미날 수 없었다. 내게는 순한 양처럼 부드러운 그 형들은 학교와 담을 쌓고 시장 주변을 얼쩡대며 어린 학생들을 위협하는, 어른들이 보기엔 '문제아'들이었다. 어른들은 그 형들에게 신경 쓸 여력이 없었고, 또래 집단에서 그 형들과 맞설 수 있는 사람은 아무도 없었다. 나 같은 약골은 그 형들이 있는 곳에 가지 않는 것이 상책이었다.

하지만 나는 겁도 없이 그 형들과 어울렸다. 학교에 출석 도장만 찍고 시장 입구로 달려와 어릿어릿하게 서 있으면 어느새 형들이 내 주위에 둘러섰다. 그리고 시장 구경을 시켜줬다. 새로운 물건도 보여주고 풀빵도 사줬다. 가끔 오는 약장사의 풍물도 그 형들 덕분에 봤다. 내게는 그토록 좋은 형들이었지만 다른 아이들에게는 냉정하고 무서웠다. 눈을 부라리는 것은 기본이고 위협적으로 소리 지르는 것도 다반사였다.

한번은 내가 있는데 그 형들이 초등학교 3학년생을 때리려고 했다. 그런 일을 안 당해본 나는 보기만 해도 끔찍했다. 나를 협박하는 것도 아닌데 마치 내가 혼나는 것 같아서 형들의 소맷자락을 붙잡고 "그렇게 무서운 얼굴로 말하지 마. 그냥 좋은 말로 얘기하면 안 돼"라며 매달렸다. 형들은 서로 눈짓을 하더니 "화난 거 아니니까 무서워하지 마"라고 말하며 겁주던 아이들을 보내고, 내게 풀빵을 사주었다. 그 후로는 내 앞에서 다른 학생을 괴롭히는 일이 없었다.

다들 무서워 피했던 그 형들이 유독 나를 챙겼던 건 터울 많은 우리 누님들 덕분이었다. 얼굴도 예쁘고 공부도 잘했던 두 누님은 그 동네 남학생들의 선망의 대상이었다. 어떻게든 누님들 눈에 들어 한마디라도 하고 싶었던 형들이 나를 공략대상으로 삼아 친절을 베푼 것이다. 내가 특별해서가 아니라 내 가족이 나를 든든하게 받치고 있었기 때문에 어디서든 사랑받으며 살 수 있었다.

그 무서운 형들의 후광효과를 누리며 내가 시장에서 재미있게 놀 수 있었던 것도 나에게 관대하셨던 선생님 덕분이었다. 나는 살짝 빠져나갔다고 생각했지만 학생이 없어진 걸 모르는 선생님은 없다. 선생님은 나의 행동반경을 다 아셨지만 나를 혼내지 않으셨다. 숙제를 하지 않아도, 시험 성적이 나빠도 그저 머리를 쓰다듬어 주시며 '허허' 웃으셨다.

아버지의 친구셨던 선생님은 정말 아버지처럼 나를 대해주셨다. 아버지는 내가 건강하게 자라기만을 바라셨다. 내가 어떤 사람이든 당신의 아들로 태어난 그 사실만으로 감사하고 만족하셨던 아버지는 성적이나 행실로 나를 꾸중하신 적이 없었다. 하나

님께서 나를 돌보시고 있기 때문에 '나중에 크면 다 잘 될 거라'
고 믿고 끝없이 기다려주셨다.

그런 아버지처럼 나를 인내하신 선생님 덕분에 나는 학교에
가는 것이 죽기보다 싫었지만 출석체크는 꼬박꼬박하는 성실한
학생이 될 수 있었다. 만약 조회하기 무섭게 꽁무니 빼는 나를 다
그치는 엄한 선생님이었다면 학교에 가지 않겠다고 어지간히 부
모님 속을 썩여드렸을 것이다. 다행스럽게도 아버지 같은 선생님
을 만나서 '가기 싫어도 학교는 꼭 가야하는 곳'이라는 생각이 머
릿속에 박혔다.

숙제를 2배로 해 오는 아이

그렇게 학교를 정거장 삼아 시장으로, 바다로 놀러
다니던 내가 공부라는 것을 시작하게 된 것은 초등학교
2학년 때부터다. 2학년 2학기 때 이금선 선생님이 새로 부임해
오셨는데 천사같이 곱고 예쁜 분이셨다. 타 지역에서 오신 분이
라 거처를 구해야 하는데 아버지가 동네 유지다보니 다들 우리
집에 가보라고 권하셔서 부임하신 날 저녁에 찾아오셨다.

선생님이 마당에 들어서는데 어찌나 아리따운지 꽃이 활짝 핀
것 같았다. 아버지는 "학교에서도 가까우니 우리 집에서 지내시
라"고 선생님께 빈 방을 보여주셨다. 학교에서만 만나도 가슴이

두방망이질하는데 선생님과 함께 살게 되다니, 정말 꿈같은 일이 벌어졌다.

그때부터 학교는 내가 제일 가고 싶은 곳이 되었다. 봐도 또 보고 싶은 선생님이 계신 곳이니 오죽 좋았겠는가. 그런데 학교에 가는 것만으로는 성에 차지 않았다. 선생님께 잘 보이고 싶은 마음은 굴뚝 같은데 어떻게 해야 할지 몰라서 무조건 선생님이 시키는 일을 열심히 했다. 그런 내 마음을 아셨는지 청소시간에 땀을 뻘뻘 흘리며 청소를 마쳤는데, 선생님이 일부러 오셔서 칭찬을 해 주시는 게 아닌가. 선생님도 나를 귀여워해 주신다고 생각하니 뛸 듯이 기뻤다.

칭찬을 더 받기 위해 숙제도 남들보다 서너 배는 더 많이 해갔다. 산수 10문제를 풀어오라고 하면 20문제를 풀어가고, 낱말풀이를 한 바닥 연습해 오라고 하면 다섯 바닥 빽빽이 낱말을 써갔다. 그럴 때마다 선생님은 내 머리를 쓰다듬어 주시면서 "정말 착하구나. 이렇게 공부를 열심히 하니까 선생님이 참 기쁘다"며 과분할 정도로 칭찬해 주셨다.

그 칭찬받는 재미에 푹 빠져 자꾸 숙제를 늘려가다 보니까 복습만 하는 게 아니라 예습까지 하게 됐다. 아직 배우지 않았지만 선생님이 칭찬해주실 만큼 숙제 분량을 채우기 위해서는 어떻게 해서든 그 문제를 풀어야 했다. 신기한 것은 아무리 어려운 문제도 몇 시간이고 붙들고 고민하면 풀렸다. 그렇게 혼자 끙끙거리며 문제를 풀어나가다 보니 나도 모르게 공부하는 재미에 푹 빠져 들었다.

숙제를 자발적으로 더 많이 하면서 공부하는 습관이 몸에 배고, 혼자 문제 해결하는 버릇을 들여 지금으로 말하면 '자기주도학습' 방법을 터득한 것이다. 칭찬받기 위해 정했던 숙제 범위가 나의 공부 계획표가 되었고, 혼자서 문제를 풀어나가는 과정 속에서 그 문제의 원리를 이해할 수 있게 되어 어떤 응용문제가 나와도 거뜬히 풀 수 있는 실력이 쌓였다. 무엇보다 모르는 문제가 나왔을 때 당황하지 않고, 침착하게 풀 수 있는 끈기를 갖게 된 것이 내게 큰 자산이 되었다.

하지만 성적은 별개의 문제였다. 공부 습관이 생겼다고 금세 성적이 오르진 않았다. 계속 정체기를 보이다가 1년쯤 지나자 비행기가 이륙하는 것처럼 갑자기 성적이 쑥 올랐다. 3학년 2학기가 되어 시험을 봤는데 백점을 맞았다. 그 이후부터는 계속 백점을 맞았다. 등수도 헤아리지 않을 정도로 공부에 관심이 없던 내가 전체 120명 중에 1등을 놓치지 않는 우등생이 된 것이다. 시골 초등학교에서 1등한 게 무슨 대수냐 싶겠지만 그래도 1등을 한 뒤로는 공부에 대한 자신감이 더 생겼다.

시험을 망쳐도 학교를 빼먹어도 한 번도 야단치지 않으셨던 아버지도 백점짜리 시험지를 보시고는 활짝 웃으시며 나를 데리고 시장으로 가셨다. 그리고는 내가 목사님이 심방오실 때마다 그토록 군침을 삼켰던 참외를 사서 내 손에 쥐어주셨다. 그게 내게는 큰 격려가 되었다. 아버지는 공부를 못할 때 성적이 나쁘다고 혼을 내지 않으셨지만 조금만 잘하거나 성적이 좋아지면 꼭 나를 격려하고 칭찬해 주셨다. 그런 아버지의 칭찬을 받을 때마다 다음에는 더 잘해서 아버지를 더 기쁘게 해 드려야겠다는 생각을 했었다. 하지만 1등을 했을 때의 칭찬은 그동안의 것과 차원이 달랐다. 꿈에도 그리던 참외를 사주신 것이다. 그날 먹은 참외는 선생님의 칭찬 못지않게 달콤했다. '혹시 다음에도 백점을 맞으면 또 참외를 사주시려나' 하는 마음에 열심히 공부를 했지만 꿀맛 나는 참외를 혼자 독차지했던 것은 그날이 마지막이었다.

동화대회 우승이 준 자신감

공부에 맛을 들여 학교생활을 충실하게 했지만 수줍고 내성적인 성격이라 친구들과는 잘 어울리지 못했다. 어렸을 때부터 온 동네에 병약한 아이로 소문이 나다보니 아이들은 나에게 친절하게 대해주고, 언제든 돌봐주었지만 함께 장난치고 뛰어놀자는 말은 하지 않았다. 그만큼 내가 건강하지 못했기 때문이다.

일례로 나는 한 번도 체육시간에 운동장에 나가본 적이 없다. 잠깐만 서 있어도 얼굴이 창백해지면서 비지땀을 흘리는 걸 보시더니 선생님은 나를 교실에서 못 나오게 하셨다. 체육시간이면 나는 창문으로 아이들이 운동하는 것을 보거나 구령소리를 들으며 꾸벅꾸벅 졸았다. 그러면서도 그 아이들을 부러워하지 않았다. 그러기엔 내가 너무 약했다. 가만히 앉아있어도 진땀이 배어나올 정도로 기진맥진했기 때문에 누구를 부러워할 겨를이 없었다.

그러다보니 점점 더 숫기 없고 말없는 아이가 되었다. 기운이 있어야 말도 하는데 '나처럼 맥없이 얘기하는 걸 누가 좋아하겠나'라는 생각이 들어 꼭 필요한 게 아니면 아이들과 말도 잘 섞지 않고, 답을 알고 있어도 발표도 하지 않았다. 4학년 1학기를 마칠 때까지 나는 공부는 잘하지만 말없는 아이로 교실의 정물처럼 지냈다.

그러다 4학년 2학기 때 우리 반, 아니 우리 학교 최고의 입담꾼이 되었다. 아이들은 나만 보면 이야기를 들려달라고 귀찮을 정도로 졸랐다. 이런 기적 같은 일이 벌어진 건 2학기가 시작되고 얼마 안 돼서였다.

하루는 선생님이 학교에서 전교생 대상으로 동화대회를 여는데 우리 반 대표로 나가고 싶은 사람은 손을 들라고 하셨다. 그때 내가 손을 번쩍 들었다. 생전 발표라고는 할 줄 몰랐던 내가 동화대회에 나가겠다고 손을 들었으니 선생님도 아이들도 깜짝 놀랐다. 하지만 그 누구보다 내가 가장 크게 놀랐다. 어디서 그런 용기가 솟아났는지 지금도 알 수 없다. 아마도 '동화'라는 말을 듣자마자 조건반사처럼 손을 든 것 같다.

내게 '동화'는 매일 먹는 밥처럼 익숙했다. 우리 집이나 마찬가지인 교회에서 맨날 듣는 게 바로 이야기였기 때문이다. 교회 선생님들은 매주 초등학생을 모아놓고 꼬마 다윗이 거인 골리앗을 물맷돌 다섯 개로 쓰러뜨린 일, 머리 긴 삼손이 사자를 맨손으로 잡은 일 등 성경에 나오는 이야기를 마치 그 자리에서 막 벌어진 일처럼 생생하고 드라마틱하게 들려주었다.

아동부 선생님이라고 해 봤자 겨우 초등학교를 졸업한 중학교 1, 2학년생들이었다. 시골이다 보니 전도사님이 안 계셨기 때문에 학생들이 주일학교 교사가 되어 아이들을 가르쳤다. 주로 중학교 1, 2학년생이 초등학교 1, 2학년을 가르쳤는데 성경 공부보다는 성경 동화로 아이들의 관심을 끌었다. 텔레비전도 없고 책도 귀하던 시절에 교회에서 들려주는 이야기만큼 우리의 귀를 달콤하게 홀렸던 것은 없었다. 어릴 때는 그 이야기를 듣는 재미 때문에 교회에 갔다. 그처럼 재미있는 얘기를 들려줄 사람이 학교에도, 집에도, 시장에도, 산에도 없기 때문에 나를 비롯해 대부분의 아이들이 성경 동화를 듣기 위해 주일이 오기만을 손꼽아 기다렸다.

그렇게 4년 내내 이야기를 들으며 자란 나에게 '동화'는 너무 익숙해서 나도 모르게 손을 들었던 것이다. 선생님은 웬일로 얌전한 모범생이 손을 다 들었냐는 표정으로 나를 바라보시며 한 번 나와서 아이들 앞에서 이야기를 해 보라고 하셨다. 선생님의 말씀을 듣자 제 정신이 돌아오면서 걱정이 몰려왔다. 강단 앞으로 나가는 내내 '내가 얘기하는데 웃어줄 사람이 있을까? 괜히 손을 들어서 망신만 당하는 게 아닐까?'라는 생각이 점점 커지면서 점점 기가 죽었다.

강단에 서고도 선생님의 재촉을 받은 후에야 이야기를 시작했다. 바로 전 주일에 들은 '코주부'를 아이들에게 들려주었다. 그런데 내가 말을 꺼내자마자 아이들이 배꼽을 잡고 웃는 게 아닌가. "어느 마을에 남자아이가 태어났는데 이 아이의 코가 매일 쑥쑥 자랐어요"라는 말을 하자 아이들이 자기들의 코를 잡아 쥐며 박장대소했다. 그 모습을 보자 자신감이 붙어서 주일학교 선생님이 하셨던 것처럼 나도 손짓 발짓을 해가며 코가 천정에 붙었다가 땅바닥에 늘어져 밟힌 모습을 묘사하기 시작했다. 그러자 아이들은 데굴데굴 웃으며 내 주위로 확 몰려들었다. 그 다음 이야기가 궁금해 죽겠다는 아이들의 표정을 보자 더 신이 나서 이야기를 덧붙여 더 길게 늘여서 이야기했다.

처음에는 내가 이야기를 하면 아이들이 '뭐 저런 얘기를 하냐'고 비웃을 것 같아서 입을 떼기가 두려웠는데 막상 시작해보니 그렇게 좋아할 수가 없었다. 내 이야기에 열광하는 아이들의 응원을 받으며 나는 동화대회에서 1등을 하고, 최고의 재담꾼으로 인기 있는 학생이 되었다. 나중에는 얘깃거리가 궁색해져서 아이들을 교회에 데리고 가기도 했다. 이야기를 들려달라고 졸라대는 아이들에게 "우리 교회 선생님이 들려주는 동화는 정말 기가 막히게 재미있다. 교회에 가기만 하면 들을 수 있으니 우리 같이 가자."고 얘기하면 몇몇은 순순히 따라와 주일학교 선생님 얘기에 홀딱 빠져들었다.

우리집 안방에서의 부흥회

친구들은 선생님의 동화에만 열광했지만 나는 목사님의 설교도 이야기만큼 재미있었다. 특히 부흥회 강사 목사님들의 설교는 억양이나 제스처가 풍부해서 시간이 어떻게 가는지 모를 정도였다. 지금도 기억에 남는 목사님은 초등학교 5학년 때 일주일 동안 부흥회를 하셨던 유석준 목사님이다. 우리 교회에서 부흥회를 하면 언제나 강사 목사님을 우리 집에 모셨다. 시골이라 목사님을 모실만한 숙소가 없기도 했지만 부모님이

1960. 1.18 부흥사경회 막내동생 정해숙.
유석준 목사님(가운데), 정도출(12살) 어머니 이상림 권사,
작은누나 정영자, 큰누나 정정자, 아버지 정영학 장로

목사님 모시는 일에 정성을 다하셨기 때문에 으레 우리 집에 오시는 걸로 알았다. 부흥회가 시작되기 일주일 전부터 어머니와 아버지는 집안 청소를 깨끗이 하고, 안방에 새 이불과

침구를 마련하여 목사님이 편히 쉬실 수 있도록 자리를 마련했다. 그리고 안방에 있던 이부자리는 옆방으로 옮겨 놓았다. 부흥사 목사님이 오시면 항상 있는 일이었다.

목사님이 바로 옆방에서 주무시기 때문에 불편할 거라 생각할 수도 있겠지만, 막상 부흥회가 시작되면 목사님은 집에 거의 계시지 못했다. 새벽, 아침, 낮, 밤 예배를 계속 드리기 때문에 식사를 하신 후 잠깐 쉬시는 것 외에는 대부분 밤이 늦어서야 들어오셨다. 그렇기 때문에 나는 목사님이 우리 집에 오시는 걸 좋아했다. 좁은 방에서 두 누님을 제외한 네 식구가 복닥거리며 지내는 것도 좋았고, 식구들을 대상으로 동화를 이야기하는 것도 즐거웠기 때문이다.

유석준 목사님이 오셨을 때는 내 이야기의 레퍼토리가 성경 동화에서 부흥회 설교로 바뀌었다. 아버지 어머니와 함께 부흥회에 참석했는데 목사님의 설교를 듣다보니 가슴이 울렁거리고 벅차오르면서 어찌나 좋던지 찬양이 절로 나왔다. 거짓 없는 어린 심령에 주님이 은혜의 단비를 내려주신 것이다. 말씀에 은혜 받은 나는 주님께 열심히 찬양과 기도를 드리며 말씀에 귀를 쫑긋 세우고 설교를 마음에 새겼다. 목사님은 목소리도 우렁차고, 예화를 들어 말씀하시는 것마다 배꼽이 빠지게 재미있었다. 어찌나 사람을 울리고 웃기시는지 부흥회 두 시간이 눈 깜짝할 새에 지나갔다.

집에 와도 그 목소리가 귓가에 쟁쟁하게 들리는 것 같았다. 그래서 식구들 앞에서 목사님이 설교하신 말씀과 몸짓을 그대로 했다. 부모님은 목사님의 설교를 토시 하나도 빼먹지 않고 그대로 외우는 나를 기특하게 여기셨고, 특유의 억양까지 똑같이 흉내 내는 걸 보시곤 박수를 치며 좋아하셨다. 부모님이 그렇게 좋아하시는 모습을 보니 점점 우쭐해져서 새벽예배, 아침예배, 낮예배 할 것 없이 모든 예배에 참석하고 난 후에 집에 와서 똑같이 설교를 재연했다.

부흥회 이튿날 낮 예배를 마치고 나서 밥상을 물리고 난 후 식구들 앞에서 목사님 설교를 따라 하고 있는데 갑자기 문이 벌컥 열렸다. 이틀 연거푸 밤늦게까지 기도회를 하느라 피곤하셨던 목사님이 잠깐 쉬시려고 집에 오셨는데 나는 그것도 모르고 옆방에서 신나게 목사님 흉내를 낸 것이다. 목사님은 주무시려고 누우셨다가 내가 설교 흉내 내는 것을 들으시고 한참을 혼자 웃으시다가 결국 나를 당신 방으로 불러들이신 것이다. 그리고는 처음부터 다시 한 번 설교를 해 보라고 하셨다. 웃음기 가득한 목사님을 보니 다시 힘이 솟았다. 그래서 목사님이 방금 교회에서 하신 설교를 그대로 따라 했다. 그러자 목사님은 껄껄 웃으시더니 "거참 희한한 놈이 다 있네. 아마도 이번 부흥회에서 도출이가 제일 큰 은혜를 받은 것 같구나"라고 말씀하시며 어깨를 두드려 주셨다.

그리고 나를 볼 때마다 목사님은 엄지손가락을 치켜들며 환하게 웃어주셨다. 그 모습이 어찌나 푸근하고 좋던지 마치 예수님을 보는 것 같았다. 목사님과 함께 지내는 하루하루가 너무 즐거워 날짜가 지나는 게 너무나 안타까웠다. 목사님이 떠나시는 날, 나는 서운한 마음에 목사님의 바지를 붙들고 엉엉 울었다. 한번 헤어지면 다시 만나기 어렵다는 것을 어린 나이지만 알았기 때문이다. 어린아이가 너무 서운해 하니까 목사님은 나를 달래시면서 "도출아, 내가 보고 싶으면 성경을 읽어라. 성경을 보면 나를 본 것 같을 거야"라고 말씀하셨다. 그 말씀이 내게는 하나님의 말씀처럼 들렸다.

마침 그때가 겨울방학이라 한 달 동안 매일 교회에 나가 차가운 마룻바닥에 엎드려 성경을 읽었다. 목사님이 그리울 때마다 성경을 읽다보니 매일 아침부터 저녁까지 주야장천 성경만 읽었다. 혹시나 목사님이 오실까, 성경에 나타나지는 않으실까 기대하는 마음으로 앉아서도 읽고, 누워서도 읽고, 엎드려서도 읽다보니 한 달 동안 성경 한 권을 다 읽게 되었다. 그때 한자 한자 어찌나 전심으로 읽었는지 그때 외운 구절들은 지금도 줄줄 읊을 정도로 기억이 생생하다.

성경을 읽다 힘들면 꿇어 엎드려 기도를 했다.
'아버지 하나님, 저를 사랑하시어 제게 바울과 같은 믿음과 신앙을 주시고 성경 지식도 능통하게 하사 훌륭한 일꾼으로 삼아주세요.'

순수한 어린 심령이 얼마나 합당한 기도를 올릴 수 있었는지 모르지만 주님께서는 아벨의 제사를 받아주신 것처럼 내 기도를 흠향해 주셨다.

지나온 삶을 돌이켜 보면 하나님은 내게 필요한 때에 필요한 것들을 하나씩 채워주셨다. 시골에서도 혼자 공부할 수 있도록 좋은 선생님을 보내주시고, 동화대회를 통해 사람들 앞에서 자신 있게 이야기할 수 있는 용기를 갖게 하시고, 내가 사람들 앞에서 해야 할 말이 복음이기 때문에 유석준 목사님을 통해 말씀으로 나를 먼저 준비시키셨다. 그리고 중학교에 갈 수 있는 길을 열어주셨다.

병원에서 시작한 중학교 시절

키가 자란다고 믿음이 자라는 건 아니다. 내 경우는 오히려 그 반대였다. 시간이 지나면서 나는 믿음보다 행사에만 열중한 나머지 주산대회, 사생대회, 입시준비에 쫓기면서 주신 은혜도 까마득히 잊어버린 채 마지못해 교회에 나갔다. 주님을 믿지만 겉과 속이 다른 위선적인 사고방식을 가진 사람이 되어버린 것이다.

하나님의 은혜를 잊어버리게 된 첫 번째 걸림돌은 역시 건강이었다. 어렵사리 중학교에 입학했지만 다니는 게 만만치 않았다. 학교가 너무 멀었다. 초등학교는 집에서 가까운데다 동급생들이 업고 다녔기 때문에 그리 힘든 줄 모르고 다녔는데, 중학교는 한 시간 반 이상 걸어야 했기 때문에 아침마다 입에서 단내가 났다. 진땀을 빼면서 겨우 학교에 도착하면 녹초가 돼서 공부고 뭐고 머리에 하나도 들어오지 않았다. 그렇게 하루하루 죽을 힘을 다해 학교에 다니는데, 하루는 등굣길에 배가 너무 아팠다. '창자가 끊어지는 게 이런 거구나' 싶을 정도로 아파서 도저히 걸을 수가 없었다.

휴대전화는 물론 집 전화도 없었던 때라 길 가는 사람 바짓가랑이를 잡고 병원에 데려다 달라고 부탁을 했다. 그때는 온 동네가 다 한 집처럼 지낼 때라서 누구를 만나도 이웃사촌이었다. 급하게 병원에 가니까 급성 맹장염이라고 했다. 요즘이야 맹장수술이 감기보다도 못한 취급을 받고 있지만 그 당시는 꽤 위중한 병이었다. 게다가 나는 회복도 빠르지 않아서 남들보다 오래 병원 신세를 졌다. 학비도 면제 받았는데 중학교에 들어가자마자 맹장염으로 학업을 중단해야 했다.

몸은 아프고 신세는 처량했다. 공부는 둘째 치고 이렇게 골골대서야 스무 살도 못 넘길 것 같다는 생각이 자꾸 들었다. 툭하면 아프고, 중학생이나 됐는데 제대로 걷지도 못하는 내가 산다고 해도 뭘 할 수 있을지 답답했다. 그렇게 비관적이고 울적한 생각을 하다 보니 만사가 다 귀찮아져서 꼼짝 않고 침대에만 누워 있었다.

그런 내게 아버지는 라디오를 갖다 주셨다. 누렇게 변색된 플라스틱 케이스의 '제니스 라디오'였다. 그 당시 라디오는 암시장에서 쌀 50가마를 줘도 구하기 어려울 정도로 고가의 물건이었다. 학비를 마련하기도 어려워 장학생으로 중학교에 갔는데 부자들만 가질 수 있는 비싼 라디오를 어떻게 구하셨는지 지금도 아리송하다. 하지만 그때는 어떻게 구하셨는지 하나도 궁금하지 않았다. 그 작은 라디오 속에서 흘러나오는 바깥세상의 이야기가 너무 재밌고 흥미진진했기 때문이다.

다이얼을 돌려 주파수를 맞추면 나를 기다렸다는 듯이 언제나 같은 시각에 정겨운 성우의 목소리와 노랫가락이 흘러 나왔다. 그 중 내가 가장 좋아했던 프로그램은 '재치문답'이었다. 시그널 음악인 클라리넷폴카와 함께 "전국의 청취자 여러분 안녕하십니까? 재치문답 시간이 돌아왔습니다"라는 장기범 아나운서의 오프닝이 들려오면 가슴이 팔딱팔딱 뛰면서 흥분됐다. 재치박사라 불리던 그때 그 시절의 명사들인 한국남 박사, 안의섭 박사, 박소천 박사 등이 위트와 재치로 풀어나가던 재치문답은 배고프고 힘겨웠던 국민에게 웃음과 희망을 안겨주었던 인기 프로그램이었다.

아무런 낙이 없던 나도 기발하면서도 재치있는 말솜씨로 엮어내는 재담을 들으며 하루하루를 보냈다. 가령 "(라디오)는 수도꼭지라 푼다"는 문제를 낸 다음 "왜냐하면 틀면 나오니까"라고 대답하는 걸 들으면서 그 기상천외한 답변에 무릎을 치며 감탄하다 보면 내 서글픈 처지 따윈 생각나지도 않았다. 그렇게 매일 시간대별로 주파수를 돌려가며 라디오를 듣다보니 반년이란 세월이 후딱 지나갔다. 처음 입원했을 때는 '내가 과연 스무 살까지 살 수 있을까?'라는 마음이 가득해서 모든 의욕을 상실했었는데 라디오 덕분에 생기가 되살아났다.

"… 너를 창조하신 여호와께서 지금 말씀하시느니라 이스라엘아 너를 지으신 이가 말씀하시느니라 너는 두려워하지 말라 내가 너를 구속하였고 내가 너를 지명하여 불렀나니 너는 내 것이라"(이사야 43:1)

2부

서울대 법대 합격 ~
하나님의 은혜인가? 기적인가?

대학진학의 기회가 내게 주어진 복이라고 생각한 나와 달리 아버지는
이 모든 것이 '하나님 은혜'라며 하나님께 앞으로도 길을 열어달라고
기도하라고 하셨다. 똑같은 일을 아버지와 전혀 다른 방식으로 바라볼
만큼 나는 신앙에서 벗어나 있었다.

내 꿈은 죽도시장 점원

병원에서 6개월을 보내고 학교에 되돌아가자 공부에 대한 의지가 좀 더 강해졌다. 그렇다고 공부를 열심히 해서 좋은 대학에 가겠다는 생각을 해 본적은 없다. 중학교야 운 좋게도 장학금을 받게 되어 다닐 수 있었지만 그런 행운이 또다시 올 거란 보장은 없었다.

먹고 살기 급급한 우리 집 형편을 너무나 잘 알고 있었기 때문에 학교에서 주산을 열심히 배워 졸업한 후에 죽도시장에 취직하는 걸 목표로 했다. 고작 시장 점원 되는 게 꿈이냐고 비웃을 수도 있지만, 그 당시 포항에서 취직할 데라곤 죽도시장밖에 없었다. 그나마도 처음에는 가게에서 심부름하는 아이로 들어가는 게 목표였다. 그러기 위해서는 계산을 할 줄 알아야 된다고 해서 3년 내내 주판을 손에서 놓지 않았다. 처음에는 심부름꾼으로 시작해도 차근차근 일을 배워나가다 보면 나중에는 가게를 차릴 수 있을 거라는 기대를 하며 중학교 3년동안 열심히 공부했다.

그런데 졸업을 앞두고 담임 선생님께서 날 부르셨다. 교무실 문을 열자마자 선생님은 나에게 "도출아 대학교에 갈 기회가 생겼다"라고 말씀하시면서 잔뜩 흥분하셔서는 신문 한 장을 내미셨다. 너무나 갑작스런 일이라서 나는 신문도 보지 않은 채 그게 무슨 말씀이냐고 여쭈어보았더니 선생님은 "서울에 학원사라는 출판사가 있어. '학원'이라는 잡지를 만드는 곳인데 거기서 해마다 중학교 3학년을 대상으로 장학생을 선발한다는구나. 그 시험에 합격하면 고등학교는 물론이고 대학까지 4년 내내 학비를 지원해준단다. 이런 기회가 또 어디 있겠냐. 한번 도전해 보자"라고 말씀하셨다.

선생님의 말씀을 듣고 보니 신문은 볼 필요도 없었다. 세상에 포항시도 아니고, 경상북도도 아니고 전국의 중학교 3학년을 대상으로 한다는데 내가 시험을 본들 될 턱이 없었다. 우리 학교는 소위 명문중학교도 아니었고, 실업계통의 동지산업고등학교와 같은 재단이었기 때문에 입시보다는 취업 위주로 교육하는 학교였다. 그런데 언감생심 전국 단위 장학생 선발 시험에 도전을 하라니 아무리 선생님 말씀이지만 곧이들리지 않았다.

그래서 신문을 한 손에 쥔 채 "몇 명이나 뽑는데요?"라고 여쭈어 보았다. 선생님은 우물쭈물하시더니 내 손에 쥔 신문을 가지고 가서서 광고기사를 보여주셨다. 손가락 끝을 보니 '인원: 약간 명'이라고 적혀 있었다. 백 명도 아니고, 천 명도 아니고 약간 명을 뽑는데 시험을 보라는 말이 허황하게만 들렸다. 가능성이 전혀 없는데 헛힘만 뺄 게 뻔해서 "제가 시험 본다고 되겠습니까. 안 보겠습니다"라고 대답했다.

그러자 선생님은 대학에 갈 수 있는 유일한 기회인데 왜 해보지도 않고 포기하냐며 밑져야 본전이니 일단 시험을 보라고 설득하셨다. 듣고 보니 그 말씀도 맞았다. 그 당시 내 목표는 죽도시장 심부름꾼이었는데 시험을 한번 치른다고 해서 결격사유가 될 건 전혀 없었다. 게다가 시험 보는데 돈이 드는 것도 아니고, 서울에서 시험을 보기 때문에 서울구경을 할 수 있다는 장점도 있었다. 서울에 갈 수 있다는 생각을 하니까 갑자기 마음이 확 동했다. 두 번 생각할 것도 없이 선생님께 "네, 그럼 한번 해 보겠습니다"라고 말씀드리고 시험 볼 날만 손꼽아 기다렸다.

꿈은 이루어진다? 장학생 선발 합격!

받아놓은 날짜는 금세 다가왔다. 시험 보기 위해 서울 가는 날, 어두컴컴한 새벽에 어머니가 싸주신 도시락을 들고 집을 나섰다. 2월의 맵고 건조한 바람이 옷 속으로 파고들어 몸은 잔뜩 움츠렸지만 코에서는 기대에 찬 더운 바람이 나왔다. 장학재단에서 모든 수험생들에게 왕복 교통비는 물론 숙소도 제공해주기 때문에 몸만 가면 됐다. 나같이 돈이 없는 촌학생에게는 서울을 구경할 수 있는 절호의 기회였다.

꿈도 꾸지 못했던 서울 구경을 하게 되다니 콧노래가 절로 나왔다. 말로만 듣던 기차도 처음 탔다. 버스를 끝없이 이어붙인 것 같은 기차는 딱딱한 성냥갑 같았다. 창문으로 달려드는 풍광도 신기했고, 역무원이 표를 검사하는 것도 재미있었다. 기차 창문으로 보이는 꽃도 새순도 나지 않은 빈 나뭇가지가 드문드문 보이는 얼어붙은 땅도 동화 속에 나오는 장면처럼 아름답게 보였다. 그때 내게 서울은 미지의 세계이자 가보지 않은 무지개 너머 또 다른 세상이었다. 그러니 서울을 기대하는 것만으로도 가슴이 벅차올라 황홀경에 빠졌다. 덕분에 10시간이 넘도록 기차를 타는 동안 지루한 줄 모르고 여행을 즐길 수 있었다.

하지만 서울역에 내려서부터는 다시 '오천읍 촌놈'으로 되돌아가 주변을 둘러볼 엄두도 못 내고 안내하는 사람 뒤를 따라 버스에 오르기 바빴다. 코를 베어 갈까 봐 쥐어 싸지는 않았지만 서울은 낯설고도 무서운 곳이었다. 버스 안에 오르자 전국 각지에서 온 촌학생들로 가득했다. 새카만 얼굴에 여기저기 버짐 핀 아이들의 겉모습은 영락없는 촌놈이었지만 눈빛이 초롱초롱하고, 똘똘해보였다. 학업성적은 우수한데 가난해서 공부를 계속할 수 없는 학생들이 선발대상이었기 때문에 자신의 지역이나 학교에서는 알아주는 수재들이었다. 가난이 꺾은 학업에 대한 의지를 다시 펼 수 있는 기회를 갖게 되었으니 다들 얼마나 초조하고 긴장됐겠는가. 학교장 추천장인 1차 서류전형을 통과했기 때문에 합격에 대한 기대와 부담으로 학생들의 얼굴은 딱딱하게 굳어 있었다.

오직 나만 주위를 두리번거리며 구경하기에 바빴다. 버스 안에 있으니 마음이 놓여 사방을 둘러볼 용기가 생겼다. 책에서만 보던 남대문이 눈앞에서 지나가고, 남산이 코앞에 있으니 정신이 다 어질어질했다. 시험에 대한 부담은 눈곱만큼도 없었다. 합격을 바라고 온 게 아니니까 그저 아는 대로 풀고 가자고 생각하고, 그 다음날부터 시작될 서울 구경에 가슴이 부풀었다. 그렇게 가벼운 마음으로 시험을 봐서인지 시험장에 가서도 하나도 떨리지 않았다. 그저 빨리 풀고 나가서 서울 구경을 하겠다는 생각만 가득해서 문제가 어려웠는지 쉬웠는지 기억도 없다. 나 같은 수험생은 그전에도 후에도 없었을 것이다.

시험을 마치고 나오자 레스토랑이라는 곳으로 우리를 안내했다. 거기서 난생 처음 비프스테이크를 먹으며 소위 칼질을 했다. 그때부터는 꿈같은 시간이 흘러갔다. 텔레비전에서만 보던 청와대에 가고, 경복궁과 비원, 덕수궁에서 아름다운 궁궐도 보았다. 야트막한 언덕을 옮겨 놓은 것 같은 서오능을 보며 눈이 휘둥그

레지고, 창경원에서 코끼리를 보며 기겁을 하기도 했다. 눈에 보이는 모든 것이 새로웠고, 경이로웠다. 지금 생각해도 그때만큼 즐겁고 행복했던 때는 없었다.

그렇게 꿈결 같은 일주일을 보내고 집에 돌아온 후에 시험은 완전히 잊고 있었다. 그런데 두 달쯤 지났을까, 전체 조회 시간에 교장 선생님께서 내 이름을 부르시며 나오라고 하셨다. 영문도 모르고 나갔더니 내가 학원장학재단 장학생 선발시험에 합격했다고 하시면서 합격증과 선물을 주셨다. 전혀 기대하지 않았던 일이라서 그런지 얼떨떨할 뿐 기쁘지도 않았다. 그런데 선물꾸러미가 하나, 둘, 셋, 넷... 끝도 없이 계속 나왔다. 잠깐 사이에 강단이 선물로 꽉 찼다.

그걸 보니 '과연 내가 합격했구나' 실감이 났다. 그 시험에 합격하지 않았다면 누가 나를 위해 이 엄청난 선물들을 보냈겠는가. 합격하니 좋긴 좋다고 생각하며 선물꾸러미를 풀었는데 우리말대사전이 나왔다. 커다란 사전 안에 온갖 낱말이 다 쓰여 있는데 얼마나 좋던지 손이 다 떨렸다. 그리고는 줄줄이 속담사전, 위인전, 학원 잡지 등 보기만 해도 흥미진진한 책들이 나오고, 연필이며 공책, 지우개, 자, 컴퍼스 등 공부에 필요한 모든 필기구들이 뒤를 이었다. 그야말로 공부에 필요한 시시콜콜한 모든 것이 다 담겨있는 '학생을 위한 종합선물세트'를 보내준 것이다. 컴퍼스 같은 것은 생전 처음 보는 것이라서 사용법을 몰라 한참 헤매기도 했다.

애지중지하던 선물을 친구들에게 나눠줘도 친구들 역시 그 쓰임새를 몰라서 고개만 갸웃거리던 촌에서 고등학교와 대학교에 갈 수 있는 기회를 얻은 건 기적이었다. 아무리 가슴을 크게 펴도 포항시를 넘지 못하고, 죽도시장에서 소박하게 가게나 차려놓고 하루 세 끼 걱정 없이 사는 게 유일한 꿈이었는데, 장학생선발시험 합격이 내게 '대학 가는 꿈'을 갖게 해 준 것이다.

그때까지 우리 동네에는 대학에 간 사람이 한 사람도 없었다. 포항 전체를 통틀어도 대학생은 흔치 않았다. 손에 꼽을 만큼 적었기 때문에 대학에 대한 풍문도 다양했다. 대학에 붙어도 문제라는 것이다. 대학등록금은 태산같이 높아서 논밭을 다 팔고, 온 가족이 허리띠를 동여매고 살아도 감당하기 힘들다는 소문이 파다했다.

그런데 그 대단한 대학에 공짜로 갈 수 있는 기회가 생긴 것이다. 그것도 내가 원하고 바라지도 않았는데 어느 날 갑자기 선물처럼 뚝 떨어졌다. 내 힘으로 얻은 거라고 말할 수 없는 기적 같은 일이었다. 그러다보니 '비록 내가 시골에 살아도 남들만큼은 똑똑한가보다'라고 내심 뿌듯하기도 했지만 한편으로는 '혹시 잘못 배달된 선물은 아닐까?'라는 불안감으로 마음 한켠이 편치 않았다.

서울대학교가 밀져야 본전?

슬픈 예감은 틀린 법이 없다. 아니나 다를까 며칠 뒤 선생님이 얼굴이 새파래지셔서 교실로 뛰어오셨다. 나를 보시더니 "야야 큰일났다. 이거 좋다 말았다"라고 말씀하시며 내 마음 속 불안에 불을 지폈다.

선생님 표정만 봐도 무슨 일일지 짐작했지만 그래도 확인이 필요했다. 그래서 "무슨 일입니까?"라고 여쭤보았지만 선생님은 묵묵부답, 연신 입맛만 다셨다. 그리고 자꾸 내 눈길을 피하셨다.

처음에는 선생님 입만 쳐다보다가 궁금증을 참지 못하고 "대체 뭐가 좋다 말았습니까?"라고 계속 여쭤보자 선생님이 혼잣말처럼 중얼거리셨다.

"글쎄, 내가 그걸 못 봤어. 그게 맨 끝에 있는데다 글자가 너무 작아서 말이야. 아... 그걸 못 봤어"라고 말씀하시면서 또 입맛을 다셨다. 더 이상을 참을 수가 없어서 "선생님 대체 그게 뭔데요? 말씀해주세요"라고 강하게 말씀드리자 "대학등록금 말이다. 그게 아무 대학에 들어간다고 해서 다 주는 게 아니더라고. 서울대학교 합격자에 한해서만 대준다는구나. 내가 그 끝에 적힌 글자를 못 봤어. '대학교 4년 등록금 전액 지원 옆에 단 서울대학교 합격자에 한함'이라고 적혀 있는데, 그걸 못 봤어"라고 하시며 내게 미안해 하셨다.

처음 그 이야기를 들었을 때는 '그러면 그렇지, 정말 좋다 말았네'라는 생각에 실망도 됐지만 내가 생각했던 최악의 상황은 아니라서 마음이 놓였다. 당장 고등학교에 가는 게 문제였는데 그 3년간의 학비지원에 대해서는 조건이 없었다. 원래 중학교도 못다닐 형편이었는데 고등학교까지만 나와도 감지덕지였다. 대학교는 안중에도 없었다.

그런데 선생님이 하도 장탄식을 하시며 '서울대학교'라는 조건을 봤으면 처음부터 시험보라는 얘기도 안 했을 텐데, 고등학교 학비지원 서류를 작성하다가 그 조건을 보셨다는 거였다. 그래서 신문을 다시 찾아서 보니 맨 뒤에 '서울대학교'가 떡하니 적혀 있더라며 '하이고, 좋다 말았다. 내가 왜 그걸 못 봤을꼬'만 반복하셨다.

자꾸 그 얘기를 듣자 슬그머니 오기가 생겼다.

'그래도 전국 중학생을 대상으로 한 장학생선발시험에서 합격까지 했는데 서울대학교는 그 실력으로도 시험조차 치를 수 없는 곳인가'라는 생각도 들고, 도대체 서울대학교가 얼마나 대단하길래 선생님이 저렇게까지 낙담하시는지 궁금하기도 했다.

그래서 "선생님, 장학생선발시험도 합격할 거라 생각하지도 않았는데 되지 않았습니까? 그 서울대학교 들어가기가 얼마나 힘든지는 잘 모르겠지만 한번 시험이나 보겠습니다"라고 말씀드렸다. 그러자 선생님이 대번에 화를 내시며 "야, 인마 거기가 어떤 데인 줄 알고 덤비냐? 꿈도 꾸지 말아라"라고 내 말을 무찔러버리셨다.

나는 좀 무안하기도 하고, 괜한 고집도 생겨서 "지난번에 선생님께서 '밑져야 본전'이라고 시험을 보라고 하지 않으셨습니까. 이번에도 마찬가지잖아요. 그 시험에 떨어진다고 제가 손해 볼 것도 없는데 한번 준비해 보겠습니다"라고 말씀드렸다.

그러자 선생님은 "이 천지분간 못하는 녀석아, 서울대학교가 어떤 곳인 줄이나 아냐?"라는 표정으로 나를 한참 보시더니 한숨을 푹 내쉬며 "그래, 니 말이 맞다. 알아서 한번 해봐라. 하지만 여기서 배운 걸로는 되지 않을 테니까 공부는 알아서 해야 한다"며 입시준비를 허락해주셨다.

입시에 대한 선생님의 걱정이 지나친 게 아니었던 것이 그때 나는 이미 실업계인 동지산업고등학교에 입학하기로 결정이 된 상태였다. 중학교와 같은 재단이었고, 집에서 한 시간 반 정도 떨어진 곳이라 걸어서 다닐 수 있어서 부모님도 흔쾌히 허락해주셨다. 장학생선발시험을 보러 가면서도 대학은 생각하지도 않고, 집안 형편을 생각해서 통학하기 편한 실업계 고등학교를 선택한 것이다. 그 결정을 내릴 때는 굉장히 합리적이라고 생각했는데 합격소식을 듣고, 서울대학교라는 목표가 생기자 시골에 있는 실업계 고등학교를 선택한 것이 큰 핸디캡으로 여겨졌다. 합격소식을 좀 더 빨리 알았다면 하다못해 포항시내에 있는 인문계 고등학교에 지원했을 텐데 생각할수록 아쉬웠다.

아버지는 하나님 은혜, 나는 기적!

인간에게 기회는 세 번 온다고 했다.

나는 내게 주어진 이 대학진학의 기회를 내 인생의 두 번째 '기적'이라고 생각했다. 장학생으로 중학교에 가게 된 것이 첫 번째 기회라면 이것은 두 번째 기회니 어떻게든 공부할 수 있는 방법을 찾고자 했다.

대학진학의 기회가 내게 주어진 복이라고 생각한 나와 달리 아버지는 이 모든 것이 '하나님 은혜'라며 하나님께 앞으로도 길을 열어달라고 기도하라고 하셨다. 똑같은 일을 아버지와 전혀 다른 방식으로 바라볼 만큼 나는 신앙에서 벗어나 있었다. 중학교 시절부터 시들해진 신앙심은 내 인생의 전환기에서 하나님의 뜻을 찾기보다 내 힘으로 길을 열어가겠다는 마음으로 기울게 했다. 머리가 굵어지면서 보이지 않는 하나님을 믿는다는 게 너무 맹목적이라고 생각됐기 때문이다. 하나님이 안 계시다고 생각하지는 않았지만 아버지, 어머니처럼 인생을 다 바쳐 믿지는 않으리라 결심했다.

게다가 하나님의 인도하심만 믿고 기다리기엔 '서울대학교 합격'이라는 목표는 너무 크고, 내가 공부할 수 있는 환경은 열악했다. 학교 진도를 따라 가다가는 죽도 밥도 안되기 때문에 선생님께서는 내가 수업시간에 다른 공부를 할 수 있게 배려해 주셨다. 공부할 수 있는 공간도 교실이나 도서관, 집, 어디서든 내가 선택할 수 있었다.

학교에는 이름만 걸어놓고 어디서든 자유롭게 공부할 수 있도록 해주셨다. 거기까지가 학교와 선생님이 나를 위해 해 줄 수 있는 최선이었다. 선생님들이 나를 따로 가르쳐 줄 수 있는 시간적, 경제적 여유가 없었기 때문에 나는 모르는 게 있으면 표시해두었다가 수업을 마친 후에 교무실로 찾아갔다.

하지만 그것도 한계가 있었다. 입시 위주로 가르치지 않는 분들이셨기에 내가 모르는 내용을 선생님도 시원하게 풀지 못하는 경우가 왕왕 있었다. 그럴 경우에는 다시 그 문제를 붙잡고 나 혼자 씨름을 했다. 혼자 답을 찾아가는 일은 초등학교 3학년 이후 계속 습관이 된 일이라 어렵지 않았다. 아무리 어려운 문제도 차분히 앉아서 골똘히 생각하면 답이 보였다.

하지만 시간이 너무 오래 걸렸다. 시간싸움 말고 방향성도 문제였다. 과연 내가 공부하는 방법이 옳은 것인지, 이 정도 공부하면 서울대학에 갈 수 있는지 알 수 있는 방법이 없었다. 선생님들조차도 어느 정도 성적이 돼야 서울대학교에 갈 수 있는지 가늠하지 못했기 때문에 나를 인도해 줄 사람이 주변에 없었다.

그러다보니 대체 다른 아이들은 어떻게 공부하는지 날이 갈수록 궁금해졌다. 그래서 무작정 대구로 향했다. '사람은 서울로, 말은 제주로 보내라'는 말이 있듯이 일단 큰 세상을 봐야 눈이 뜨일 것 같았다. 장학생선발시험을 봤지만 지금처럼 점수 커트라인이 있었던 것도 아니어서 내 실력이 어느 정도인지 가늠해보고 싶은 마음도 있었다. 그때 나는 내 실력이 어느 정도인지, 서울대학교에 갈 수 있는 성적은 몇 점인지 모를 정도로 '지피지기(知彼知己)'가 되지 않은 상황이었다.

입시를 준비하는 학생들은 어떤 책을 보고, 어떻게 공부하는지 그 노하우가 궁금했다. 그래서 경북에서 제일 좋다는 경북 고등학교 학생들은 어떻게 생겼는지 얼굴이라도 보고 와야겠다는 생각이 들어 대구로 향했다.

문제는 대구에 아는 사람이 아무도 없다는 것이다. 호기롭게 대구역에 내렸지만 어디에 가야 할 지 막막했다. 길을 지나는 사람은 셀 수 없이 많은데 그 넓은 천지에 나를 아는 사람은 한 사람도 없었다. 그때 눈에 띈 것이 십자가였다. 교회를 보자 '살았다'는 생각이 들면서 마음이 놓였다. 처음 보는 교회였지만 거기에 가면 나를 식구처럼 맞아줄 사람들이 있을 거라는 확신이 들었다. 그래서 망설이지 않고 들어갔다.

교회 안에는 고등부 학생들로 가득했다.

마침 토요일이라 고등부 학생회 예배를 드리고 있었다. 나는 맨 뒷자리에 앉아서 예배를 드리고 학년별로 모일 때 슬쩍 1학년 생들 사이에 끼어 앉았다. 나같이 쑥스러움이 많은 사람이 낯가림을 하지 않고 처음 보는 학생들과 천연덕스럽게 얘기할 수 있었던 것은 교회에 대한 친숙함 때문이다.

옹알이를 하기 전부터 새벽예배에 나갔던 나는 교회가 우리 집이었다. 좀 커서는 다른 교회에서 부흥회를 하거나 학생회 행사를 할 때마다 다녔기 때문에 교회에 다니는 사람들은 한 식구라는 생각이 강했다. 예수님 안에서는 다 한 형제요, 자매라는 생각 때문에 허물없이 다가가니까 아이들도 금세 나를 친구로 받아들여줬다.

서로 인사를 하면서 간단히 나를 소개했다. 포항에서도 북쪽에 있는 변두리에서 왔고, 시골에 있는 상업고등학교에 다니기 때문에 입시에 대해 아무런 정보가 없어서, 도시에서는 어떻게 대입을 준비하는지 알아보려고 왔다고 얘기했다.

아이들은 뭐가 제일 궁금하냐고 물었다. 무슨 책으로 공부하는지 가장 알고 싶다고 대답하자 너도나도 가방을 열어 참고서와 책을 보여주었다. 그런데 책에 쓰인 이름을 보니 다들 경북고를 비롯한 명문고등학교 학생들이었다.

순간 소름이 끼쳤다. 동시에 안도의 한숨이 새어나왔다. 대체 일류 고등학교 학생들은 어떻게 공부하는지 알고 싶어 대구에 왔지만, 아는 사람 하나 없는 이곳에서 그 학생들을 만날 확률은 거의 없었다. 일단 가보자는 심정으로 왔지만 대구역에 내리자마자 자신감은 온데간데없이 사라지고 걱정이 몰려왔었다. 그런데 명문고 학생을 한 명도 아니고 여러 명을 한꺼번에 만났으니 얼마나 놀라운 일인가. 그 기적 앞에서 나는 가슴을 쓸어내리며 '정말 나는 운이 좋은 사람인가보다'라고 생각했다. 그때만 해도 내 발걸음을 인도하신 하나님의 은혜는 깨닫지 못했다.

지금 생각하면 내 발걸음을 교회로 이끄신 하나님의 은혜가 얼마나 크고 감사한지 모르겠다. 아브라함의 종 엘리에셀의 걸음을 리브가에게로 인도하셨듯이 나를 교회로 인도하셔서 이미 예비해 두신 학생들과 목사님을 순조롭게 만나게 하셨을 뿐 아니라 신앙심이 약하여 공부를 핑계로 언제든지 교회를 떠날 수 있을 그때에 나를 교회에 묶어두셔서 말씀과 기도에서 멀어지지 않게 하셨으니 두고두고 감사할 일이다.

뜨내기 교회 하숙생!

 하나님의 인도하심은 항상 내 발 앞에 있었다. 내 발의 등불이 되신 하나님을 그때는 몰랐지만 하나님은 나를 위하여 모든 일을 행하시는 분이었다. 먼저 내게 공부에 대한 갈급함을 주셨다. 매사 여유만만했던 내게 토요일 오후 나절에 잠깐 아이들과 만나서 공부하는 것만으로는 부족하다는 생각이 들게 하셨다.

친구들과 시간을 보내면 보낼수록 대구에 머물면서 아이들과 수시로 만나서 궁금한 것을 물어보고, 공부 모임에 들어가 함께 공부하고 싶은 마음이 간절해졌다. 그래서 부모님께 말씀드리고 대학입학고사를 치를 때까지 대구에서 지내기로 했다.

부모님은 외지생활하는 것은 허락하셨지만 아무런 도움도 주지 못하셨다. 중학교 진학을 포기했을 만큼 어려웠던 집안 형편은 그때도 여전해서 말씀하지는 않으셨지만 책값을 대기도 벅차셨을 거다. 그 형편을 뻔히 알고 있으면서 하숙비를 바랄 수는 없었다. 그렇다고 길에서 잘 수는 없어서 교회에 적당한 장소가 있는지 알아보기 위해 대구 효목교회에 갔다.

그때 '기도실' 팻말이 눈에 확 들어왔다. 문을 열어보니 조용하고 아늑했다. 깨끗하게 정돈된 방이 잠자기에 안성맞춤이었다. 기도실은 낮에는 개방하지만 밤에는 잠가놓기 때문에 잠만 잔다면 별 문제가 없을 거라 생각했다. 그래서 목사님께 기도실에서 지낼 수 있도록 해 달라고 부탁을 드리자 흔쾌히 허락하셨다.

그때부터 효목교회 기도실이 내 거처가 되었다. 낮에는 다른 교회 학생들을 만나러 가거나 도서관 등 대구의 곳곳을 다니다가도 밤만 되면 효목교회 기도실로 갔다. 그리고 종일 교인들이 쌓아놓은 기도 위에 이불을 깔고 십자가 밑에 누워서 밤마다 잠을 청했다.

숙(宿)은 해결했는데 식(食)이 문제였다. 하지만 그것도 쉽게 해결됐다. 아침마다 목사님이 기도실 문을 두드리셨다. 그리고 나를 사택에 데리고 가서 아침밥을 먹여주셨다. 비록 집이 좁아서 재워주시지는 못했지만 객지에서 배곯는 서러움을 당하게 하신 적은 한 번도 없었다.

제아무리 도시이고, 태풍의 피해가 적었다고 해도 온 국민이 하루 세끼 밥걱정에서 놓여나지 못했던 때였는데 목사님 댁인들

넉넉할 리 없었다. 하지만 목사님은 싫거나 어려운 내색 없이, 반찬이 있으면 있는 대로 없으면 없는 대로 한 식구처럼 밥상을 받게 하셨다.

나를 멀리서 찾아온 조카처럼 돌봐주신 건 효목교회 목사님뿐이 아니었다. 대명교회나 삼덕교회 등 내가 찾아갔던 교회의 목사님들도 한결같이 나를 따뜻하게 맞아주시고, 세심하게 돌봐주셨다. 다른 학생들과 달리 주일 찬양예배를 비롯해서 수요예배나 금요 철야예배까지 다 참석하는 나를 기특하게 여기셨던 목사님들은 항상 나의 식사를 챙겨주셨고, 공부할 수 있는 장소를 제공해주셨다. 3년 동안이나 교회를 전전하며 지냈어도 타지생활의 설움을 겪지 않은 것은 목사님들의 배려 덕분이었다.

교회는 나에게 숙식을 제공해주었을 뿐 아니라 좋은 친구들도 만나게 해 주었다. 가는 곳마다 우수한 학생들을 만나 공부의 노하우를 배운 것이 내게는 큰 힘이 되었다. 책 사기도 빠듯했던 내게 중요한 것은 정보가 아니었다. 아무리 기막히게 잘 가르치는 학원을 알려줘도 그곳에 다닐 형편이 안됐기 때문이다. 내게 절실했던 것은 정보가 아니라 선생님이었다. 안 풀리는 문제를 풀수 있는 사람, 이해가 되지 않는 내용을 풀어서 설명해줄 수 있는 선생님이 필요했다.

그런데 감사하게도 교회마다 내게 꼭 필요한 부분을 꼭 짚어서 알려주는 친구들이 있었다. 그 친구들은 내게 성문종합영어, 수학의 정석을 알려주었고, 단어장 만드는 법부터 수학공식 암기법 같이 시시콜콜한 정보도 전수해줬다. 그리고 나의 진도에 맞춰 중요한 내용을 확인하고, 그것을 반복해서 설명해 주었다.

그때 나는 거의 백지와 다름없었기 때문에 한 번 설명을 들어서는 전혀 이해하지 못했다. 몇 번이고 반복해서 들어도 모르는게 툭툭 튀어나왔다. 그럴 때마다 나는 친구들을 붙잡고 늘어졌다.

나는 다른 데선 태평스럽고 느긋한데 공부에 있어서만큼은 집요한 구석이 있어서 모르는 것을 그냥 넘기질 못했다. 묻고 또 묻고 또 물어보는 한이 있어도 완전히 이해해야 그 문제를 놓아주었다. 덕분에 친구들은 나에게 끊임없이 질문 공세를 당해야 했고, 몇 번이고 설명을 반복해야 했다.

그때나 지금이나 입시 경쟁은 치열했다. 얼마나 공부에 매진했느냐가 시험의 당락을 결정짓는 주요 요인이었기 때문에 다들 밤잠을 아껴가며 공부하던 중이었다. 그런 와중에 친구의 공부를 봐주기란 쉽지 않다. 그런데도 교회 친구들은 끈덕진 나의 질문에 일일이 대답해주었다. 그 덕에 과외나 학원의 도움을 받지 않고 공부를 마칠 수 있었다. 그때나 지금이나 그 친구들에게는 항상 감사한 마음이다.

하나님은 교회와 목사님, 그리고 친구를 만나게 하셨을 뿐 아니라 나에게도 신통한 마음을 주셨다. 그것은 내 상황에 대해 열등감을 느끼지 않는 마음이었다. 친구들이 아무리 좋아도 동갑내기라 그들과의 실력 차이를 매 순간 실감하는 건 유쾌한 일이 아니다. 있는 힘껏 발돋움을 해도 닿을 수 없는 곳에 이미 도달해 있는 친구들을 보는 것도 썩 즐거운 일이 아니다. 그럴 때 내가 늘지 않는 실력에 좌절하고, 이미 우등생 반열에 올라있는 친구들을 질투했다면 그 지루한 레이스를 계속할 수 없었을 것이다.

다행스럽게도 나는 친구들과 내가 실력차이가 나는 게 당연하다고 생각했다. 그 친구들은 머리도 좋은데다 잘 갖춰진 환경에서 착실하게 대학 입시 준비를 했기 때문에 실력이 좋은 것이고, 나는 시골에서 대학에 갈 것은 꿈도 꾸지 않았기 때문에 기초실력이 부족할 수밖에 없다고 생각했다. 그러니 꿀릴 것도 주눅들 것도 없었다.

다만, 친구들의 수준까지 실력을 쌓으려면 더 힘껏 공부해야 한다고만 생각했다. 뒤늦게 시작했기 때문에 열심히 배워서 간격을 좁히다보면 함께 결승점에 도달할 수 있다고 생각했다. 그 덕에 끝까지 좌절하지 않고 내 페이스를 유지할 수 있었다.

그런 마음으로 친구들을 대해서인지 며칠 걸러 한 번씩 나타나는 나를 친구들도 뜨내기 방문자로 여기지 않고 친구로 받아들여줬다. 아마도 다 같이 예수 그리스도를 믿는 공동체의 일원으로서 서로 돕고 아껴야 한다는 마음으로 나를 따뜻하게 맞아

준 것이다. 만나는 횟수가 잦아지면서 그들의 공부모임에도 나를 추천하여 함께 공부할 수 있도록 도와주었다.

그 당시에는 교회 고등부마다 공부모임이 있었다. 제각기 특색이 있었는데 그 중 계명대학교 동산의료원의 교회 학생회는 대구 내에서도 꽤 유명했다. 그 교회 원목실장으로 계셨던 김치영 목사님이 '한 알의 밀'이라는 청년운동에 힘을 쏟으셨는데 그 일환으로 고등학생들을 따로 모아 영어공부 모임을 만드셨다.

미국 그랜드래피즈 침례신학 대학원에서 석사학위를 받고 돌아오신 목사님은 영어 실력이 출중하셨기 때문에 학생들에게 살아있는 영어를 가르쳐 주길 원하셨다. 그래서 책에다 밑줄 긋고 달달 외우는 게 아니라 토론을 하게 했다.

우리들에게 어거스틴의 '하나님의 도성' 원서와 NIV(New International Version) 영어성경을 나눠주고 해당 내용에 관해 자유롭게 이야기를 나누라고 하셨다. 처음에는 줄거리도 제대로 파악하지 못하고 말도 안 되는 얘기를 손짓발짓 동원해서 주고받았는데, 그것도 계속하다 보니 나중에는 제법 자신의 의견도 내놓을 수 있게 되었다. 그렇게 되기까지 목사님의 노고가 컸다. 목사님은 우리가 영어로 사고하고 말할 수 있게 도와주셨고, 영어 실력 뿐 아니라 그 공부가 하나님을 아는 지식에 이를 수 있도록 한 사람 한 사람을 붙들어 주셨다.

불독전법 & 신명기 전법

많은 사람들의 도움으로 머릿속에 지식이 쌓이고 실력도 늘었다. 하지만 그 모든 도움의 지휘관은 역시 하나님이셨다. 그때는 몰랐지만 지금 생각하면 나의 어릴적 공부습관이야말로 여호와 이레를 체험할 수 있는 산 증거였다.

대구와 부산 지역의 교회를 다니면서 젖동냥하듯 공부를 하면서 제일 힘든 것은 건강이었다. '스무 살까지만 살고 싶다'는 소망은 그때도 여전해서 조금만 무리해도 눈을 뜨는 것조차 어려울 정도로 몸이 피곤하고 아팠다.

결국 내 몸이 외지생활을 버틸 수 있을 때까지만 도시에서 공부할 수 있었다. 날이 갈수록 몸은 더 쇠약해졌고, 공부 좀 할라치면 병들어 집으로 돌아와야 했다. 그럴 때마다 언제 죽을지 모르는 몸으로 공부를 한다는 게 부질없다는 생각이 들었지만 그때마다 '서울대학교'를 떠올리며 기어서라도 책상에 앉았다.

그렇게 이를 악물고 책상에 앉은 나를 번번이 녹다운시킨 것은 다름 아닌 실력이었다. 어찌된 일인지 집에만 오면 도돌이표처럼 실력이 예전으로 돌아가 열 문제 중에 아는 게 절반도 안됐다. 날이 갈수록 대학에 가야겠다는 꿈은 간절해져서 마음은 급한데 늘지 않는 실력이 항상 발목을 잡았다. 그렇다고 대구나 부산에 있는 친구나 목사님께 도움을 구할 수도 없었다. 책상에 앉아 있기도 힘겨운데 장거리 이동은 무리였기 때문이다. 그야말로 진퇴양난이었다.

약한 몸과 전쟁을 치르면서도 내가 포기하지 않고 계속해서 공부할 수 있었던 것은 혼자 공부하던 습관 덕분이다. 초등학교 3학년 때 숙제의 양을 늘리기 위해 배우지도 않은 내용을 미리 푸느라 엉덩이를 붙이고 끙끙댔던 그 시간들이 내 몸에 습관으로 남아있었다.

모르는 문제와 맞닥뜨리는 것은 익숙한 일이었고, 포기하지만 않으면 반드시 풀린다는 것도 경험적으로 알고 있었다. 나도 모르게 익힌 습관들이 나를 책상으로 이끌었고, 모르는 문제도 차분하게 풀어나갈 수 있는 힘이 되었다.

그때 나는 모르는 문제는 '한번 물면 놓지 않는다'는 '불독전법'으로, 암기내용은 집에 앉아있을 때나 길을 갈 때나 누워 있을 때나 일어날 때나 항상 마음에 새기고 입으로 암송하는 '신명기전법'으로 공부했다. 지금 적용해도 충분히 유익하다고 생각할 만큼 효과적이었다.

혼자 공부하면서 제일 힘들었던 것은 수학이나 과학 등 기본 공식을 응용해서 문제를 풀어야 할 때였다. 복잡한 수학기호를 볼 때면 마치 도로 주행도 받지 않고 덜컥 차를 사서 운전대에 앉은 것 같이 막막했는데, 그래도 공식을 떠올리면서 하나씩 하나씩 문제를 풀어가면 언제든 답은 나왔다.

하루 종일 씨름해도 안 풀릴 때는 책을 덮고 한숨 잔 후에 다시 그 문제를 들여다보면 답이 보였다. 틀린 문제 역시 왜 틀렸는지 어디서 잘못된 것인지 그 과정을 찬찬히 다시 되짚어보았다. 시간은 오래 걸렸지만 그렇게 하나씩 내 것으로 만든 문제는 답을 유추해가는 과정을 확실히 알기 때문에 완전히 이해하고 넘어갈 수 있었다. 그래서 나중에는 아무리 복잡하게 꼬아놓은 문제도 별 무리 없이 풀게 되었다.

그때 내 힘으로 문제를 풀지 않고, 어렵다고 넘어갔다면 그 문제는 평생 내 것이 될 수 없었을 것이다. 아무리 어려운 문제도 불독처럼 물고 늘어져 완전히 알 때까지 포기하지 않았기 때문에 그것이 온전히 내 실력으로 남은 것이다.

'신명기 전법'은 이스라엘 백성들이 율법과 규례를 지키기 위해 계속해서 외우고, 일상생활에서 그 율법을 의식하며 살아가는 것과 동일하게 공부하는 것이다. 국어나 영어 그리고 기타 암기과목은 왕도가 없다. 친구들이 여러 가지 노하우를 알려줬지만 통째로 외우는 것이 가장 효과적이었다.

처음에는 기계적으로 외우지만 그것을 반복해서 외우며 머릿속에 담아두면 자신도 모르게 전체적인 틀이나 그 문장이 의미하는 바, 그리고 논리가 자연스럽게 이해된다. 그러면 단순한 암기가 아니라 이해를 수반한 암기가 되기 때문에 오래 기억되고, 잊히지 않는다. 그때 외운 것은 지금도 읊을 수 있을 정도로 또렷이 기억난다. 링컨의 명연설인 '게티스버그 어드레스'도 그 시절에 외웠는데 한 단어, 한 문장이 어찌나 아름다운지 지금도 그때의 감동이 손에 잡힐 듯 생생하다.

그렇게 책에 있는 내용은 닥치는 대로 외울 수 있었던 것은 하나님의 은혜다. 몸이 약하여 누워 있는 시간이 길었고, 대구와 부산 등지로 돌아다니다보니 오가는 시간도 길어 이래저래 공부에만 집중할 수 있는 시간이 상대적으로 적었는데도 불구하고 하나님께서는 내게 암기의 능력을 쏟아부어주셔서 읽은 것은 한 자도 빠짐없이 기억나도록 해 주셨다.

불신자의 간절한 기도
'서울대에 가게 해 주세요'

머릿속에 지식이 쌓여갈수록 하나님은 내게서 멀어졌다. 그때, 나는 하나님의 능력은 믿었지만 하나님의 존재에 대해서는 확신하지 못하는 불신자에 가까웠다. 어렸을 때는 무조건 믿었던 예수 그리스도가 중학생이 되면서부터 조금씩 역사상 인물로만 느껴지더니 고등학생이 되면서부터는 '저 멀리 유대 땅에 잠깐 살다 죽은 청년이 어떻게 하나님의 아들이 될 수 있을까. 하나님의 아들이라면 뭔가 달라야 되는데 세상을 바꾸지도 못한 십자가의 죽음만 갖고 구세주라고 하는 것은 말이 안 된다. 다 거짓말이다'라는 생각이 점점 굳어지게 되었다.

그러다 보니 하나님의 존재도 다 지어낸 옛 이야기 같았다. 기독교와 하나님에 대한 회의에 휩싸여 심한 갈등과 방황 속에 빠지게 되면서 신앙이 근본부터 흔들리기 시작했다. 대학 입시를 준비하느라 대구와 부산 등지를 오가며 더 넓은 세상을 접하게 되면서 하나님과는 더 멀어졌다.

도시에 와서 내가 제일 놀란 것은 사람들이 너무 잘 산다는 것이었다. 시골에서는 쌀이 없어서 가축 사료로도 쓰지 못할 밀기울로 하루하루 연명하고 있는데 대구만 해도 태풍의 영향이 적어서인지 빈곤의 흔적을 찾기 어려웠다. 물론 시골과 비교했을 때 삶의 수준이 차이나는 것이기 때문에 지금과 같이 잘 사는 건 아니었지만 우물 안 개구리로 살던 내가 도시의 삶을 처음 접했으니 얼마나 놀랐겠는가.

더 충격적인 것은 그 잘 사는 사람들이 다 하나님을 믿고 의지하는 게 아니라는 것이었다. 하나님의 공의를 찾아볼 수 없는 곳에서 사람들은 떵떵거리고 살고 있었고, 오직 하나님만 의지하며 전 재산을 다 바친 우리 아버지와 같은 분들은 시골에서 근근이 살고 있었다.

그 믿을 수 없는 사실 앞에서 하나님이 안 계시다는 나의 의구심은 불신으로 깊어졌다. 결국 내 머릿속에 '하나님이 계시다는 것도, 예수님이 계시다는 것도 다 거짓말이다'라는 생각이 확고하게 박혔다.

그러면서 '예수님과 함께라면 가난해도 좋다'며 오로지 하나님만 믿고 살아가는 아버지와 어머니가 세상 물정 모르는 촌사람으로 여겨졌다. 도시에 나와 보니 하나님을 믿는 사람보다 대학 나온 사람이 더 인정받고, 돈 많은 사람일수록 권세를 누리는데 우리 부모님은 보이지도 않는 하나님만 믿고, 세상에서 출세할 수 있는 모든 것을 다 바쳐버렸으니 얼마나 어리석은가? 나는 '절대로 부모님처럼 하나님을 믿지 않고, 대학, 그것도 서울대에 가서 내 길을 스스로 개척해야겠다'는 생각을 굳혀나갔다.

그 당시 내게 '서울대학교'는 유일한 꿈이었고 희망이었다.

다른 대학은 합격해봤자 등록금이 없어서 다닐 수 없기 때문에 서울대학교를 목표로 잡았다. 그러면서 그동안 접었던 기도를 다시 시작했다. 꿈이 간절하다보니 기도도 절박해졌다. 다들 내가 서울대학교에 가는 것은 '난공불락(難攻不落)의 불가능한 도전'이라고 하니 매달릴 대상이 하나님뿐이었다.

그렇다고 신앙이 깊어진 건 아니었다. 하나님이 계신지 안 계신지 마음에 확신은 없었지만 무조건 기도했다. 하나님의 존재 여부는 내가 서울대학교에 합격한 후에 알아봐도 늦지 않을 거라고 생각했다. 그때 나는 '내 아버지의 하나님' 즉 '모든 기도를 들어주시고 하나님이 자녀로 부르신 이들의 길을 인도하시는 하나님'의 도우심 없이는 '서울대학교'라는 목표를 이룰 수 없다는 것을 알고 있었다. 그래서 내 능력이 아닌 하나님의 능력으로 시험에 합격할 수 있게 해 달라고 날마다 기도했다.

주일은 공부 쉬는 날

 교회에서 생활하고 기도는 열심히 했지만 정작 하나님으로부터는 점점 멀어지고 있었다. 그러다보니 매주 부모님과 주일 성수문제로 갈등을 빚었다. 하나님께 대학에 합격하게 해 달라고 기도는 했지만 습관적인 기도였고, 마음속으로는 나의 노력만이 대학합격을 보장할 수 있다는 생각이 강했다. 그런 생각에 골몰하다보니 주일 하루를 몽땅 하나님께 드리는 게 너무 아까웠다.

오전 예배만 드리면 좋은데 부모님은 온전한 주일 성수를 원하셨기 때문에 저녁 찬양예배까지 드려야 했다. 새벽예배부터 시작해서 저녁예배까지 드리려면 종일 교회에 있어야 했다.

그건 어렸을 때부터 쭉 해왔던 일이고, 어디에 있건 기독교 문화 속에서 살았기 때문에 내 맘대로 예배를 빼먹으면 하루 종일 마음이 불편할 게 뻔했기 때문에 교회에 가지 않는다는 건 생각하지도 않았다. 다만, 하나님과 부모님 앞에서 내 면도 세우고, 공부도 할 수 있게끔 오전 예배만 드리길 바랐는데 부모님은 허락지 않으셨다.

심지어 예배와 예배 시간 사이에 공부하는 것까지 막으셨다. 짬짬이 공부하려고 성경 사이에 교과서를 가지고 가면 어떻게 보셨는지 어김없이 책을 뺏어 가셨다. 가방 검사를 하지는 않으셨지만 내가 예배 아닌, 하나님 아닌 다른 것에 마음이 쏠려 있는 것을 금세 알아차리시고는 "주일은 하나님의 날이다. 안식일에 공부하지 않아도 하나님께서 인도하시면 다 길이 열린다. 오늘은 온전히 성경 읽고 찬송 부르면서 하나님께 예배드려라"라고 말씀하시면서 내 손에 성경, 찬송을 쥐어주셨다. 부모님은 무엇이든 내가 원하는 것은 다 들어주셨지만 신앙에 있어서만큼은 한 치의 물러섬도 없으셨다. '오직 예수' 밖에 모르는 부모님의 신앙은 못마땅했지만 내가 사랑하는 그 분들을 가슴 아프게 하느니 주일에는 깨끗이 공부를 포기하자고 생각했다.

사실 부모님께서 내게 공부보다 신앙을 더 강조하셨던 것은 그분들의 믿음에서 비롯된 것이지만 더 큰 계획을 품고 있었기 때문이기도 하다. 내가 태어날 때 서원했던 그 기도를 아버지와 어머니는 내내 기억하시고는 항상 기도하셨다. 그러니 두 분에게는 내가 대학에 가는 것보다 하나님 앞에 바로 서는 것이 더 중요했던 것이다. 어떻게 해서든 예배를 온전하게 드리고 하나님을 잘 믿는 아들로 키우고 싶으셨던 게 두 분의 소망이었다.

하지만 나는 전혀 눈치채지 못했다. 내가 자라는 동안 그 말씀을 한 번도 하지 않으셨기 때문이다. 지금 생각해도 참 감사한 일이다. 만약 내 의지와 상관없이 아버지가 서원 기도하셨다는 것을 알았다면 대학에 대한 꿈을 접었을지도 모른다. 하나님이 계신지 안 계신지도 확신하지 못하는데 그 하나님을 증거하는 삶을 살기 위해 어려운 공부를 해야 한다면 의욕이 꺾였을 게 뻔했기 때문이다.

다행스럽게도 아버지는 내가 대학교 원서를 쓸 때까지 아무런 말씀도 하지 않으셨고, 아버지의 뜻을 몰랐던 나는 서울대학교가 내 뜻을 크게 펼쳐 줄 거라 굳게 믿으며 공부에 몰두했다. 그렇게 서로 닿을 수 없는 평행선을 달리던 우리 두 부자의 속뜻이 드러난 것은 대학교 원서를 쓰는 날이었다.

그 날은 아버지 뿐 아니라 선생님과 나 자신의 민낯이 그대로 드러난 날이기도 했다.

이왕 떨어질 거라면...

대학교 원서를 쓰러 아침에 학교에 갔는데 선생님께서는 이미 나의 전공을 결정해 놓고 계셨다. 의논할 것도 없이 '농대'를 지원하라고 하셨다. 우리 집이 농사를 짓지는 않았지만 촌에 살고 있기 때문에 농업대학에 가서 인재로 성장하면 여러모로 동네에도 도움이 될 거라고 나도 생각했었기 때문에 농대에 갈 것은 어느 정도 예상하고 있었다. 하지만 서울대학교 농업대학의 수준에 대해서는 전혀 몰랐다.

선생님께서 추천하실 정도라면 내가 합격할 가능성이 손톱만큼이라도 있을 거라 생각하고 내 깐에는 기대에 차서 "농대는 (합격)되겠습니까?"라고 여쭤보았다.

선생님은 내 눈길을 피해 원서를 보시면서 아무 말씀도 하지 않으셨다. 당연히 합격할 거라고 말씀하실 줄 알았는데 대답을 하지 않으시니 적잖이 당황스러웠다. 그러면서 합격하지도 못할 곳에 왜 지원하라고 하시는지 이해할 수 없었다. 내가 3년 간 어떻게 공부했는데 이러시나 생각하니 울컥 화가 치밀어 올랐다. 그래서 "그럼, 왜 농대에 가라고 하십니까?"라고 묻자 "그야 농촌을 살릴 수 있는 농촌 지도자가 되라고 그런 거지"라고 말씀하시면서 나를 다독이듯이 "도출아, 그래도 농대가 제일 쉬워"라고 로하셨다. 그 말을 듣기 무섭게 "그럼 저도 합격할 수 있습니까?"라고 다시 한 번 여쭤봤지만 선생님은 끝내 대답하지 않으셨다.

상황이 그쯤 되니 약이 바짝 올랐다. 당시 서울대학교에서 가장 커트라인이 낮은 농대에 지원해도 나는 합격하지 못한다는 얘긴데 그렇다면 나는 지난 3년 동안 무엇을 바라며 그토록 열심히 공부했는지 한심했다. 잠깐 동안 3년의 시간이 파노라마처럼 펼쳐지면서 여러 가지 생각이 떠올랐다.

그러다가 어차피 떨어질 거라면 굳이 커트라인이 가장 낮은 농대에 지원할 필요가 없겠다는 생각이 들었다. 3년 동안 죽어라 서울대학교만 바라보며 준비한 나도 서울대학교 수준이 어느 정도인지 가늠도 못하겠는데 부모님이나 동네 사람들은 말해 무엇하겠는가. 아무리 시골이라도 서울대학교를 아는 사람들은 나를 보면서 '서울대학교 어디어디 지원했다가 떨어진 사람'이라고 말할 게 뻔했다. 그렇다면 이왕 떨어질 거 농대보다는 가장 들어가기 어려운 과에 지원했다가 떨어졌다는 얘기를 듣는 게 낫겠다고 생각했다.

그래서 선생님께 "서울대학교에서 가장 커트라인이 높은, 제일 어려운 데는 어딥니까?"라고 여쭈었더니 "그건 알아서 뭐하냐?"고 하시며 대답하지 않으셨다.

거기서 더 물러서서는 안 되겠다는 생각이 들어 계속 알려달라고 졸랐더니 법대 점수가 가장 높다고 알려주셨다. 그 말을 들으면서 속으로 잘됐다고 쾌재를 부르며 목표를 법대로 정했다.

문제는 또 선생님이었다. 원서는 내가 써도 선생님이 도장을 찍어주셔야 되는데 쉽게 허락하실 것 같지 않았다. 아니나 다를까 내가 법대에 지원하겠다고 말씀드리자 "야, 인마 그거 되지도 않을 거 쓰지도 마라"라고 하시며 손사래를 치셨다. 나도 그 말에 꺾이지 않고 "농대 가도 안 된다면서요"라고 반박하니까 "그렇지"라고 선생님이 조금 수그러지셨다.

그 틈을 타서 "그럼 저는 갈 데가 없단 얘기 아닙니까? 그럴 바에는 법과대학에 가겠습니다. 어디를 가도 떨어질 거라면 법대 지원했다 떨어졌다고 하는 게 낫지 않습니까?"라고 말씀드리자 선생님은 나를 물끄러미 바라보시더니 도장을 찍어 주셨다.

원서에 붉게 찍힌 도장을 보자 도리어 마음이 편해졌다. 합격만을 바라면서 죽기 살기로 공부했지만 그래도 소용없다면 더 이상 애달파 할 필요가 없었다. 원래 중학교를 졸업한 후 죽도시장 심부름꾼이 되는 게 내 꿈이었는데 고등학교까지 졸업하게 되었으니 시장 점원보다는 좋은 취직자리를 얻을 수도 있을 것이다.

3년 간 공부한 것도 내게 좋은 경험이었으니 손해 볼 일은 전혀 없었다. 게다가 사람들마다 최고라고 치켜세우는 서울대학에 지원한 덕에 대한민국 최고 수준의 학교에도 가 볼 수 있게 되었다. 그렇게 생각하니 무거운 짐을 내려놓은 듯 마음이 가벼워졌다.

출생의 비밀, 서원 기도한 아이

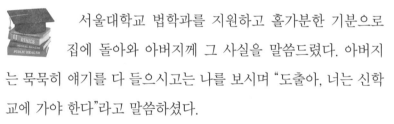 서울대학교 법학과를 지원하고 홀가분한 기분으로 집에 돌아와 아버지께 그 사실을 말씀드렸다. 아버지는 묵묵히 얘기를 다 들으시고는 나를 보시며 "도출아, 너는 신학교에 가야 한다"라고 말씀하셨다.

우여곡절 끝에 원서에 법학과를 써냈는데 이번에는 신학교라니 너무 어이가 없어서 말이 안 나왔다. 그래서 아버지께 "아버지, 서울대학교만 등록금을 대주잖아요. 학비도 없는데 신학교에 어떻게 갑니까?"라고 말씀드리면서 왜 갑자기 신학교에 가라고 하시는지 모르겠다고 볼멘소리를 했다.

그때서야 아버지는 내가 태어날 때 서원 기도하셨다는 말씀을 하시면서 "너는 결국 목사가 될 거다. 그러니 이번에 서울대학교를 지원했더라도 꼭 신학교에 가야 한다"고 거듭 강조하셨다. 다른 사람 같으면 그 말을 듣고 화를 내거나 놀랐을 수도 있지만 나는 별 생각이 없었다. 학비 때문에 선생님조차 합격할 리 없다고 말렸던 서울대학교에 굳이 지원하겠다고 고집 피워 여기까지 왔는데 신학교라니 너무 생뚱맞았다.

뜬금없는 아버지의 말씀에 그저 헛웃음만 나왔다. 그저 웃어넘기려는 나를 보며 아버지는 빙그레 웃으시며 "이번에는 기회가 있으니 서울대학교 시험을 보지만 편안한 마음으로 시험을 치르라"고 말씀하시며 "너는 결국 목사가 될 거니까 이번 시험에 너무 연연해하지 말라"고 한 번 더 강조하셨다. 신학을 할 생각은 요만큼도 없었지만 아버지의 말씀은 가뜩이나 가벼운 내 마음을 더 가볍게 해주었다. 그 말씀 덕분에 나는 아무런 부담 없이 시험을 보러 서울에 왔다.

과연 서울대학교는 내가 상상했던 것 이상이었다. 대구에서 봤던 학교들과는 비교할 수 없을 정도로 넓었고, 컸고, 위엄이 느껴졌다. 시험 보러 온 학생들도 다들 똑똑하고 당차 보였다. 하지만 다들 잔뜩 긴장해서인지 표정은 딱딱했고, 입술은 푸르스름했다. 오직 나만 천하태평이었다.

시험을 보나마나 불합격은 따 논 당상이었기 때문에 떨릴 것도 무서울 것도 없었다. 시험은 공짜로 볼 수 있게 해 준다고 해서 서울대학교 구경도 할 목적으로 올라온 것이라 시험에 대한 부담이 전혀 없었다.

이왕 시험을 보게 됐으니 내가 아는 것만큼은 성실하게 풀고 가겠다는 심정으로 첫 시간을 맞았다.

그런데 이게 웬걸, 시험지를 펼쳐보니 전부 내가 답을 아는 문제였다. 첫 문제부터 술술 풀리기 시작하더니 마지막까지 막히지 않고 답이 척척 나왔다. 평소에 내가 가장 자신 있어 하던 고전과 국어였기 때문에 쉬웠을 거라 생각하며 2교시를 맞았는데 수학도, 영어도 어렵지 않았다. 내가 생각했던 것보다 난이도가 훨씬 낮았다. 덕분에 마지막 시간까지 수월하게 문제를 풀었지만 합격을 기대하지는 않았다.

68년 당시 서울대학교 법학과 경쟁률이 9:1이었기 때문에 거의 만점을 받지 않으면 떨어진다는 말이 나돌았기 때문에 합격은 남의 일이라 생각한 것이다. 다만 예상과 달리 시험문제가 너무 쉬워서 살짝 의구심이 들었을 뿐이다.

'대체 서울대학교에 얼마나 실력이 쟁쟁한 사람들이 오길래 이정도 문제를 쉽게 푸는 나보고 떨어진다고 할까?'

다른 이들의 실력이 궁금해졌다. 그러면서도 내가 합격할 거라는 생각은 하지 않았다.

오히려 나의 합격을 제일 먼저 예상하신 분은 아버지였다.

내가 시험을 보고 돌아오자마자 아버지는 "너 시험 됐다"라고 하시면서 어깨를 두드려주셨다.

아버지는 예언의 은사를 받으신 분이 아니었다. 평소에 실없는 말씀을 하시는 분도 아니었기 때문에 아버지의 한 마디는 내게 미심쩍으면서도 놀랍게 다가왔다. 그래서 어떻게 내가 합격할 거라고 확신하시냐고 물었다.

아버지는 빙그레 웃으시면서 찬송가를 펼쳐 보여주셨다.

'주안에 있는 나에게 딴 근심 있으랴' 찬송가였다.

아버지는 나와 찬송가를 번갈아 쳐다보시더니 숫자 269를 손가락으로 가리켰다. 그걸 보자 내 입에서도 탄성이 나왔다. 269는 내 수험번호였다. 아버지는 내가 시험 보러 간 후에 당신도 모르게 계속 이 찬송을 읊조리셨다면서 그건 하나님께서 잘 될 거라는 응답을 주신 게 아니겠냐고 하셨다.

그 말을 듣자 헛웃음이 나왔다.

'아버지가 정말 서울대학교의 수준을 모르시는구나'라는 생각이 들면서 혹시라도 합격을 기대하셨다가 실망하시면 안 될 것 같아서 "아버지, 그럴 리가 없어요. 거기가 얼마나 대단한 곳인데요"라고 확실하게 말씀드렸다. 아버지는 내 말을 덤덤하게 받으시면서 "그래, 어차피 너는 목사가 돼야 한다. 그러니 이번에 안 돼도 괜찮다. 우리가 주안에 있는데 딴 근심 있을 게 무어야"라고 말씀하시는 게 아닌가.

막상 그 말을 들으니 서운하기도 하고, 대학은 물 건너갔으니 앞으로 어떻게 살 것인지 고민되는 이 판국에 신학타령을 하시는 아버지가 답답하기도 했다.

그때 내가 그려본 미래의 여러 가지 갈래 길에서 딱 두 가지가 빠져 있었는데 그것은 신학과 서울대학교 합격이었다. 하나는 내가 절대로 하지 않을 거라고 생각했고, 나머지 하나는 내가 절대로 할 수 없다고 생각했다.

"두려워하지 말라 내가 너와 함께 함이라 놀라지 말라 나는 네 하나님이 됨이라 내가 너를 굳세게 하리라 참으로 너를 도와 주리라 참으로 나의 의로운 오른손으로 너를 붙들리라"(이사야 41:10)

3부

교회 내 교회 파괴주의자였지만
하나님은 포기하지 않으시다

하나님은 끝까지 나를 포기하지 않으셨고, 놓지 않으셨다. 그래서 어디
로 튈지 모르는 젊은 혈기를 언제나 교회의 테두리 속에 십자가 아래
두셨다. 대학시절 그렇게도 하나님을 부정했지만 내 생활반경 어디에
나 십자가가 있었다.

269번 합격!

 하나님의 약속을 믿음으로 받아들인 아버지는 평안하셨지만 우연의 일치일 뿐이라고 생각한 내게 그 약속은 아무런 힘이 되지 못했다. 아버지는 아브라함처럼 갈 바를 알지 못하고도 하나님께 전적으로 순종하셨기 때문에 매사 하나님께 감사한 일 뿐이었다.

2대 독자를 살려주신 것도 감사하고, 일찍 죽을 줄 알았는데 대학시험을 볼 수 있게 지켜주신 것도 항상 감사하다고 하셨다. 그러니 대학에 합격하지 않아도 더 좋은 길을 예비해 두신 하나님께 감사할 분이셨다. 그런 분의 말씀을 듣고 합격을 확신하기엔 나의 믿음이 부족했다.

대학 합격 발표일까지도 나는 시험에 떨어졌다고 생각하고 서울에 갈 생각을 하지 않았다. 그때는 직접 학교에 가서 수험번호를 확인해야 했는데 불합격을 확인하러 가는 건 시간낭비, 돈 낭비라고 생각했다.

그런데 대구와 부산에서 함께 공부했던 친구들이 같이 가자고 성화를 부렸다. 그래도 3년이나 공부를 했는데, 합격발표를 봐야 끝이 난다면서 유종의 미를 거두기 위해서는 서울에 가야한다고 고집했다. 결국 친구들의 손에 이끌려 서울대학교에 다시 가게 됐다. 나는 당연히 떨어졌을 거라 생각했기 때문에 법대 쪽은 가지도 않고 상대를 지원한 친구들의 수험번호만 열심히 찾았다. 다행히 친구들 대부분이 합격을 했다.

한바탕 환호성을 지르고, 축하 인사가 오가면서 다들 정문 쪽으로 향하는데 한 친구가 법대에 가보자고 했다. 나는 흥겨운 분위기를 깰 것 같아서 괜찮다고 했지만 그 친구는 "여기까지 왔는데 네 것도 보고 가야지"하면서 앞장섰다. 그리고 합격자 명단 앞에서 펄쩍펄쩍 뛰면서 내게 빨리 오라고 손짓을 했다. 달려가 보니 친구가 명단의 한 곳을 가리키며 내 등을 마구 두드렸다.

"저기 네 번호 있다. 합격했어."

친구의 말을 듣고, 내 수험번호를 봤지만 전혀 실감이 나지 않았다. '야, 어떻게 저기에 내 번호가 있지?'라는 생각이 들 뿐 도대체 현실감이 없었다. 경북고등학교에 다니는 친구도 떨어진 서울대학교에 나 같은 촌놈이 덜컥 붙은 게 놀랍기보다 오히려 얼떨떨했다.

좋은 소식은 들불처럼 빨리 번져서 고향에 도착하니 벌써 현수막이 걸리고, 동네잔치가 열렸다. 포항, 그것도 시골의 상업고등학교에서 서울대학생이 나왔다고 다들 자기 일처럼 기뻐하고 즐거워했다. 절대 합격할 수 없다고 장담하셨던 선생님도 나를 보시더니 정말 신기하다고 하시면서 좋아하셨다. 하지만 합격의 기쁨은 거기까지, 내가 서울대학교의 진짜 수준을 몰랐던 그때가 지였다.

비로소 실감한 서울대의 벽

내가 서울대학교에 들어온 것이 정말 기적이라는 것을 알게 된 것은 입학하고 난 다음이었다. 학생들의 면면을 보니 기가 질릴 정도로 똑똑하고 잘났다. 경기, 경복, 서울, 중동, 대전, 경북, 경남, 부산, 전주, 광주일고 등 전국에서 이름만 대면 알 수 있는 최고의 명문고에서도 전체 수석인 친구들만 모였으니 말해 무엇하겠는가.

그 쟁쟁한 사람들 사이에 동지상고를 나온 내가 끼었으니 실력차이를 말하는 것조차 하품나는 일이었다. 그 친구들이 말하는 걸 들을 때마다 '아, 정말 서울대학교 입학은 내 실력으로는 어림도 없는 곳이었구나'라는 생각이 절로 들었다.

첫 수업을 마치자마자 내가 정말 우물 안 개구리였다는 것을 절감했다. 주로 독학으로 공부하던 내게 토론방식의 수업도 생소했을 뿐더러 똑 부러지게 자신의 논리를 펼쳐나가는 학생들을 보며 내가 있을 곳이 아니란 생각이 점점 강하게 들었다.

그때까지 나는 경쟁다운 경쟁을 경험해 보지 못했기 때문에 그 친구들과 같은 선상에서 공부를 한다는 게 아득하게만 느껴졌다. 그때 이인제 · 장윤석 전 국회의원을 비롯해 강병석 변호사 등이 동기였는데 그들은 소위 '공부의 신'이라고 불릴 만큼 사고나 논리에 있어 타의 추종을 불허했다. 한번 들으면 그 원리까지

서울대 법대 재학시절

도 꿰뚫어 자신만의 논리를 펼쳐나가는데 기가 막혔다. 그렇게 전국의 수재들과 함께 공부하면서 나는 처음에 가졌던 여유를 잃어버리고 호기롭던 마음도 점차 위축되기 시작했다.

대학의 낭만이라도 있었다면 좀 더 적응하기 쉬웠을지도 모른다. 하지만 그 당시 대학에 낭만은 없었다. 시대적으로도 암울했고 공부로 하루를 시작해서 공부로 날밤을 새우는 그야말로 '서울대의 공부벌레들'만 모인 법학과 학생들은 새벽부터 밤중까지 공부만 파고들었다. 법학과 학생들은 사법고시에 합격하여 판 ·

검사가 되는 것이 최종목표였기 때문에 입학하자마자 치열하게 공부했다. 말 한마디 건네기 힘들 정도로 공부에만 몰두하는 친구들을 보며 '역시 서울대생은 다르구나'는 생각에 존경스럽기도 했지만 그 마음은 이내 스트레스로 다가왔다. 대학에 들어오고 나서 비로소 서울대학교의 높은 담을 실감한 것이다.

물론 안다고 해서 달라질 건 없었다. 대학에 들어가서도 나는 장가 한번 가보고 죽는 게 소원일 정도로 몸이 약해서 애초에 그들과 경쟁한다는 건 무리였다.

친구들은 친절했지만 사소한 우정을 나눌 수 있는 관계로는 발전되지 않았고, 공부하는 그룹에 섞여 보려고도 했지만 내 체력에 하루에 10시간 이상씩 책상에 앉아 있는 건 불가능했다. 어디에도 끼지 못하고 어정쩡하게 지내다보니 학교의 살벌한 분위기가 시간이 지나도 불편하고 낯설어 몸도 마음도 점점 지쳐갔다.

서울살이의 탈출구, 교회

처음 서울살이를 하는 나에게 탈출구가 되어 준 곳은 교회였다. 몸이 기억하는 습관은 무서워서 마음속에는 불신앙의 가지가 뻗어가고 있었지만 내 몸은 자연스럽게 교회를 찾았다. 고향에 있는 교회에서 딱히 추천받은 곳이 없었기 때문에 학교 주변의 교회 중 가장 좋은 곳을 선택하기로 했다. 그때 캠퍼스가 종로5가에 있었는데 가까운 곳에 영락교회가 있었다. 영락교회는 장로교단에서 최고의 교회로 손꼽히는데다 세계적으로도 유명한 한경직 목사님이 시무하시는 곳이기 때문에 예전부터 익히 들어왔던 곳이다.

그래서 별다른 고민 없이 영락교회에 다니기로 마음먹었다.

서울에 와서 첫 번째 주일을 맞는 날.

아침 일찍 교회에 갔다. 대학생만 따로 예배드리는 곳을 물어서 찾아가니 교복 입은 학생들이 빼곡했다. 학교와 달리 교회는 낯설지도 불편하지도 않았다. 학생들 대부분이 귀에 설은 서울말을 썼지만 그것마저도 살갑게 들렸다. 어느 곳이건 십자가 달린 교회라면 무장해제되는 마음이 영락교회에서도 녹아져 친구들과 금세 어울리고, 분위기에 쉽게 적응했다.

그때부터 영락교회는 나의 사랑방이 되었다. 다른 학생들은 주일 오전 대학부 예배만 드렸지만 나는 저녁예배와 수요예배, 금요예배까지 다 참석했다. 수업이 빌 때마다, 틈만 나면 교회 도서관에 가서 책도 보고, 생각도 하면서 시간을 보내다가 예배를 드리고 밤늦게 집에 돌아갔다.

그러다보니 처음에는 도서관에서 책만 읽었는데 나중에는 거기서 사서로 봉사하시는 권사님들과 친하게 되어 담소를 나누는 시간이 더 길어졌다. 권사님들은 은혜 받은 말씀이며 성경 이야기를 들려주시면서 청년의 때에 하나님을 열정적으로 믿는 게 기특하다고 항상 따뜻하게 대해 주셨다. 어머니 같은 권사님들의 살가운 말 한마디가 학교에서 느꼈던 냉기를 녹여주면서, 낯선 서울을 견딜 수 있게 해 주었다.

교회에서만 느낄 수 있는 편안함 때문에 1학년 때는 거의 교회에서 살다시피 했다. 교회가 내 삶의 터전이라고 해도 과언이 아닐만큼 교회에서 지내는 시간이 길었다. 하지만 내 마음에 하나님은 없었다. 중학교 시절부터 싹트기 시작한 하나님에 대한 불신의 싹이 대학에 들어오면서 본격적으로 뿌리내리기 시작했다. 한번 시작된 의심은 걷잡을 수 없을 만큼 커져서 예배를 드리면서도 목사님의 말씀에 사사건건 비판의 날을 세웠다. 마음에 빗장을 걸고 예배를 드리니 성경에 나오는 모든 말씀이 다 동화 속 얘기처럼 얼토당토하지 않게 들렸다.

과학적으로도 증명할 수 없고, 논리적으로도 맞지 않는 수많은 얘기들, 동정녀 잉태에서부터 2미터가 넘는 거구인 골리앗을 16살의 소년인 다윗이 돌멩이 5개로 제압했다는 이야기나 2천 년 전 유대 땅에서 십자가형을 받아 죽은 청년을 하나님의 아들이라고 하는 것이 다 허무맹랑하게만 여겨졌다.

누가 봐도 거짓말이 분명한 성경을 하나님의 말씀이라고 믿고 따르는 사람들도 무지해 보였고, 그들을 선도하는 목사님은 다 사기꾼으로 보였다. 분명하게 증명할 수 없으니 '믿음은 보이지 않는 것의 실상'이라는 어지러운 말로 교인들을 호도하는 거라고 생각했다.

그런 엄청난 내적 갈등을 겪으면서 방황하는 아픔은 내게 이루 말할 수 없는 고통을 안겨주었다.

'정말 내가 하나님의 아들인가? 주님을 알면서도 믿지 않는 불완전한 신앙을 가진 나도 하나님의 자녀라고 말할 수 있을까?'

이러한 실존적인 고뇌와 갈등은 언제나 해결되지 않은 채 마음 속 깊이 불안으로 존재했다.

영락교회를 찾은 것도 그런 아픔을 해소하기 위해서였다.

세계가 인정하는 그 교회에서는 하나님이 진짜 계신지 안 계신지 명확하게 증명해 줄 수 있을 거라고 생각했다. 하지만 세계적인 목사님이라는 한경직 목사님도 나의 갈증을 풀어주진 못했다. 당시에는 내 마음이 준비되지 않아 그분의 설교를 들어봤지만 다른 목사님들과 다를 바 없었다.

그래서 그 당시 대학부 지도교수님이셨던 연세대학교 김형석 교수님을 찾아갔다.

"교수님 정말 하나님이 계십니까?"라고 여쭙자 특유의 웃음을 지으시며 "계시지"라고 대답하셨다.

"그걸 어떻게 알 수 있죠?"라고 묻자 책을 몇 권 추천해 주시며 읽어보라고 하셨다. 그때 권해주신 게 폴 틸리히와 칼 바르트 등 신학자들의 저서였다. 그 딱딱하고 어려운 책을 대학교 1학년 때 다 읽었다.

그 책 중 어느 한 구절에서라도 하나님이 정말 살아 계시다는 것을 발견하지 않을까 기대하면서 쉬지도 않고 읽어내렸다. 하지만 그 어떤 책도 나를 납득시키지 못했다. 말도 안 되는 얘기만

나열한 것은 그 책들이나 성경이나 마찬가지였다. 결국 마지막 책장을 넘기며 나는 '하나님은 없다'라는 결론을 내렸다. 하나님에 대한 이의제기에 누구도 답해 주지 않자 결국 무신론에 빠지고 말았다.

하나님 없는 자의 충성

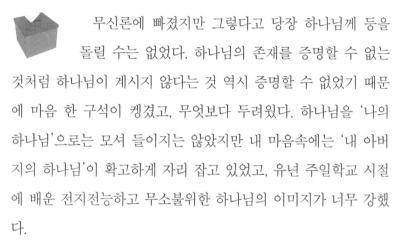 무신론에 빠졌지만 그렇다고 당장 하나님께 등을 돌릴 수는 없었다. 하나님의 존재를 증명할 수 없는 것처럼 하나님이 계시지 않다는 것 역시 증명할 수 없었기 때문에 마음 한 구석이 켕겼고, 무엇보다 두려웠다. 하나님을 '나의 하나님'으로는 모셔 들이지는 않았지만 내 마음속에는 '내 아버지의 하나님'이 확고하게 자리 잡고 있었고, 유년 주일학교 시절에 배운 전지전능하고 무소불위한 하나님의 이미지가 너무 강했다.

그 당시 내가 인식하고 있는 하나님은 '내 것을 다 바쳐 쫄딱 망해도 바보처럼 감사하면서 섬겨야 하는 분'이었고, 당신을 믿지 않고 불순종하는 자들은 가차 없이 심판하고 죽이시는 무서운 분이셨다.

그러니 마음속으로는 한없이 삐딱선을 타고 있었지만 '혹시나 하나님이 살아계시면 어쩌나'라는 불안감 때문에 이러지도 저러지도 못하면서 마음의 갈등만 키웠다. 만에 하나, 하나님이 살아 계시다면 나는 완전히 망한 것이 아닌가. 불신자는 지옥행인데 나는 찍소리 못하고 바로 죽을 수밖에 없었다. 그런 생각을 하면 등골이 오싹했다. 그러다보니 가장 시급한 것이 하나님을 만나는 것이었다. 정말 살아 계시다면 온 몸을 다 바쳐 충성하겠지만 그렇지 않다면 내 마음대로 살고 싶다는 생각이 간절했기 때문이다. 그래서 반신반의하면서도 매일 하나님께 간절히 기도했다.

"하나님, 정말 계신다면 저를 만나주세요."

하지만 하나님은 한 번도 내게 모습을 보이지 않으셨고, 나는 불신과 의심 그리고 오랜 습관 사이를 오가며 성실하게 교회 생활을 해 나갔다.

겉모습만 보면 나는 믿음 좋은 청년이요, 완전히 그리스도에 속한 사람이었다. 모든 예배에 참석했고, 수시로 교회에 와서 기독서적을 읽고 있으니 누군들 그렇게 생각하지 않겠는가.

그런 모습만 보고 대학부에서는 2학년이 되자 내게 학생회장을 맡겼다. 투표를 했는데 내가 최고 득표자가 된 것이다. 당황스럽기도 하고, 민망해서 절대로 못한다고 고사했지만 친구들은 그런 내가 겸손하다고 생각했는지, 자신들이 힘껏 도와주겠다며 투표 결과를 받아들이라고 했다. 그리고 다들 나와 함께 임원으로 학생회를 섬겼다. 대학부 학생회는 내 대학시절의 꽃이라 할 수 있을 만큼 즐겁고 행복한 시간이었다. 이른바 소개팅도 시켜주고, 함께 찬양하며 교제하는 그 시간이 얼마나 재미있었는지 모른다.

하지만 한 달도 채 못 되어 내 정체가 발각되었다. 경건의 모습은 갖추었으나 경건의 능력은 믿지 않는 속 빈 강정이라는 것을 친구들과 선배들이 눈치 챈 것이다. 학생회 일은 누구보다도 적극적으로 했지만 정작 하나님을 부인하며 예수 믿는 친구들을 조롱하니 다들 안타까워하면서 나의 믿음을 세워주기 위해 노력했다.

대학부 예배를 마치고 난 후 교회 앞 찻집에서 교제를 나눌 때마다 나는 학생회 임원들을 기암하게 만들었다. 멀쩡하게 예배를 드리고 와서는 "하나님이 어디 계시냐. 너희는 지금 있지도 않은 신을 믿고 있는 거다"라고 비아냥거리면서 친구들을 몰아붙였다. 그러면 친구들과 선배들은 "하나님은 살아 계시며 지금 이 자리에도 함께 하신다"고 반박했지만 나는 의심 많은 도마처럼 "그럼, 지금 내게 보여달라"고 억지를 썼다.

화기애애하게 시작한 모임이 하나님에 대한 불신이 깊은 나로 인해 논쟁으로 끝났다. 친구들은 답답함과 안타까움으로 나를 설득하려고 했고, 나는 냉소와 불신으로 방어막을 쳤다.

그런 나를 가장 불쌍히 여겼던 친구는 부회장을 했던 여학생이었다. 그 친구는 내가 하나님을 부정할 때마다 펄펄 뛰면서 "하나님이 살아 계시다는 것은 말로 설명하거나 현상으로 증명할 수 있는 게 아니라 믿는 것이다"라는 말로 나를 설득하려고 했다. 그럴수록 나는 "어떻게 대학교육을 받은 엘리트가 그렇게 무식하게 말할 수 있냐"며 "그렇게 맹목적으로 믿는 것은 무지한 사람들이나 하는 짓이다"라고 더 강하게 공격했다. 내가 냉소적일수록 그 친구는 "어떻게 하나님이 안 믿어질 수 있냐?"며 내 마음을 열어달라고 나를 붙들고 기도했다.

하지만 친구들의 간절한 기도도 완악해진 내 마음을 녹이진 못했다. 오히려 나는 아무리 똑똑하고 학식이 뛰어나도 종교에 홀리면 무지한 사람들과 진배없다고 그들을 동정했다. 서로의 입장이 팽팽하게 맞서다보니 논쟁은 언제나 평행을 달렸다. 논리를 펴 나가는데 있어서 남에게 져 본적이 없는 나는 그 논쟁에서도 대답하지 못할 질문을 던져서 친구들의 말문을 막았다.

하나님이 계시다면 왜 고통과 불평등이 있는지, 왜 가난한 자들에게 더 큰 고난이 오는지 등등을 물으면 그 누구도 시원하게 답하지 못했다. 그런 친구들을 보면서 나는 항상 이중적인 감정을 느꼈다.

'그것 봐라. 내 말이 맞지?'라는 통쾌함과 '한번 나를 시원하게 이겨봐'라는 아쉬움이 공존했다. 아니 솔직하게 말하면 그들이 내가 반박하지 못할 만큼 확실하게 하나님이 계시다는 걸 증명하길 간절하게 바랐다.

그나마도 논쟁은 오래가지 않았다. 친구들은 집요하게 파고드는 내 말에 질렸는지 나를 위해 기도할 뿐 더 이상 말싸움을 하지 않았다. 말로는 나를 이길 방도가 없었기 때문일지도 모른다.

그 당시 내 별명은 '면도칼'이었다. 희한하게도 나는 사람들과 토론을 하면 상대가 펼치는 논리의 약점이 환히 보였다. 바둑으로 치면 수를 볼 줄 알았던 것이다. 그런 나의 남다른 촉은 변론 수업을 할 때 크게 발휘되었다. 법학과에서는 학생들이 각자 변호사가 되어 피고인이 무죄임을 변호하는 수업을 했는데 그때마다 내가 이겼다. 그것도 상대의 허를 예리하게 딱딱 찔러서 입을 막아버렸기 때문에 친구들은 나를 '면도칼'이라고 불렀다.

어쩌다 변론에서 질 때도 있었다. 그러면 그날 저녁 내내 내가 왜 졌는지 고민하고 또 생각하여 공략점을 찾아 다음 날 다시 변론했다. 반드시 이기고서야 변론을 끝냈다. 한번 논쟁을 하면 지독하게 달려드는 나 때문에 날고 기는 서울대 수재들도 녹다운이 됐다. 그러다보니 사회비판적인 사고를 가진 선배와 동기들과 친하게 됐고, 세상을 보는 눈은 점점 더 날카로워졌다.

교회를 핍박하고 하나님을 욕되게 하는 자!

 1969년, 내가 대학교 2학년이던 그 해에 삼선개헌 헌법이 통과됐다. 대학 캠퍼스는 삼선개헌 반대 시위로 들끓었다. 학생들의 데모에도 불구하고 장기집권을 위한 진행은 계속되고 있었다. 전쟁의 잿더미 위에 꽃을 피운 산업화 이면에는 저임금에 시달리는 노동자들이 신음하고 있었다.

서울에 와서 그것도 대학생이 되어 세상을 바라보니 대구와 부산을 오가며 느꼈던 불평등 구조가 더 확연하게 보였다. 부정과 부패가 만연한 세상에 민주주의는 실종됐고, 평등은 물 건너 갔다. 언론의 자유마저 보장되지 않은 시대를 보며 나는 분노했고, 그것을 어떻게든 바로잡아야겠다는 생각이 확고해졌다. 특히 빈곤의 악순환을 겪으며 가난의 굴레에서 벗어나지 못하는 이들을 보면서 기회가 되면 국회의원이 되어 정치적 불평등과 경제적 불평등을 반드시 해결해야겠다고 결심했다.

하지만 그런 큰 꿈을 내 몸이 따라주지 않았다. 폐렴과 감기를 달고 살았고 몇 발자국 채 걷기도 전에 숨이 차올라 쉬어야했다. 학생운동을 할 때도 마찬가지였다. 선배들은 골골대는 나를 보호해주며 데모 현장이 아닌 뒤에서 학생운동을 지원할 수 있도록 해 주었다. 일종의 배후지도자 역할을 한 것이다. 나는 주로 후방에서 데모를 주동하고 정치 토론에 참가하면서 학생운동에 참여했다.

그러면서 점차 좌파적 사고를 갖게 되었다. 마르크스-레닌주의를 신봉하는 사회주의자는 아니었지만 적어도 종교가 이 잔인한 시대를 구원해 줄 수 있는 동앗줄이라고 생각하지는 않았다. 독재정권에 침묵하고, 부패를 일삼는 자들에게 따끔한 말 한마디 할 줄 모르는 자들이 교회라는 울타리 안에서 그들만의 평안을 누리며 사는 모습이 이기적이고 위선적으로 보였다.

교회가 진짜 교회다우려면 빛과 소금의 역할을 해야 하는데 예수 믿는 사람들이 교회에 모여 자기들끼리 '할렐루야'를 외치고 자기들끼리 '이웃을 내 몸과 같이 사랑'하면서 밖에서는 더 나쁜 짓을 저지르고, 더 큰 거짓말을 하고 있으니 교회야말로 '사회악'이라고 생각했다.

또한 교회가 그렇게 된 것은 비겁한 목사 때문이라고 생각했다. 무자비한 현실을 '하나님의 뜻'으로 알고 묵묵히 인내하며 있는지 없는지도 모르는 천국을 소망하면서 살라는, 말도 안 되는 이야기를 매주 귀에 못이 박히도록 하여 교인들이 허망한 환상을 좇게 만드는 목사들이야말로 이 땅에서 사라져야 할 존재였다. 교회와 목사 그리고 자기들만의 신(神)인 하나님에 최면 걸린 사람들이 많아질수록 국민정신에 해로울 뿐 유익할 게 하나도 없다고 생각했다.

교회에 대한 나의 배신감은 복음을 실천하지 않는다는 데서 비롯됐다. 성경에 분명히 쓰여 있는 말씀, "곧 주의 성령이 내게 임하셨으니 이는 가난한 자에게 복음을 전하게 하시려고 내게 기름을 부으시고 나를 보내사 포로된 자에게 자유를, 눈 먼 자에게 다시 보게 함을 전파하며 눌린 자를 자유롭게 하고 주의 은혜의 해를 전파하게 하려 하심이라 하였더라"(누가복음 4:19)을 직접 나서서 행동으로 보여줘야 하는데 그 시대적 사명을 감당하려는 교회가 없었다. 그저 현실도피로 밖에 보이지 않는 '기도'만 하면서 교인들을 바보로 만들 뿐이었다. 그런 모습을 보면서 교회에 대한 분노가 걷잡을 수 없이 커졌고, 급

기야 교회를 없애야겠다는 생각에 이르렀다.

그때 새문안교회 대학부 회장이 나와 의기투합하여 교회 비판에 앞장섰다. 그 친구 역시 사회정의를 실현하기 위해 청년으로서 무엇을 해야 할 지에 대해 치열하게 고민하고 있었고, 교회의 권위주의와 위선, 사회적 무관심에 절망하고 분노하고 있었다. 우리는 만나자마자 의기투합하여 군부독재를 종식시키고 사회정의를 실현할 수 있는 방법에 대해 토론하고 고민했다.

하지만 그와 나는 노선이 달랐다. 그 친구는 '나사렛 예수의 감격'을 통한 '주의 은혜의 해'를 선포하는 복음주의적 사회정의를 추구했고, 나는 '민중의 아편'인 교회를 뿌리 뽑아버림으로써 사람들이 더 이상 환상을 좇지 못하도록 해야 한다고 생각했다. 그래서 겉으로 보기에는 둘 다 좌파였지만 그의 가슴 속에는 예수가 살아있었고, 나에겐 없었다.

재미있는 건 그렇게 정의를 부르짖으며 피가 들끓던 그와 내가 결국 신학교에서 만났다는 것이다. 그는 그대로 나는 나대로 정의를 부르짖으며 행동했지만 결국 정의를 세워나가시는 분은 하나님 뿐이심을 나중에서야 깨달은 것이다.

우리가 깃발을 높이 쳐들고 정의를 외칠 때는 몰랐던 하나님의 계획하심을 푯대되신 예수를 바라볼 때에야 비로소 알게 된 것이다. 우리가 원했던 '정의가 강물처럼 공의가 하수처럼' 흐르기 위해서는 먼저 하나님의 주권을 인정하고 하나님 나라가 무엇인지 알아야 된다는 것을 나중에서야 깨달은 것이다. 신학교에서 인간적인 열정을 낮추고 내 힘으로 하겠다는 의지를 꺾은 채, 하나님을 향해 겸손히 나아가는 서로를 바라보았을 때 느꼈던 감격은 이루 말할 수 없었다.

교회를 못 벗어난 교회파괴주의자

 하나님은 끝까지 나를 포기하지 않으셨고, 놓지 않으셨다. 그래서 어디로 튈지 모르는 젊은 혈기를 언제나 교회의 테두리 속에 십자가 아래 두셨다. 대학시절 그렇게도 하나님을 부정했지만 내 생활반경 어디에나 십자가가 있었다. 학교에서도 다른 서클은 다 시들해서 몇 번 들락거리다 말았지만 기독학생회는 재미있어서 열심히 하다 보니 회장으로 뽑혔다. 핵심 멤버로 활동하면서 나는 데모를 조직하고, 학생들의 이념화에 주력했다.

60년대 말 70년대 초 기독학생회는 인권과 민주화 운동에 앞장섰다. 진보적인 기독학생 운동의 진원지 역할을 했던 기독학생회 대학생들은 복음과 사회주의적 이념으로 무장돼 있었다. 그들은 교회를 비판했지만 화살 끝은 사회를 향하고 있었다. 교회가 복음으로 살아나서 시대적 사명을 다할 때 하나님의 나라가 임할 수 있다고 믿었다.

하지만 '무늬만 기독교인'였던 나의 과녁은 오로지 교회였기 때문에 기독학생회에서도 나는 하나님을 믿는 순진한 후배들을 조롱하고, 내 지식과 경험을 총동원해서 '기독교 무용론'을 주장했다. 그리고 그들에게서 하나님을 지우고 이념을 심기 위해 정신교육에 집중했다.

면도칼 같은 논리로 후배들의 신앙을 뒤흔들어 놓는 게 데모를 열 번 하는 것보다 낫다고 생각했기 때문이다. 그렇게 한 사람씩 기독교로부터 등을 돌리게 해서, 교회의 씨를 말리면 세상이 제대로 될 수 있다고 생각했다.

그러다보니 교회에 있는 시간은 점점 늘어났다.

'호랑이를 잡으려면 호랑이 굴에 들어가야'하기 때문에 아이러니컬하게도 교회 활동을 더 열심히 하게 된 것이다.

지금 생각하면 나를 붙들고 계신 하나님의 은혜지만 그때는 내가 할 수 있는 최고의 전략이라고 생각했다. 그래서 대학부 학생 중에서도 함께 목소리를 낼 수 있는 친구들을 모아서 데모하고, 교회를 어떻게 분열시키고 없앨 수 있는지에 대해 골몰했다.

그 당시 내가 정조준한 대상은 박조준 목사님이었다. 대학부를 담당하셨던 박조준 목사님은 교회에서 한경직 목사님의 후계자로 세워진 분이었기 때문에 영향력이 지대했다. 그런 목사님을 겨냥하여 집중포화를 한다면 파급효과가 클 거라고 생각했다.

그 당시 나는 교회를 불태워서라도 없애버려야 한다고 생각했기 때문에 교회의 권위를 떨어뜨리고, 기독교의 허위를 알릴 수 있는 일이라면 무엇이든 했다. 그래서 말씀에 토를 달아 반박하고, 후배들을 꼬드겨 믿음이 성장하지 못하도록 했다.

지금도 후회되는 일 중 하나가 대학부 수련회 때 저지른 일이다. 수유리에 있는 영락기도원에서 대학부 수련회에서 각 조별로 발표회를 할 때 나는 풍자극을 통해 박조준 목사님을 조롱하고 교회를 비난했다.

그 당시 목사님은 미국의 아즈사태평양대학교(Azusa Pacific University)에서 학위를 받으셨다. 나는 그것으로 목사님의 권위를 실추시키고, 골탕 먹일 수 있다고 생각했다. 그래서 대학 이름을 가지고 풍자극을 만들었다. 그리고 맨 앞줄에 앉아 계신 목사님을 향해 대놓고 손가락질하며 비아냥거렸다.

"야, 아주 싼 대학도 대학이냐? 요즘 목사 중에 아주 싼 대학에 갔다 와놓고 좋은 대학 나온 것처럼 말하는 사람이 있던데, 그래도 되는 건가? 혹시, 아주 싼 대학의 가짜 박사인데 우리만 모르는 건 아닌가?"

그때 경악했던 학생들의 표정을 잊을 수가 없다. 박조준 목사님은 아무 말씀도 없이 나를 쳐다보셨고, 학생들은 목사님과 나를 번갈아 보면서 기막혀 했다. 그 잠깐의 침묵 속에 긴장감이 팽팽하게 조성되고, 나는 득의양양해져서는 목사님을 눈 아래로 바라봤다.

그때 화를 내며 전도사님이 격노하며 벌떡 일어나셨다.

"어떻게 목사님께 이렇게 무례할 수 있냐? 사람을 앞에 두고 이렇게 말도 안 되는 연극을 할 수가 있냐?"

그런 전도사님을 향해 나는 "당신은 뭐요?"라고 삿대질하며 대들었다.

그러면서 "보시오. 내가 이렇게까지 해도 당신들이 믿는다는 하나님은 손 하나 까딱하지 않잖아. 거짓말은 내가 하는 게 아니라 당신들이 하는 거야. 하나님이 어디 계시다는 거지? 한번 보여줘 봐. 지금 여기에 나타나 보시라고 해봐요. 어디!"라며 깐족거리자 전도사님은 분을 삭이지 못해 어깨를 들썩거렸다. 그 모습을 보며 더 의기양양해진 나는 몸이 붙었다.

"당신도 하나님 못 보여주잖아. 말도 안 되는 소리하는 건 내가 아니라 당신들이라고. 억울하면 한번 내놔 봐. 보여줘 보라고. 그것도 못 보여주면서 누가 누구한테 야단이야. 내가 틀린 얘기한 것도 아닌데."

그렇게까지 내가 무례할 수 있었던 것은 교회를 파괴해야겠다는 신념이 투철해서라기보다는 하나님의 존재를 증명하고 싶은 마음에서 온 반작용이었다.

하나님은 당신의 종인 모세를 비방한 미리암에게 진노하셔서 나병에 걸리게 하셨다. 그게 사실이라면, 아버지 어머니의 말씀대로 성경이 진짜라면, 하나님의 종인 목사를 모욕한 나를 하나님이 가만 두지 않으실 게 분명했다.

벼락 맞아 죽을 수도 있었지만 나는 목숨을 걸고서라도 하나님의 존재를 확인하고 싶었다. 아무리 찾아보고 불러봐도 보이지 않으면서 내 인생에 족쇄를 채워 좌지우지하는 그 하나님이란 존재를 지우기 위해서는 그런 극단의 방법이 필요했다. 나를 강하게 묶고 있는 모태신앙이라는 질긴 탯줄을 내 손으로 끊어야만 하나님이라는 뱃속에서 빠져나올 수 있다고 생각한 것이다.

그러다보니 내 행동은 과격하고 사나웠지만 마음속에는 두려움이 가득했다. 날카로운 이빨을 드러내고 큰 소리로 짖지만 실상은 겁에 잔뜩 질려 있는 강아지처럼 그 다음에 일어날 일을 예상하며 속으론 벌벌 떨고 있었다. 하지만 아무 일도 일어나지 않았다. 천둥이 치지도 않았고, 벼락이 내리지도 않았다. 얼굴이 하얗게 된 목사님과 붉으락푸르락해진 전도사님만 흥분하여 나를 보고 계실 뿐이었다.

그때서야 나는 '이겼다'는 생각이 들었다. 겉보기엔 내가 목사님과 전도사님 그리고 교회를 상대로 싸운 것처럼 보였지만 실상은 하나님의 존재를 찾았던 것이기 때문에, 나는 이 싸움으로 하나님이 안 계시다는 것을 분명히 밝혔다고 생각했다. 그때는 목사님에 대한 죄책감도 없었다. 인간적으로는 존경하지만 애석하게도 존재하지도 않는 신을 전파하는 종교의 수장이기 때문에 공격 받는 건 당연하다고 생각했다.

공식적으로는 공격의 대상이었지만 개인적으로 목사님은 존경의 대상이었다. 다른 사람들은 이해하지 못할 감정을 목사님께 갖고 있었던 것이다. 그래서 그렇게 공격하는 와중에도 목사님 댁에 아무렇지도 않게 들락거릴 수 있었다.

교회에서 10분 거리에 있는 목사님 댁은 내 밥집이었다. 도서관에서 책을 보거나 공부하다가 배가 고프면 목사님 댁에 전화를 걸어 "지금 갑니다"라고 말하고는 아무 거리낌 없이 찾아갔다.

그런 나를 목사님이나 사모님은 항상 따뜻하게 맞아주셨다. 학교 갔다 집에 오는 아들처럼 편하게 대해주셨기 때문에 목사님 댁에만 가면 딱딱했던 마음이 노글노글해졌다. 교회를 확산시키지 않는다면야 목사님을 싫어할 이유가 하나도 없었다. 하나님의 말씀을 전하는 목사님은 내가 무찔러야 할 대상이었지만 집에서 만나는 목사님은 내게 아버지 같은 분이셨다.

철없는 나를 내치지 않았던 목사님을 생각하면 지금도 너무 감사하다. 핏대를 올리며 대들 때도 목사님은 "이러는 이유가 무엇이냐?"고 묻지도 꾸중하지도 않으셨다. 모세에게 대적했던 얀네와 얌브레처럼 마음이 부패하고 믿음에 관하여 버림받은 자였으나 목사님은 나를 버리지 않고 끝까지 사랑하셨다. 그래서 복음이 '멸망의 증거'라고 우기며 '어리석고 무식한 변론'을 하려고 덤비는 나를 피하는 대신 온유와 인내로 감싸주셨다.

그런 목사님이 계셨기 때문에 나는 교회에서 튕겨져 나가지 않을 수 있었다. 목사님의 끝없는 사랑과 나의 오랜 신앙습관이 구심력으로 작용하여 나를 교회의 울타리 안으로 불러들였지만 나는 하나님 밖으로 뛰쳐나가려는 원심력에 의해 말하고 행동하는 망나니였다.

내 뜻대로 내 힘대로 살고 싶다!

하나님을 부정하는 시간이 길어질수록 내적 갈등은 점점 증폭됐다. 모태신앙으로 골수에 사무친 성경 말씀은 내게 엄청난 죄의식과 두려움을 심어주어 언제 터질지 모르는 시한폭탄을 안고 사는 것처럼 나를 불안하게 만들었다. 그렇다고 언제까지 존재도 모르는 신에게 내 인생을 바칠 순 없었다. 나타나지도 않는 신을 의지하는 대신 세상이 무시하지 못할 만큼 힘을 키워야겠다고 생각했다.

그래서 썩을 대로 썩은 세상을 바꾸던가 진흙탕에 뒹굴지언정 화끈하게 살아보든가 둘 중 하나를 선택해야 했다. 그러기 위해서는 세상의 법을 따라야 했다. 믿지도 않는 하나님 때문에 갖게 된 알량한 신앙의 양심 따위는 버리고 철저하게 세상적인 사람으로 살아야 했다. 그래야 남들처럼 떵떵거리고 살 수 있다.

지금도 그렇지만 내가 보기에 그리스도인들은 참으로 어정쩡했다. 부정부패가 만연한 세상에서 방부제로 살아가지도 못하고, 어쭙잖게 타협하면서 살다보니 제대로 성공하지도 못하면서 세상 사람들로부터 온갖 지탄은 다 받는다. 남들은 몇 십억을 해 먹고도 뻔뻔하게 잘 사는데 교회 다니는 사람들은 옷 한 벌, 용돈 한번 받고도 괜히 찔려서 쩔쩔매다가 걸리는 것이다.

하나님의 말씀이 '목에 가시'가 되어 꿀꺽 삼키지도 못하고 뱉지도 못한 채 살다보니 스타일만 구기고 자신의 뜻도 펼쳐보지 못하는 사람들이 그리스도인들이었다. 성경적으로 보면 죄인이고, 세상적으로 보면 위선적인 그 사람들을 보면서 나는 하나님을 버려야겠다는 생각을 굳혔다. 여호와와 바알 사이에서 머뭇머뭇했던 이스라엘 백성들처럼 살아왔지만 괴로움만 커지고, 얻는 것은 없었다. 그러느니 철저하게 바알을 나의 신으로 인정하고 세상의 이치에 맞게 살면 적어도 출세의 길은 열리니까 억울하지는 않을 것 같았다.

성공에 대한 의지가 강하고 패기도 넘쳤지만 여전히 몸이 약했던 나는 현장에서 발로 뛰는 것보다는 지략으로 승부해야 했다. 그러기 위해서는 권력의 핵심 기관에 들어가야 했다. 다행인지 불행인지 모르겠지만 내게는 그럴 수 있는 기회도 많았다. 3학년이었기 때문에 법과대학에는 다양한 곳에서 취업의뢰가 들어왔고, 성적이 상위권에 있었던 나는 골라서 갈 수 있었다.

그때 내가 가장 솔깃했던 것은 중앙정보부에서 간부를 뽑는다는 거였다. 학생운동을 하면서 타도의 대상으로 삼았던 그곳에, 그것도 간부로 들어갈 생각을 했다는 게 좀 모순이라고 생각할수도 있겠다.

하지만 나는 거기가 내 인생의 종착역이 아니라고 생각하고 지원할 계획을 세웠다. 중앙정보부를 거점 삼아 권력의 핵심으로 나아가기를 희망했다. 국회의원이든 정부의 핵심 간부든 힘 있는 요직에 들어가 정의실현의 꿈을 펼치고 싶었다.

그렇게 생각하니 세상에 어려운 일도 힘들 일도 없었다. 할 일도 많고 하고 싶은 일도 많았다. 중앙정보부가 제일 먼저 눈에 띄었지만 교수도 나쁠 건 없었다. 하나님으로 인해 우물쭈물했던 나의 옛 모습만 버린다면 내 인생은 탄탄대로로 앞길이 환하게 열릴 것 같았다. 그때 내 인생을 받쳐줄 누군가가 있거나 앞으로의 인생을 약속한 사람이 있었던 건 아니었다. 믿을 거라고는 오직 '나'뿐이었다. 그러면서도 자신감이 넘쳤던 것은 '밑져야 본전인데 한번 해 보자'는 오기와 배짱이 발동했기 때문이다.

그동안 도전해서 실패한 적이 없었고, 실력 쟁쟁한 서울대 수재들과 어깨를 나란히 겨루면서도 뒤처지기는커녕 선두그룹에 속했기 때문에 어디를 가든 누구를 만나든 잘해낼 수 있다는 자신감이 있었다.

그렇게 바알의 줄에 서기로 마음을 정한 내게 결정타를 안긴 건 계엄령이었다. 3학년 2학기가 되면서 학교는 쑥대밭이 되었다. 경찰은 무단으로 학교를 드나들었고, 언제 누가 붙잡혀가도 이상할 게 없는 분위기가 되었다. 결국 계엄령과 함께 휴업령이 발동했다. 학교 안에 탱크가 들어왔고, 교문은 굳게 닫혔다.

그때 내 마음의 문도 굳게 닫혔다. 이런 사태를 보고만 있는 하나님이라면 믿을 필요가 없었다. 한 가닥 남아있던 기대마저 접은 것이다. 절대 선, 절대 진리를 기대했지만 세상은 점점 악해졌고, 교회는 무능했으며 하나님은 나타나지 않았다. 나는 군부 독재자가 아닌 하나님을 향해 주먹을 불끈 쥐고 선언했다.

"하나님이 있는지 없는지 잘 모르지만 잘 들어두슈. 나는 이제 교회 안 갑니다. 절대 안 갑니다."

그 길로 짐을 챙겨 고향으로 내려왔다. 어차피 2학기 내내 휴교령이 내려 공부를 제대로 할 수 없는 형편이었다. 두 손 두 발이 다 묶인 채 서울에 있으니 고향으로 내려오는 게 나았다.

하나님을 떠나 하나님을 찾아 떠난 여행

고향에는 또 다른 복병이 있었다. 주일 성수를 목숨처럼 생각하시는 부모님이 마음에 걸렸다. 나는 이미 신자가 아니었고, 교회를 전복시키려고 했던 마음조차도 차갑게 식었기 때문에 교회에 가서 할 일도 없었다. 몸도 마음도 만신창이가 되었던 그땐 교회 근처에도 가기 싫었다. 부모님 얼굴을 봐서 예배에 참석할 여유조차 없었다.

그래서 집을 떠나 산으로 들로 바다로 정처없이 떠다녔다. 세상 구경을 하며 몸도 마음도 추스르겠다는 명목으로 떠났지만 사실은 교회를 피하기 위해 무조건 집을 나온 것이다.

책 몇 권 집어 들고, 빈 주머니로 대책도 없이 집을 떠났지만 별로 걱정은 하지 않았다. 가난했지만 인심은 후했던 그때는 고학생들을 맞아주는 곳이 많았기 때문이다. 객을 위해 방 한 칸 내어주고, 밥상에 숟가락 하나 더 얹는 걸 마다하지 않던 시절이었다. 그때 내가 가장 많이 먹었던 밥은 절밥이었다.

풍광 좋은 곳에서 마음 편하게 지내기엔 절만큼 좋은 곳이 없었다. 나는 그때 이미 '신은 없다'고 정의했기 때문에 불교에 대해서도 편견이 없었다. 스님들이 말씀하시는 내용 역시 기독교와 마찬가지로 인간이 아름답게 살아갈 수 있는 방법이었다. 귀에는 달았지만 마음의 울림은 없었다. 내용이 문제가 아니라 적용이 문제라는 걸 알았기 때문에 역시 인간이 만든 종교는 다 그럴듯하다는 생각만 들 뿐 더 깊이 알고 싶은 마음은 들지 않았다.

오히려 그때 절에서 만난 친구들이 내 마음을 홀렸다. 나처럼 여행 중에 절 신세를 지는 친구도 있었고, 시험을 준비하는 친구도 있었는데 하나같이 유쾌하고 재미있었다. 그 친구들과 함께 물놀이도 하고, 산행도 했지만 그중에서 가장 기억에 남는 것은 절에서 고기를 얻어먹은 일이다. 불교에서는 살육을 금하기 때문에 고기 구경을 하기 어렵다. 아니 불가능하다. 그래서 맨날 나물 반찬에 두부만으로도 만족했다.

그런데 며칠 지내다 보니 유독 주지 스님 밥상에만 고추장 장아찌가 있다는 걸 알게 됐다. 나는 무심한 편이라 예사로 넘겼지만 친구들은 유심히 그걸 봤는지 그게 고기 장아찌라고 했다. 우리가 묵었던 절의 스님은 대처승이었기 때문에 식사를 그 부인이 챙겨주셨는데, 남편에게만 특별히 좋은 반찬을 주었다.

애틋한 부부의 마음을 그 당시 우리가 뭐라고 할 처지는 못 됐다. 끼니마다 밥상 차려주는 것만으로도 감지덕지해야 할 공밥 먹는 식객들이 그걸 탓하는 건 언감생심이었다. 하지만 고기란 말에 다들 눈이 반짝였고, 침이 꼴깍 넘어갔다. 나물반찬만으로는 성에 차지 않았던 20대 청춘들이었기에 누가 먼저랄 것도 없이 고추장 항아리를 습격했다.

고기 냄새를 맡자 없었던 식욕도 불 일 듯 일어났다. 결국 항아리가 바닥을 드러냈고, 우리는 이빨에 낀 고추장 고기 맛을 음미하면서 재빨리 짐을 쌌다. 그리고는 시침을 뚝 뗀 채 "아주 잘 먹고 갑니다"라고 인사를 드리고 잽싸게 내달렸다. 절이 보이지 않는 곳까지 와서 우리가 얼마나 웃었는지, 그때 고기가 얼마나 감질나게 맛있었는지는 상상에 맡기겠다.

하나님과 멀어지려고 그렇게 정처없이 떠돌았지만 내가 붙들고 늘어진 건 우습게도 한마디의 기도였다. 전국을 떠돌던 6개월 동안에도 떨쳐 버릴 수 없는 영적 갈급함과 불안감 때문에 나도 모르게 또 기도를 반복한 것이다.

"하나님, 진짜 계십니까? 진짜 계시다면 저를 좀 만나주세요. 인도의 썬다 싱처럼 내 앞에도 나타나 주세요. 아니면 제가 보지 않고 믿게 해 주세요. 죽을병에 걸리게 해서 죽다 살아나도 좋고, 팔 다리를 부러뜨려도 좋습니다. 어떻게 해서든 하나님을 믿게 해주세요. 그러면 죽도록 충성하겠습니다. 하나님을 위해 제 일생을 바치겠습니다. 하지만 나타나지도, 믿게 하지도 않으시겠다면 제발 제 인생에서 사라져 주세요."

내 힘으로 사는 고단함

  반년 동안 주문처럼 기도를 했지만 하나님은 나를 만나주지 않으셨고, 너무도 지친 나는 서서히 하나님으로부터 멀어졌다. '열 번 찍어 안 넘어가는 나무가 없다'지만 하나님은 요지부동이시니 나는 그분과는 상관없이 살기로 굳게 결심했다. 휴업령은 내가 자연스럽게 교회를 떠날 수 있게 해 주었다. 마치 준비된 이별의식처럼 나는 자연스럽게 교회에서 세상으로, 하나님에서 바알에게로 옮겨갔다.

그러면서 공부가 내 생활의 전부가 됐다. 예전에는 교회와 기독교 동아리 등을 하느라 학업에만 전념할 수 없었다.

그래도 성적은 항상 상위권이었기 때문에 공부에 대한 부담은 별로 없었다. 교회에 쏟았던 시간을 공부에 할애하면 1,2등도 할 수 있을 거란 생각이 들었다. 그래서 '학교, 교회, 집'이었던 내 생활반경을 '학교, 도서관, 집'으로 바꾸고, 잠자는 시간을 제외하고 공부만 했다. 눈만 뜨면 공부하는 법대생의 일과를 나는 4학년이 돼서야 시작한 것이다.

그런데 결과가 형편없었다. 성적이 수직 낙하한 것이다. 자투리 시간을 쪼개서 공부할 때도 A만 받았는데 한 학기 동안 공부만 파고들었는데도 C와 D를 받았다. 내용을 모르는 것도 아니고, 준비가 부족하지도 않았다. 몇 달 사이에 머리가 나빠졌을 리도 없는데 그렇게 낮은 점수를 받게 된 것을 이해할 수 없었다. 오기가 나서 더욱더 공부에 매진했지만 예전과 같이 높은 점수는 다시 받지 못했다.

그때 나는 교수님의 배점방식이나 내 공부방식에 뭔가 문제가 있을 거라고 생각했다. 하지만 그것은 큰 착각이었다. 내가 서울대학교에 들어온 것도 법학과에서 선두 그룹으로 공부할 수 있었던 것도 다 하나님의 은혜였다는 걸 그때는 깨닫지 못했다.

하나님은 내가 비록 믿음은 없지만 교회에 열심히 다녔던 그 오래된 습관을 통해서라도 만나길 원하셨던 것이다. 그래서 내가 교회 생활에 충실할 수 있도록 공부할 때마다 힘을 주셨던 것을 나중에야 알았다. 주의 '은혜'를 나의 '복'으로 받아들여 내 능력으로 모든 걸 감당하려는 게 얼마나 인생을 편협하게 만드는지 그때 알았다면 나는 좀 더 일찍 하나님을 만났을지도 모른다.

하지만 그때는 이미 하나님을 떠났기 때문에 내 관심사는 오직 '어떻게 하면 잘 살 수 있느냐?'뿐이었다. 나의 미래를 환하게 비춰줄 여러 가지 직업을 떠올려 보다가 결국 나는 법대 교수가 되기로 결심했다. 그 당시에는 서울대학교 법과대학 교수가 판·검사보다 다 낫다고 생각할 때였다. 대한민국 최고의 엘리트를 가르친다는 자부심이 하늘을 찌를 때였다.

서울법대 교수는 사회적 지위 뿐 아니라 명예도 얻을 수 있는 자리였다. 내 적성이나 체력에도 딱 맞았다. 혼자 조용히 연구하고, 내가 아는 지식이나 내용을 상대방에게 이해하기 쉽게 전달하는 능력이 있었던 나는 교수야말로 천직이라고 생각했다.

교수가 되겠다고 마음의 결정을 내린 후 고향에 내려갔다. 대학교를 졸업한 이듬해부터는 본격적으로 공부를 해야 했기 때문에 아버지께 먼저 법대 교수가 되겠다고 말씀드렸다. 그러자 아버지는 "야, 니가 아무리 그래도 너는 결국 목사가 된다"라고 말씀하셨다. 그 말을 듣자 찔끔했다. 또 답답하기도 했다. 이제는 교회도 안 나가는데 아직도 내가 목사가 될 거라고 생각하시는 아버지께 죄송하기도 하고 안타깝기도 했다. 그래서 나에 대해 엉뚱한 꿈을 접으시라고 명토 박아 확실하게 말씀드렸다.

"아이고 아버지, 하나님이 나 목사 시킬 거였으면 벌써 신학공부를 시켰겠지요. 그런데 법대에 갔잖아요. 하나님은 없어요."

대놓고 속 긁는 말씀을 드렸는데 아버지는 웃으시면서 "그런 소리 말아라. 우리 장로교회를 만든 존 칼빈도 법학과를 나오고 나중에 신학을 했다. 너도 그러면 되지"라고 말씀하셨다.

그 말을 듣자 나도 모르게 피식 웃음이 나왔다. 아버지가 촌 영감님이라고만 생각했는데 어떻게 존 칼빈을 알게 되셨는지 놀랍기도 하고 우습기도 했다. 하도 어이가 없어서 아버지와 마주보며 한참을 웃었던 기억이 난다.

존 칼빈의 이력을 알게 되셨을 때 우리 아버지는 얼마나 기뻐하고 좋아하셨을까. 지금도 아버지가 존 칼빈을 말씀하시며 환하게 웃으셨던 모습이 눈에 선하다.

그때 아버지는 당신의 기도가 응답될 것을 아셨을까?

하나님은 없다고 말하는 아들이 결국 목사가 될 것을 확신하셨기에 그토록 밝게 웃으셨던 것일까?

"믿음이 없어 하나님의 약속을 의심치 않고 믿음에 견고하여져서 하나님께 영광을 돌리며 약속하신 그것을 또한 능히 이루실 줄을 확신하였으니"(로마서 4:20).

4부

죽음의 문턱에서 살리시고
사역자로 부르시다

마지막으로 예수님의 손이 간에 닿았을 때 완전히 곪아서 허옇게 되었던 간이 빨갛게 물들면서 창자 속의 누런 고름이 말끔하게 사라졌다. 금세라도 피가 돌듯 생생해진 간과 창자가 서서히 움직이기 시작했다. 바로 그때 의식이 돌아왔다!

죽음의 문턱에서 만난 예수님

주님을 잊고 세상의 헛된 명예와 지위를 구하려고 고군분투하던 그때 고향의 교회 목사님께서는 회개하고 돌아오지 않으면 징계를 받을 거라고 계속 경고하셨다. 하지만 나는 그 말을 귓전으로 흘리고 무시했다. 그리고 내 힘으로 세상의 헛된 것을 좇기 위해 더 힘써 공부하고 노력했다. 목사님의 경고와 부모님의 걱정과 달리 내 인생은 '순풍에 돛단 듯' 계획했던 대로 순조롭게 일이 풀려 나갔다.

공부가 막바지에 이르러 고지가 바로 눈앞이었던 8월 중순, 날짜도 생생하게 기억한다. 8월 13일 낮에 생각지도 않은 일이 벌어졌다. 먹은 것도 없는데 그날따라 소화가 안돼서인지 속이 더

부룩한 게 영 불편했다. 그래서 병원에 가서 소화가 안 된다고 하니까 신경성 위장장애라면서 약을 처방해줬다.

별로 신경 쓴 것도 없는데 위장장애가 생겼다는 게 이상하긴 했지만 약 먹고 잘 쉬면 낫는다는 말에 안심하고 나왔다. 그런데 그 길로 바로 쓰러졌다. 그리고 혼수상태에 빠졌다. 누가 손 쓸 새도 없이 순식간에 벌어진 일이었다.

제 발로 걸어 들어온 환자가 갑자기 의식을 잃고 쓰러지니 병원에서도 심상치 않다고 판단했는지 다시 정밀검사를 실시했다. 그 결과 내린 진단은 '간 혼수(Hepatic cama, 간이 곪고 썩어서 혼수상태에 빠져 생명을 잃는 불치병)'였다.

병원에서는 고향에 연락했고, 헐레벌떡 달려온 부모님에게 담당의사는 회생 가능성이 0.01%도 안 된다는 비보를 알렸다. 혼수상태로라도 살아있을 수 있는 시간이 사흘을 넘기기 어려울 거라는 말에 부모님은 딱 한 가지만 생각하셨다고 한다.

'하나님, 살려주세요.'

시시각각 꺼져가는 내 생명을 지켜보면서 부모님은 내 다리를 붙들고 눈물로 간절하게 기도하셨다.

"주님을 버리고 세상의 부귀를 바랐던 아들의 죄를 용서하시어 제발 외아들을 살려 주십시오."

아버지는 당신과 내 목숨을 바꿔도 좋으니 아들을 살려주셔서 제발 못다 한 일을 하게 해 달라고까지 기도하셨다고 한다.

하지만 사흘이 지나도 여전히 '살 가망'은 전혀 보이지 않았다. 의사들은 모든 의학적인 처치를 하지 않은 채 임종만을 기다리고 있었다. 부모님은 아무리 매달려 기도해도 하나님께서 응답하시지 않자 결국 내 생명을 주님 앞에 내려놓으셨다. 그리고는 내 영혼이라도 구원해 달라고 하나님께 애원하셨다.

다급해진 부모님은 고향 교회에 연락을 드려 목사님께 임종 예배를 부탁드리셨다. 몇 분의 집사님과 함께 부랴부랴 달려오신 목사님이 병실에 도착하셨을 때 부모님은 내가 살아날 것은 이미 포기한 상태셨다.

마지막으로 바라는 건 예배 중에 잠깐이라도 내 의식이 돌아와 회개하고 예수 믿고 천국가기만을 소원하셨다. 교회를 떠난 아들을 위해 끊임없이 드렸던 기도를 한 번 더 간절하게 드렸지만, 기적은 일어나지 않았다. 나는 눈뜨지 않았고, 간절한 부모님의 기도만 허공에 맴돌았다.

그렇게 한 시간을 넘게 기도하며 예배드렸지만 아무 반응이 일어나지 않았고, 목사님과 부모님은 탈진하기에 이르렀다. 삼복더위에 그 좁은 병실에서 어른들이 나를 붙들고 씨름을 하셨으니 그럴 만도 했다.

결국 아버지는 모든 것을 포기하시고 목사님을 보내드렸다. 비록 아들인 내가 깨어나 예수님을 입으로 영접하지는 않았지만 목사님께서 예배드려 주셨으니 그 영혼이 평안히 갈 거라고 믿고, 감정을 추스르신 것이다. 그리고는 땀이라도 닦고 가시라고 병원 욕실 열쇠를 목사님 손에 쥐어드렸다.

그 손이 얼마나 뜨거웠던지, 얼마나 떨렸던지, 돌아서는 발걸음이 얼마나 허망하고 슬프던지 차마 발걸음이 떨어지지 않았다고 목사님은 두고두고 말씀하셨다.

그리고 목사님이 돌아서 가는데 아무리 생각해도 내가 아깝고 내 영혼이 불쌍해서 견딜 수가 없으셨단다.

'어떻게 하나님이 이 아이를 이렇게 허망하게 데려가시나…'

서운하고 억울한 마음에 도저히 그냥 갈 수가 없어서 몇 걸음 가다가 방향을 돌이켜 병실을 향해 뛰셨다. 숨을 헐떡이며 병실 문을 열자 부모님은 깜짝 놀라셨고, 무슨 일이냐고 물으셨지만 목사님은 찬송가를 펴시면서 "하나님께 떼라도 써야지 이렇게는 못가겠습니다. 우리, 도출이가 깨어날 때까지 예배드립시다"라고 말씀하시면서 찬양하며 기도하시기 시작했다.

보혈찬송을 부르면서 목사님과 부모님이 간절히 기도한 것은 단 하나, 의식이 돌아와서 예수님을 영접하고 천국가게 해 달라는 것이었다.

나의 영혼을 구원하기 위한 예배, 생을 포기한 마지막 예배를 하는 가운데 주님은 나에게 찾아오셨다. 주님을 믿지 못한 나에게 그 살아계신 능력을, 환상을 통해 확실히 증거하신 것이었다. 생사를 가늠할 수 없는 가운데 나는 홀로 누워 있었다. 너무나 가슴이 아프고 숨쉬기마저 거북했다.

그때 예수님이 내 앞에 조용히 나타나셨다. 뒷모습만 보이는데 나도 모르게 '아, 예수님이시구나'라는 생각이 들었다. 예수님 앞에는 익숙한 몸뚱아리가 하나 놓여 있었는데 자세히 보니 놀랍게도 내 몸이었다. 육체에서 벗어난 내가 내 몸을 보고 계시는 예수님의 뒷모습을 본 것이다.

내 몸을 가만히 쳐다보시던 예수님은 십자가에 못 박힌 피 묻은 손, 그 권능의 손으로 나를 치료하셨다. 내 몸 전체를 스캔하듯 천천히 손을 대시며 안수를 하시는데 투명한 내 몸 위로 빨간 잉크 같은 피가 뚝뚝 떨어지면서 스며들었다. 온몸은 불덩이처럼 뜨거워져 견딜 수가 없었다.

마지막으로 예수님의 손이 간에 닿았을 때 완전히 곪아서 허옇게 되었던 간이 빨갛게 물들면서 창자 속의 누런 고름이 말끔하게 사라졌다. 금세라도 피가 돌듯 생생해진 간과 창자가 서서히 움직이기 시작했다.

바로 그때 의식이 돌아왔다!

의식을 회복하고 제일 먼저 만난 분은 목사님이었다. 내 기억은 약 처방을 받고 뒤돌아섰던 것에서 끊겼기 때문에 고향 교회 목사님이 내 눈앞에 계신 게 내가 병원에 누워 있다는 사실보다 더 놀라웠다. 그래서 "목사님 어떻게 여기 계십니까?"라고 묻자 목사님과 부모님은 뛸 듯이 기뻐하시며 하나님이 나를 살리시고, 죽었던 내 생명과 영혼을 구원하셨다고 감사의 기도를 드리셨다. 주님을 사랑한 나사로의 가정에 불행이 닥쳐 나사로가 죽자 죽은 지 사흘이 되던 날 무덤 앞에서 주님이 큰소리로 "나사로야 나오너라" 고함을 치니 죽었던 자가 살아났듯이, 사흘간을 생사를 모르면서도 주님을 사랑하는 가족이 울면서 기도하니 예수님은 피 묻은 손길로 나를 일으켜 세우신 것이다.

그때만 해도 나는 얼떨떨하기만 했다. 나에게 무슨 일이 일어났는지 가늠조차 하지 못했다. 내가 산 체험을 했다는 걸 알게 된 건 의사들의 표정을 본 후였다. 내 의식이 돌아왔다는 소식은 곧 의사에게로 알려져 내과 전문의 15명이 허둥지둥 병실로 몰려왔다. 그리고 다들 눈이 휘둥그레져서 나를 쳐다보았다. 마치 기적을 실감한 듯한 표정이었다.

의학적으로 도저히 살아날 가망이 없는 환자가 자신들의 눈앞에서 움직이고 말을 하니 놀랄 수밖에. 회생불능이라며 장례를 준비하라고 권유했던 담당의사는 "이것은 하나님만이 행하실 수 있는 기적입니다. 하나님께서 형제를 사랑하셨습니다"라고 말했다.

그 말을 듣자 완고하고 고집 센 내 마음에 갑자기 무어라고 형언하기 어려운 이상한 감정이 북받쳐 왔다. 병을 고침 받은 것이 문제가 아니라 하나님이 살아계시고 나를 사랑하심을 알게 된 것이 무한히 감격스러웠다. '정말 하나님은 왜 나를 이렇게 사랑하여 주실까? 주님을 저버린 탕자를 왜 항상 품어주시는지, 왜 내가 쓰러질 때마다 일으켜 세우시는지…'

살아계신 하나님을 몸소 체험하고 그때에 구원의 확신을 얻은 기쁨은 도저히 말로 표현할 수 없었다. 할렐루야!

그렇게 하나님의 사랑을 깨닫고 나자 그간 주님을 버렸던 나의 마음속에서 한없는 회개의 눈물이 흘러나왔다. 요단강 건너가기 직전 죽음 가운데서 예수님을 만나고 나서야 내 모습을 바로 보게 된 것이다.

예수님을 만나기 전에는 내가 의로운 줄 알았다. 나는 언제나 옳고 바르게 살아가는 선한 사람이고 다른 사람들은 전부 눈에 가시가 될 만큼 불의하게만 보였다. 그래서 정죄하고, 판단하고 마음속으로 심판하기 바빴다. 그런데 예수님 앞에서 나를 보니 나야말로 죄덩어리, 죄악 그 자체라는 것을 알게 되었다.

은사를 쏟아부어주신 하나님

대학병원 362호실, 내가 묵었던 병실이다.

예수님을 만난 후 그곳에서는 매일 "주여! 이 죄인이 주를 버렸나이다. 용서하여 주옵소서"라는 회개의 기도가 흘러나왔다. 꼬박 사흘 동안 쉬지 않고 눈물을 쏟아냈는데도 죄는 계속해서 생각났고, 회개는 끊이지 않았다. 그렇게 눈물로 회개하니 주님은 회개의 역사 속에 불같은 성령을 내려 주셨다.

기도를 하는데 온몸이 견딜 수 없을 정도로 뜨거워졌다. 불세례를 받은 것이다. 그리고 갑자기 몸이 떨리면서 혀가 꼬이면서 말려 올라가더니 나도 모르게 이상한 말을 하고 있었다. 방언이 터진 것이다. 절대 있을 수 없다고 부정했던 불세례, 방언, 병 고치는 은사를 그 병실에서 한꺼번에 다 받았다.

그토록 오랫동안 아니라고 믿기를 거부했던 것들이 성령 체험을 하고 나자 거짓말처럼 믿어졌다. 그리고 병상 중에 있었지만 힘이 솟았다.

"주님! 주님의 사랑을 이제 알겠나이다. 감사합니다."

극적으로 하나님의 역사를 체험하고 나니, 이제는 나에게 산 믿음을 주어 새롭게 하신 하나님의 은혜를 어떻게 갚아야 할지, 어떻게 하면 하나님께 영광을 돌리며 살아갈 수 있을지 그것만을 위해 뜨겁게 기도하며 간구하였다.

그때는 한시라도 빨리 병원에서 나가 하나님을 위해 일해야겠다는 생각만 간절했다. 그런데 좀처럼 자유가 주어지지 않았다. 의사들이 나를 병원에 묶어두었다. 그들은 자신들의 눈으로 본 그 기적을 믿을 수 없었기 때문에 과학적으로 증명할 수 있는 증거를 찾아야했다. 의사들은 기적을 일으킨 작은 증거나 몸속에 아직 남아있을지 모르는 증상을 검사해봐야 한다며 퇴원을 하지 못하게 막았다.

그때 나는 그 어느 때보다 건강했다. 한 계단 오르는 것도 벅차했던 내가 한 번에 두 계단씩 오를 수 있게 되었으니 더 말해서 무엇하겠는가. 하지만 의사들은 내 말을 믿지 않았고, 수치로써 증명할 수 있는 것들을 찾기 위해 내 몸 구석구석을 샅샅이 뒤졌다. 덕분에 나는 공짜 검사를 받으며 1인실에서 편하게 지낼 수 있었다.

그 시간이 내게는 또 다른 은혜의 시간이었다. 병실은 내 기도처였고, 병원은 사람을 낚을 수 있는 황금어장이었다. 나는 매일 아침 예배를 드리고 기도한 후 병실의 환자들을 찾아다니면서 기도를 해주었다. 예수님을 전하고 기도하는 그 시간이 얼마나 기뻤는지 모른다.

신유의 은사를 받았다는 것도 그때 알았다. 마침 그때 내 옆방에 목사님이 입원해 계셨는데 나를 찾아 오셨다. 그리고 몸을 움직이기가 불편할 정도로 병이 깊어진 자신을 위해 특별히 기도를 해 달라고 부탁하셨다.

처음 뵙는 분이지만 목사님이라는 말을 듣자 간절한 마음이 절로 생겼다.

'하나님의 사역을 하셔야 할 분이 병원에 누워 계시면서 얼마나 고통스러우실까…'라는 마음과 함께 빨리 나아서 교회로 돌아가셨으면 좋겠다는 소망이 강하게 들었다. 그 마음으로 기도를 시작하자마자 방언이 터지고, 가슴이 뜨거워지기 시작했다. 목사님도 나도 눈물을 흘리며 하나님께 간절히 기도했다.

그리고 이틀 후에 목사님이 내 병실로 찾아오셨다. 창백했던 얼굴에 핏기가 돌고 표정도 아주 밝았다. 목사님은 그 다음날 퇴원하게 되었다면서 내 기도 덕분에 나았다고 하나님께 감사의 기도를 하셨다. 목사님이 완쾌되셨다는 소식은 기뻤지만 내 기도로 낫게 되었다는 말은 믿지 않았다.

'병원에서 치료를 잘 받으신 거겠지'라고 생각하면서 기도의 능력을 믿지 않았다. 내 기도를 통해 역사하신 하나님의 능력이 얼마나 크신지를 그때까지 몰랐다.

한 달 가까이 병실 전도를 하면서 지내자 정밀 검사를 한 결과가 나왔다. 내 몸이 완벽하게 건강하다는 거였다. 내 몸속 어디에도 병의 징후는 없었고 간도 어린아이의 것과 같다는 결과가 나왔다. 의사들은 믿기 어려운 일이라면서 검사 결과를 말해주었지만 나는 이미 내 몸이 예전과 달라졌다는 것을 알고 있었다.

성령체험을 한 후 나는 완전히 거듭났다. 비록 어머니 뱃속에서는 허약하게 태어났지만 물과 성령으로 거듭났을 때는 위로부터 새로움을 덧입었다. 하나님의 치유는 완벽해서 내 몸의 어느 한 구석에서 부족하거나 결핍된 부분을 느낄 수 없을 만큼 건강해졌다.

주의 종으로 택하시고

그러나 이런 경험을 한 뒤에도 나는 여전히 목이 곧은 이스라엘 백성과 같았다. 죽었다가 다시 살아난 이후 주변에서는 한결같이 주님이 생명을 연장시켜 주었으니 주님의 일에 참여해야 한다고 권면하였다. 하지만 나는 법학을 통하여 하나님께 영광돌리기를 원했다.

그러나 하나님의 계획은 따로 있으셨다. 공부하는 동안 내 머릿속에 '바울과 같이 되게 해 주세요'라고 기도했던 어린 시절의 간절한 내 기도가 계속 맴돌았다. 어린 시절에 멋모르고 드렸던 기도가 자꾸 생각나면서 그 기도에 응답하신 하나님께 감사했다. 나 역시 사울처럼 예수님을 핍박하고 그리스도인들을 멸절시켜야 한다고 이를 갈았지만 예수님이 친히 나타나서 십자가의 보혈로 내 죄를 씻어 주셨다. 그리고 하나님의 사도로 살아가는 인생을 허락하셨다. 평행이론처럼 맞아떨어지는 바울과 나의 삶 속에서 과연 하나님은 어떤 계획하심이 있는 걸까? '어쩌면 나도 하나님께서 당신의 종으로 삼기 원하시는 게 아닐까. 그래서 산 체험 속에서 믿음과 신앙을 회복하는 역사를 체험하게 하신 게 아닐까?'라는 생각이 들었다.

그 생각과 함께 또 다른 기도가 생각났다. 바로 아버지의 서원 기도였다. 나는 태어날 때 이미 하나님께 바친 몸인데 내 맘대로 법대교수가 된다면 그것은 하나님의 뜻을 어기는 게 아닐까. 그러다 또 죽는 게 아닐까 겁이 퍼뜩 났다.

아무리 감사해도 산 체험의 은혜는 한번으로 족했다. 그렇다고 목사가 되는 건 받아들이기 어려웠다. 내 성격에 목회는 맞지 않다고 생각했기 때문이다. 고민 끝에 생각한 것이 신학대학 교수였다. 반드시 하나님의 종이 되어야 한다면 목사보다는 신학대 교수가 내 적성에 잘 맞는다고 생각했다. 학교 다니는 내내 교수님과 학생들에게 가르치는 달란트가 있다는 얘기를 들었기 때문에 나는 교수가 천직이라고 생각했다. 하나님의 뜻에 합당한 종이 되려면 신학대학 교수가 되는 길밖에 없었다. 그것이 어릴 적내 기도와 아버지의 서원기도에 응답하신 하나님께 온전히 순종하는 길이라고 생각했다.

그렇게 하나님께 완전히 내 몸과 마음을 바쳐 헌신하기로 결심하고 하나님의 참된 주의 종이 되게 해 달라고 열흘간 금식기도하며 간절히 간구했다.

'주여! 주님이 원하시는 뜻이 무엇이옵니까? 저는 주님이 모든 죄를 대속해 주신 사랑의 참뜻을 알기 간절히 원합니다.'

응답을 듣고자 밤낮을 가리지 않고 기도했다.

이때 나를 부르시는 주님의 음성이 들렸다. 주님의 음성은 내가 세상의 미련을 아직도 버리지 못하고 있음을 깨우쳐 주셨다. 그리고 하나님은 온전히 주님의 종이 되기를 원하신다는 것을 보여주셨다.

"하나님이여 내 마음을 정하였사오니 내가 노래하며 나의 마음을 다하여 찬양하리로다"(시편 108:1).

하나님의 뜻을 알고 마음을 정하자 기쁨이 넘쳤다.

'이제는 하나님이 인도하실 그 길만 따라 가면 되는데 무슨 걱정이 있겠는가'라고 생각하고 산에서 내려와 신학을 하기로 마음을 확정지었다. 그리고 부모님을 찾아가 그 결심을 말씀드렸다. 부모님께서는 '진작 갔어야지' 하시면서도 '네가 효도했다'라며 내 손을 꼭 잡으며 기뻐하셨다.

죽었다가 살아난 아들을 보는 것만으로도 기쁜데 그 아들이 예수님을 영접하고 부모님의 평생 소원이었던 목회를 하겠다니 얼마나 좋으셨을까. 맞잡은 두 손에서 부모님의 마음이 고스란히 전해졌다.

그리고 찾아뵌 분이 영락교회 박조준 목사님이다. 눈 먼 시절, 알지도 못하고 핍박했던 나를 있는 그대로 받아주시며 온갖 모욕을 감내하신 목사님께 진심으로 사과했다. 목사님은 나를 보시고는 별 말씀 없이 어깨만 두드려주셨다. 하지만 그 손길에서 느껴지는 감격과 감사함은 내 마음속에 잊혀지지 않는 울림이 되었다.

나에게는 표현하지 않으셨지만 박조준 목사님은 훗날 수요예배 설교 중에 내 이야기를 하셨다고 한다. 하나님의 진리 앞에서 변화되지 않을 사람이 없다고 하시면서 사울처럼 교회를 핍박하던 내가 목회를 하게 된 말씀을 하시며 하나님의 능력을 찬양하셨다고 한다.

부모님도 목사님도 인내로서 나를 기다려준 고마운 분들이다. 하지만 내게 가장 끈질긴 인내를 보이신 분은 하나님이시다. 하나님은 나를 인내하셨을 뿐 아니라 내가 세상으로 헤매고 다닐 때 이미 내 앞길을 예비하시며 내 인생의 마스터 플랜을 짜고 계셨다.

"내가 전에는 비방자요 박해자요 폭행자였으나 도리어 긍휼을 입은 것은 내가 믿지 아니할 때에 알지 못하고 행하였음이라. 우리 주의 은혜가 그리스도 예수 안에 있는 믿음과 사랑과 함께 넘치도록 풍성하였도다. 미쁘다. 모든 사람이 받을 만한 이 말이여 그리스도 예수께서 죄인을 구원하시려고 세상에 임하셨다 하였도다. 죄인 중에 내가 괴수니라. 그러나 내가 긍휼을 입은 까닭은 예수 그리스도께서 내게 먼저 일체 오래 참으심을 보이사 후에 주를 믿어 영생 얻는 자들에게 본이 되게 하려 하심이라"(디모데전서 1:13-16).

'희한한 놈'이 청년사역을 맡다!

신학을 하기로 결정은 했는데 어느 학교에 갈지가 문제였다. 고향의 오천교회나 영락교회 등 내가 양육받은 교회들은 모두 장로교단에 속해 있었기 때문에 당연히 장신대에 가야하는데, 거기서는 내가 산 체험을 통해 받은 방언이나 신유의 은사 등 성령의 역사에 대한 연구가 비교적 적었다. 그래서 은사에 대해 보다 깊이 있게 연구할 수 있는 곳을 찾던 끝에 순복음교회를 알게 되었다. 거기서는 예배 때마다 신유의 은사로 인해 병도 낫고 교인들이 방언도 한다는 얘기를 들은 것이다.

그 얘기를 듣자마자 순복음교회 신학대학교를 찾아갔다. 그곳에 가면 내게 주신 은사의 정체를 알 수 있을 거라 생각했다. 과연 순복음신학교에서는 교리보다는 은사를 중점으로 가르치기 때문에 성령의 역사가 얼마나 다양하게 이루어지는지 잘 배울 수 있었다. 그렇게 신학을 공부하고 몇 달이 채 지나지 않았을 때 집에 전화가 걸려왔다. 전화를 받자 걸걸한 목소리가 들려왔다.

"나는 갈월동에 있는 염천교회 신현균 목사인데 우리 잠깐 만납시다."

신현균 목사님이라면 부흥목사로 유명한 분이었다. 그런 분이 어떻게 나를 알고 전화를 하셨을까, 그분은 부흥사셨지만 장로교단의 목사님이셨기 때문에 나를 아실 리가 없었다.

궁금한 마음에 목사님을 찾아가 뵈었다. 목사님은 나를 보자마자 아무런 설명도 하지 않으시고 대뜸 성민교회 대학부를 맡아달라고 하셨다.

당황스럽기도 하고 놀랍기도 해서 "아니, 저를 어떻게 아시고 그런 말씀을 하십니까?"라고 여쭈었더니 이미 나에 대해서는 다 알고 있다고 말씀하셨다. 내용인즉 내 고향 오천교회에 부흥목사님으로 가셨다가 담임목사님으로부터 내 이야기를 들으신 것이다. 신실한 부모님 밑에서 모태신앙으로 잘 양육 받고, 하나님의 은혜로 서울대학교에 들어갔는데 무신론자가 되어 교회를 핍박했던 청년이 이제는 하나님의 품에 돌아와 신학을 공부하고 있다는 풀 스토리를 다 들으신 것이다.

처음 그 이야기를 들었을 때는 '참 희한한 놈이 다 있다'고만 생각하셨는데 대학생들을 볼 때마다 자꾸 내가 떠오르셨단다. 그러면서 '그 희한한 놈'에게 교회에서 가장 골치 아픈 대학생들을 맡기면 잘 할 거라는 생각이 드셨단다. 그래서 곧장 내게 전화를 거신 것이다.

지금이나 그때나 새벽이슬 같은 청년들을 복음화시키는 게 교회의 큰 사명이다. 목사님께서는 내가 대학생들을 지도하기에 적합하다고 생각하셨다. 우리나라 최고 지성인인 서울 법대생이었고, 교회의 문제아였으며, 예수님을 만나는 신비한 체험을 통해 거듭나 지금은 하나님의 일을 하고 있다는 나의 인생사가 대학생들에게 좋은 귀감이 될 거라고 생각하신 것이다.

목사님의 확신에 찬 말씀을 듣자 정말 청년사역이 내가 감당해야 할 일이라고 생각됐다. 그래서 전혀 생각지도 않았던 그 제안을 덥석 받아들였다. 나의 변화가 청년들의 삶에 조금이라도 긍정적인 영향을 끼칠 수 있다면 충성되게 일해야겠다는 생각이 들었던 것이다.

내가 예수님을 만나고 가장 후회했던 것이 청년의 때에 헛된 것을 찾느라 헤맨 것이다. 그때 나는 예수를 위해 사는 것이 어리석다고만 생각했다. 그래서 CCC 활동을 같이 했던 홍정길 선배와 김지철 같은 친구들이 1년을 휴학하고 자비량으로 해외 단기 선교를 떠났을 때 바보 중의 상바보들이라고 마음속으로 비웃었다. 남들이 보기엔 일 년만 휴학하고 선교지에 가서 봉사한다고 생각하겠지만 사실은 그 일 년을 위해 나머지 일 년 동안 뼈 빠지게 아르바이트를 해서 돈을 모았다는 것을 나는 알고 있었다.

그처럼 멍청한 일이 어디 있을까. 꽃다운 청춘의 때에 일 년이 얼마나 귀하고 소중한데 그것을 선교지 같은 곳에서 탕진해 버리다니 온전한 정신으로는 저럴 수 없다며 속으로 혀를 찼다. 그런데 예수님을 만나고 보니 그분들이 똑똑하고 나는 헛똑똑이였다. 하나님이 인정하는 길을 걷는 자의 복을 나는 알지 못했던 것이다.

뒤늦게 신학을 하면서 그걸 가장 뼈아프게 느꼈기 때문에 나는 대학생들에게 인생의 가장 아름다운 시절을 하나님께 드리는 게 얼마나 귀하고 복된 일인지 알려주고 싶었다. 그런 소망을 갖고 있었기 때문에 나는 대학부 사역을 하면서 대학생들이 무엇보다 예수님과 전인격적인 만남을 갖기를 바랐다.

하나님 안에서 꿈과 비전을 갖는 것도 중요하고, 열심히 봉사하는 것도 중요하지만 예수님을 만나지 않으면 인생이 달라지지 않는다. 예수님만이 사람을 변화시키고 참 소망을 갖게 한다

내 인생을 돌이켜보면 어느 날 민들레 홀씨처럼 홀연히 내 마음속에 뿌려진 꿈을 키우며 열심히 달렸다. 하지만 그 꿈을 내 마음 속에 심어준 분이 하나님이라는 것을 몰랐기 때문에 결과적으로 허황된 망상을 좇았다.

우리가 꾸는 꿈은 평면적이다. 하지만 하나님께서 우리에게 꿈과 비전을 심어주실 때는 우리 인생을 통틀어 계획하시기 때문에 그 계획에 따라 우리의 삶도 역동적이고 입체적으로 빚어가신다. 따라서 하나님께 우리의 인생을 맡길 때 비로소 완전한 삶을 살 수 있다.

나는 이 놀라운 신비를 우리 대학생들이 알기 바랬다. 그래서 대학생들을 볼 때마다 예수님에 대해 더 치열하게 고민하고, 더 깊이 기도하고, 말씀을 주야로 묵상하면서 예수님을 전심으로 찾으라고 이야기했다. 그러면 예수님은 반드시 우리를 만나주시니 낙심하지 말라고, 내가 바로 산증인라고 말하면서 대학생들을 독려했다.

그리고 리더를 세워 소그룹 성경공부를 시작했다. 그때 당시 염천교회 전체 교인이 1천 명이 넘었는데, 그 중에 대학부가 4분의 1 정도를 차지했다. 평균 2백 명이 넘게 모이기 때문에 다함께 모여서 성경공부를 하기엔 벅찼다. 무엇보다 성령의 역사를

체험하기 위해서는 보다 친밀한 교제가 필요했다.

말씀을 놓고 함께 토론하고 고민하고, 자신의 상처와 고민을 털어놓을 수 있는 사귐을 할 수 있어야 했다. 그러기 위해 '그룹 다이나믹스' 이론에 입각해서 7명이 한 조를 이루는 소그룹 성경 공부반을 만들고 염천교회 체제에 맞게 고친 CCC 교재로 공부할 수 있도록 하였다.

각 조마다 리더를 세워 그들은 내가 따로 훈련하고 성경을 가르쳤다. 리더를 통해 성경에 대한 대학생들의 피드백을 그때그때 파악해서 부족한 부분을 집중적으로 가르쳤다. 그 결과는 놀라웠다. 일주일에 한 번, 주일에만 예배를 드렸던 대학생들에게 말씀이 들어가자 서서히 변화가 일어난 것이다. 주님을 더 깊이 알고자 하는 이들이 점점 늘어나면서 기도의 자리로 나아오는 대학생들이 많아졌다.

그들과 함께 나는 기도훈련을 시작했다.

기도원에 가서 금식하며 기도하고, 산에 올라가 밤새도록 예배하고 기도하면서 하나님을 찾고 또 부르짖었다. 그러는 가운데 성령의 역사가 강하게 나타났다. 영적인 체험을 통해 예수님을 만나는 대학생들이 많아졌다. 방언을 하고 여러 가지 은사를 받으면서 대학생들은 믿음의 확신을 갖고, 천국에 대한 소망 즉 우리 안에 하나님 나라를 이루어야 한다는 확실한 비전을 품게 되었다. 예수님을 만나 그들의 인생이 달라진 것이다.

대학생들의 변화를 바라보는 것은 정말 감격스러웠다.

습관으로, 호기심으로, 구도자의 자세로 하나님을 찾았던 이들이 믿음 위에 뿌리가 박히고 터가 굳어져서 흔들리지 않는 복음의 소망을 갖는 걸 보면서 나는 왜 하나님이 나를 염천교회로 부르셨는지 그 뜻을 깨달았다. 하나님 안에서 변화된 한 사람을 통해 변화될 한 사람 한 사람을 기대하며 그 길을 인도하시는 하나님의 사랑을 대학부 사역을 통해 알게 된 것이다.

하나님은 나를 사랑하셔서 결국 만나주시고, 내 인생을 변화시켜주셨지만 나의 변화를 통해 또 다른 사람의 인생이 변화될 것을 준비하고 계셨던 것이다. 그런 하나님의 은혜와 끝없는 사랑을 생각할 때 감격하지 않을 수 없었다.

오주의 인물, 장신대 입학하다.

나는 성격이 낙천적이고 느긋해서 뭔가를 얻지 못해 안달복달하거나 집요하게 하나를 파고들지 않는다. 오죽하면 가난해서 중학교에 못 가게 됐을 때도, 고등학교 진학이 막혔을 때도 '상황이 그렇게 됐나보다' 하면서 순순히 받아들였다. 내가 적극적으로 나서서 인생을 바꾸거나 원하는 것을 얻고자 노력해 본 적이 거의 없다. 오직 하나님에 대해서만 집요했다.

내 인생에서 끝까지 붙들고 늘어진 대상은 하나님뿐이었다. 날마다 그 존재를 부인하고 실체를 부정하면서도 끝내 버리지 못했던 그 하나님, 그 분을 만난 후로는 너무 좋아서 그분과의 시간을 놓칠 수가 없었다.

강렬한 첫 만남 이후 나는 매일 말씀과 묵상을 통해 하나님과 깊은 교제를 가졌다. 알면 알수록 하나님은 정말 좋으신 아버지였다. 헤아릴 수 없는 그 깊은 사랑이 너무 좋았다. 하나님을 알수록 그 사랑에 반응하여 순종하고 싶은 마음이 절로 들었다. 주님 명하신대로 행하고, 주님 원하시면 내 몸도, 내 생각도, 내 물질도, 내 인생도 다 드리면서 전적으로 헌신하며 섬기고 싶은 마음이 날마다 더 간절해졌다. 주님을 생각하면 아까울 게 없었다. 바칠 수 있는 것이 있으면 뭐든 드렸다.

74년에 엑스플러 세계선교대회를 열 때는 가진 게 없어서 예물시계와 반지를 바쳤다. 그러면서 깨달았다.

'아, 나도 아버지처럼 바보가 되었구나.'

나도 아버지와 똑같이 다 주고도 넉넉한 가난한 부자, 예수바보가 된 것이다.

하지만 그렇게 성령으로 충만한 가운데서도 마음 한 구석에는 채워지지 않는 갈급함이 있었다. 성경을 공부하면 할수록 더 체계적으로 배워야겠다는 생각이 간절해졌다. 아마도 성민교회가 장로교단이었기 때문에 그런 필요를 더 느꼈을지도 모른다. 염천교회도 마찬가지였지만 신현균 목사님이 새로 개척한 성민교회 역시 모든 교역자는 장신대 출신이었고, 나만 순복음교단의 신학교를 다니고 있었다. 사실 다른 교단에서 사역하기가 쉽지 않은데 신현균 목사님은 그런 차이를 전혀 개의치 않으셨다. 부흥사로 사역하셨기 때문에 "예수님을 믿으면 다 똑같다"는 생각을 하셨다.

실제로 신현균 목사님은 조용기 목사님과 호형호제할 정도로 친하셨을 뿐 아니라 은사운동도 펼칠 만큼 열린 분이셨다. 교파에 대한 편견이 없는 목사님의 열렬한 지지를 받았기 때문에 내가 성민교회에서 청년사역을 감당할 수 있었다.

하지만 청년사역을 하는 것만으로는 내 심령이 채워지지 않았다. 예수님을 더 깊이 알고 싶은 마음이 점점 더 강해졌다. 그래서 은사보다는 성경 자체를 더 깊이 연구하고 가르치는 장로교 신학교에 가기로 결심했다.

처음에는 순복음신학교에서 나의 결정을 말렸다. 2년이나 공부했는데 사역을 통해 하나님의 역사를 직접 체험하는 것이 더 좋지 않겠냐고 하시면서 만류하셨다. 하지만 내가 뜻을 굽히지 않자 내 결정을 지지해 주셨다. 그런 우여곡절 끝에 순복음 신학대학에서 3학년을 마치고 장신대 1학년으로 들어갔다.

그런데 따뜻하게 맞아줄 줄 알았던 장신대의 반응이 너무 냉랭했다. 아니 그보다는 뭔가 경계하는 듯한 태도로 나를 맞았다. 학교에서는 이미 내가 대학시절에 했던 일들을 다 알고 있었던 것이다. 데모에 앞장서고, 교회를 없애야한다는 무신론으로 학생들을 이념화시켰던 나를 기억하는 교수님들은 내가 신학을 하는 이유에 대해 의구심을 품기도 하셨다. 아마 교회에서 신학교로 공격 대상을 바꿨다고 생각하셨는지도 모르겠다.

어쨌든 학교에서는 나의 입학을 반기지 않았고, 교회의 사회참여에 대해 관심이 있었던 학생들은 나에 대한 기대가 높았다. 어두운 현실 속에서도 목소리를 내지 않는 장신대의 분위기를 내가 반전시킬 수 있다고 믿었던 것이다.

하지만 양쪽 모두 예상이 빗나갔다. 내가 장신대에서 한 것은 오로지 기도였다. 공부를 마치고 나면 기도탑에 올라가 조용히 하나님을 만났다. 하나님을 만나는 시간이 너무 귀했기 때문에 오직 하나님께만 집중했다. 그리고 내가 궁금했던 모든 것을 묻고 또 물었다. 떼를 쓰고, 고집을 세우기도 했다.

하지만 그런 가운데 하나님께서 이 땅을 어떻게 바라보시는지, 나를 어떻게 빚어가길 원하시는지 조금씩 알게 되었다. 무엇보다 한 번도 나를 탓하지 않고 나의 모든 일탈을 너그럽게 인내해주신 아버지처럼 하나님은 나를 한없이 품어주시고, 사랑하신다는 것을 알게 되었다. 그 사랑이 얼마나 크고 놀라운지 그 사랑을 느끼며 살아가는 하루하루가 새롭고 부요했다. 그리고 그 사랑의 눈으로 세상을 바라보자 비관적이기만 했던 이 땅도 아름답게만 보였다.

정도출 전도사님을 부흥사로 초청합니다

한걸음씩 주께 나아가는 발걸음 속에서 하나님은 내가 가야 할 길을 조금씩 보여주셨다. 성민교회 전도사로 사역하고 있을 때 교회로 나를 찾는 전화가 한 통 걸려왔다.

논산에 있는 교회 목사님이라고 하셨는데 일면식은커녕 이름도 생소한 분이었다. 그런데 나보고 부흥회 강사로 와 달라는 게 아닌가. 신현균 목사님의 성함을 잘못 알고 계신 거라 생각하고, 아마 초청하고 싶은 분은 신현균 목사님일 거라고 친절하게 말씀드렸다. 그런데 그 분 말씀이 신현균 목사님은 이미 오래전에 다녀가셨다며 자신은 '정도출 전도사'를 원한다고 하셨다.

아무리 생각해도 이상한 노릇이었다. 연고지도 아니고 아는 사람 하나 없는 논산에서 어떻게 나를 안단 말인가. 그래서 나를 어떻게 알게 되셨냐고 물었지만 목사님은 그냥 알게 되었다면서, 무조건 부흥회 강사로 와 달라고만 하셨다. 거듭 거절했지만 워낙 뜻이 강경하셔서 일단 찾아뵙는 게 도리라고 생각하고 논산으로 내려갔다. 가는 내내 별 생각이 다 들었다.

'청년부나 금요 기도회를 제외하고는 대중설교를 해 본 적도 없는 풋내기 전도사를 어떻게 알고 부르시는 걸까.'

이런 궁금증이 계속 솟구쳤지만 아마도 내 모습을 보면 뭔가

착오가 생겼다는 걸 알게 될 거라 생각하고 마음 편하게 짧은 여행을 즐겼다.

반나절 정도 달려 시외버스 터미널에 도착하자 교회에서 목사님이 나와 계셨다. 그런데 내 예상과는 달리 목사님은 전혀 놀라지 않으셨다. 그리고는 교회로 안내하시면서 부흥회를 잘 부탁한다고만 말씀하셨다. 마치 나를 잘 아는 사람처럼 대하셔서 '혹시 나를 알고 계신 분이 아닌가'라는 생각이 들 정도로 친밀하게 대해주셨다.

목사님과 나는 생면부지의 관계였다. 그런데도 기도 중에 내이름이 떠올랐고, 부흥회 강사로 적합할 거라 생각되어 전화를 하게 되었다고 하셨다.

아마도 그 당시에 내가 신현균 목사님이 이끄시는 민족복음화본부에서 실무를 맡았는데 거기서 내 이름을 보신 것 같다. 신현균 목사님 교회에서 일할 뿐 아니라 단체에서 실무까지 맡으니 아마도 내게 부흥사 달란트가 있다고 생각하신 모양이다.

어쨌건 더 이상 빼도 박도 못할 상황이 되어 꼼짝없이 부흥회를 해야 했다. 그런데 마음이 그렇게 편할 수가 없었다. 부흥회를 내가 한다고 생각하면 입이 바짝 마를 정도로 긴장되겠지만 하나님께서 인도해 주실 거라 믿으니 하나도 겁나지 않았다.

걸림돌은 엉뚱한 데 있었다. 교회에 도착하니까 장로님들을 비롯해 여러 권사님들이 식사를 준비해 두셨다. 다름 아닌 개장국이었다. 그때만 해도 시골에서 여름이면 개를 잡아먹던 시절이라 부흥강사를 위해 한 마리 잡은 것이다.

간단히 짐을 풀고 식탁에 앉았는데 갑자기 내 앞에 앉아 계시던 장로님이 뭉툭한 손가락으로 내 개장국을 휘휘 젓는 게 아닌가. 깜짝 놀라서 고개를 드니 장로님이 내 얼굴을 빤히 쳐다보면서 "개장국은 이렇게 저어야 맛이 있습니다"하면서 웃으셨다. 눈이 딱 마주쳤는데 '이건 테스트다'라는 생각이 들었다.

그분은 한센병 음성 환자셨다. 전염의 위험은 없지만 얼굴 모습에는 한센병의 흔적이 남아 있었다. 얽힌 자국과 하얗게 된 눈썹, 꼬부라진 손가락이 병력을 짐작케 했다. 그런 분이 굳이 자신의 손가락을 국에 담갔다면 거기엔 분명한 의도가 있었다. 나는 직감적으로 이 국을 사양하면 부흥회는 커녕 바로 쫓겨날 거라고 생각했다.

그래서 하나님께 기도했다.

'하나님, 저 손도 하나님께서 만드신 예쁜 손이니 이 국은 하나님께서 주신 걸로 알고 기쁘게 먹겠습니다.'

그러자 찜찜했던 마음이 사그라들었다. 한 숟갈을 뜨자 맛이 진국이었다. 그래서 마지막 한 방울까지 달게, 후루룩 마셨다. 그 모습을 물끄러미 바라보시던 장로님은 내가 국그릇을 상 위에 올려놓자 그 자리에서 엎드려 '진짜 목사님이십니다'라고 내게 절을 하셨다. 비록 목사 안수를 받기 전이었지만 그 개장국 한 그릇을 기쁘게 먹음으로써 나는 부흥회 강사로서 합격점을 받은 것이다.

처음에는 그 테스트가 장로님이 하신 거라고만 생각했는데 부흥회를 하면서 그것이 하나님의 계획이었다는 것을 알게 되었다. 말씀이 온전히 그 교회 성도들의 마음에 거하게 하기 위해서 부흥회를 시작하기 전에 서로에 대한 경계를 풀고 마음을 열게 하신 것이다.

그렇게 시작된 부흥회에서 하나님은 일주일 내내 화해의 영을 부어 주셨고, 은혜 가운데 교회가 하나 되는 역사를 이루셨다. 서른 살이 가깝도록 변하지 않았던 내 완악한 마음은 부흥회를 통해 다시 한 번 무너졌다. 세상의 어떤 주장이나 이론도 사람을 진정으로 변화시키지 못하지만 성령이 임하시면 사람이 온전히 변화된다는 것을 직접 눈으로 보고, 듣게 하신 것이다.

"환난 날에 나를 부르라 내가 너를 건지리니 네가 나를 영화롭게 하리로다"(시편 50:15)

5부

개포동 야산 들판에서
개척교회를 시작하다

1981년 7월 5일, 하나님이 역사하실 것을 믿고 누가 뭐라든 옆도 뒤도 돌아보지 않고, 그리고 누구의 도움도 받지 않고 부슬부슬 비가 내리는 가운데 주님을 모시고 야산에서 첫 예배를 드렸다. 교인은 고작 3명, 아내와 불교에서 전도된 교인과 그분의 아들이었다.

교회를 개척하라!

전혀 생각지도 않았던 부흥회를 통해 성령의 역사하심을 보고도 나는 그 일이 하나님의 계획의 일환이라는 것을 몰랐다. 그때까지만 해도 나는 성민교회에서 대학부 사역을 하다가 나중에 교회 전체를 담당하는 부목사가 될 거라고만 생각했다. 신현균 목사님은 항상 부흥회 때문에 바쁘셨기 때문에 내게 대학부 외에도 교회 안 살림을 맡기셨다. 그래서 나는 차근차근 목양의 길을 걸어가면서 성민교회 부목사로 커 갈 것만을 생각했다.

그런데 생각지도 않게 미국에서 공부할 수 있는 길이 열렸다. 아는 분을 통해 국제 선교단체에서 총무로 일할 수 있는 기회를 얻게 되었다. 그제야 나는 하나님이 내 길을 제대로 인도하신다고 생각했다.

교회에서 대학부 사역을 하고 있었지만 신학대학교수에 대한 비전은 여전히 내 마음속에 남아 있었다. 이제 내 길을 찾았으니 하루라도 빨리 미국에 가서 선교단체에서 일하면서 초스피드로 박사학위를 밟고 돌아와 교수가 되겠다는 꿈을 다시 꾸게 된 것이다.

그렇게 계획을 세우고 나자 모든 게 일사천리로 진행되었다. 신현균 목사님께서는 많이 아쉬워하셨지만 공부를 더 하겠다는 나의 결심을 막지는 않으셨다. 오히려 격려하시며 축복해주셨다. 대학부 사역도 잘 마무리하고, 집도 처분했다. 이제 미국으로 떠나기만 하면 됐는데, 갑자기 '아차'하는 생각이 들었다.

잠시 잠깐 여행갈 때도 항상 기도로 준비했는데, 7-8년은 족히 걸릴 먼 길을 떠나면서 막상 기도를 하지 않았다는 생각이 난 것이다. 아무리 계획을 세웠어도 하나님께서 함께 하시지 않으면 모든 게 허사다. 나는 앞으로의 여정에 하나님께서 함께 하실 거라는 확신과 응답을 받고 길을 떠나고 싶었다. 그래서 짐을 싸들고 기도원으로 갔다.

가장 먼저 나는 감사의 기도를 했다.
"주님 감사합니다. 죽을 수밖에 없었던 죄인을 살리사 미국 유학의 기회를 주시고..."라고 기도를 드리는데 갑자기 "교회를 시작하라!"는 하나님의 음성이 들려왔다. 귀에 쟁쟁한 또렷한 그 음성을 듣자 정신이 번쩍 들었다. 그래서 "주님! 이 죄인 유학가기 전에 주님 앞에 무릎 꿇었습니다. 무슨 말씀입니까?"라고 반문하자 또 다시 "내가 너와 함께 하리니 교회를 시작하여라"라고 말씀하셨다.

뜻밖에 교회를 시작하라는 소명을 받고 나는 그만 놀라 어찌할 바를 몰랐다. 이제 겨우 신학생에 불과한 나에게 교회를 시작하라니 그 명령은 도저히 내가 감당하기에 벅찬 일이었다. 게다가 내가 받은 달란트는 교수이고, 그걸 성취할 수 있는 길도 환하게 열렸는데 이제 와서 왜 하나님이 다른 말씀을 하시는지 알 수가 없었다.

교회개척이라니 생각만 해도 두렵고 떨렸다. 아무리 하나님의 뜻이라고 해도 너무 얼토당토하지 않은 일이었다. 사람도, 경제력도, 목회 경력도 없는 내가 어떻게 교회를 개척한단 말인가. 아무리 기도하고 결심해도 도저히 감당할 수 없는 그 일을 두고 나는 6개월 가까이 하나님과 씨름했다.

나처럼 내향적인 성격에 혼자 공부하길 좋아하는 사람이 어떻게 교회를 개척하겠냐며 나는 그런 역량이 없다고 하나님께 뻗대었다. 그리고 그냥 미국에 갈 수 있게 허락해 달라고 매달렸다. 하지만 하나님의 대답은 "개척하라"였다. 계속해서 나는 개척할 수 없다고 우겼지만 하나님의 대답은 변하지 않았다.

그런 실랑이가 계속되자 슬그머니 겁이 났다. 하나님이 모세를 불러 사명을 말씀하셨을 때 모세가 끝내 거절하자 노하셨던 모습이 생각난 것이다. 나도 모세처럼 하나님께 "입이 뻣뻣하고 혀가 굳은 자"라며 사명을 거부하고 있었던 것이다. 내 힘으로 살지 않고 하나님께서 주시는 힘으로 살겠다고 고백했지만 내 영역을 벗어난 새로운 세상에 대한 두려움이 내 안에 여전히 존재하고 있었다. 하지만 죽을 고비를 넘긴 체험은 이때도 위력을 발휘했다.

나는 교회 개척이라는 사명에 대한 두려움보다 하나님이 더 두려웠다. 그분이 한번 노를 발하시면 나 같은 존재는 티끌같이 사라질 수 있다는 걸 산 체험을 통해 생생하게 경험했기 때문에 결국 나는 주님의 뜻에 순종하기로 했다.

하지만 현실적인 문제는 여전히 내 발목을 잡았다. 아무것도 없는데 대체 뭘로 개척을 하라는 것인지 두려움과 함께 불안이 엄습했다. 그래서 또 다시 기도했다.

"하나님, 하나님께서 개척하라고 하시니 하겠습니다. 하지만 아시다시피 저는 돈이 없습니다. 미국 가서 공부하려고 다 처분하고, 지금은 당장 들어가 살 집도 없는데 무슨 돈으로 교회를 개척합니까?"

하나님은 단 한 말씀만 하셨다.

"나를 믿고 교회를 개척하라"

하나님의 대답은 내게 충분치 않았다. 그래서 또 물었다.

"네, 개척합니다. 하지만 주님, 교회를 개척하려면 사람이 있어야 하지 않습니까. 그런데 저는 아시다시피 사람이 없습니다. 성민교회에서 사역을 했다고 해도 그 교인들을 데리고 개척할 수는 없지 않습니까. 교회를 개척한들 누가 교회에 와서 예배를 드리겠습니까?"

이 물음에도 하나님은 같은 말씀을 주셨다.

"나를 믿으면 염려하지 말라."

내 마음 깊은 곳에서 연거푸 들려오는 분명하고도 조용한 음성에 결국 나도 두 손 두발 다 들고 마지막 고집을 내려놓았다.

그러면서도 "하나님, 지금 교회가 얼마나 많은데 왜 제게 교회를 개척하라고 하십니까?"라고 하자 하나님은 내게 해외 선교 후원회를 조직하여 선교사를 파송하라는 막중한 임무를 주셨다.

"앞으로 한민족은 세계선교하는 나라가 될 것이니 네가 선교하는 교회를 세워 그 길을 예비하라. 교회를 개척한 후에 세례교인이 100명이 되면 선교사 한 명을 파송하여 한국 교회가 본받을 수 있도록 세계선교의 모델이 되는 교회를 개척하라."

확고한 하나님의 뜻 앞에서 나는 현실적인 문제를 다시 물었다.

"좋습니다. 하나님, 선교하는 교회를 개척하겠습니다. 그런데 누구와 개척을 합니까?"

이 물음에 하나님은 아무 말씀도 하지 않으셨다. 다만 내 마음속에 '나 혼자 하면 되지'라는 생각이 들었다.

그 다음에는 "교회는 어디에 세웁니까?"라고 묻자 내 눈앞에 3층짜리 건물이 보였다. 사진으로 찍은 것처럼 선명한 그 건물은 사거리 길가에 있는 것으로 붉은 벽돌과 콘크리트로 지은 신축건물이었다. 그 환상을 보는 순간 '아, 여기에 교회를 세우라는 말씀이구나'라는 생각이 들면서 마음에 강한 확신이 들었다. 그러면서 두려움이 사라졌다.

하나님이 하라고 해서 하는 거니까 되든 안 되든 하나님이 알아서 하실 거니까 나는 순종하기만 하면 되었다. 내가 감당하려고 할 때는 무겁기만 했던 '교회 개척'이란 짐이 애초부터 하나님의 것이었다고 생각하니 하나도 짐스럽지 않았다. 내 짐을 벗고 예수님의 멍에를 진다는 게 이렇게 가볍고 즐거운 건지 그때 처음 알았다.

물론, 다른 사람들은 정말 무모하다고 생각할 일이다. 주소지도 없이 달랑 사진 한 장 가지고 이 넓은 서울에서 신축건물을 찾는다는 게 그야말로 '서울에서 김서방 찾기'처럼 어려운 일이기 때문이다. 그런데 하나님은 나를 그렇게 막연하게 두지 않으셨다. 내게 영감을 주셨다. 그 건물을 보는 순간 '대치동이 아닐까'라는 생각이 들었다. 그 당시 나는 압구정동에 살고 있었고, 대치동은 강남의 끝에 위치하고 있었다.

어쨌든 한번 가보자는 마음으로 집 앞에서 142번 버스를 탔다. 버스가 종점에 다다르자 창밖 풍경은 은마아파트에서 허허벌판인 배밭으로 바뀌어 있었다. 차가 다닐 수 있는 막다른 길에서 버스에서 내렸을 때 나도 모르게 다리가 꺾였다. 그리고 나도 모르게 '어, 진짜 있네'라고 중얼거렸다.

차에서 내리자마자 내 눈 앞에 3층짜리 신축건물이 떡하니 서 있었기 때문이다. 사거리 끝 도로변에 있는 장안상가가 바로 하나님께서 기도 중에 보여주신 그 건물이었다. 하나님의 말씀을 믿고 찾아왔지만 그 건물을 직접 보니 놀랍고도 또 놀라웠다.

환상에서 본 것처럼 장안상가 1층에는 부동산이 있었다. 나는 곧장 부동산에 들어가서 사장님께 내 연락처를 주면서 "앞으로 3층이 세를 놓을 텐데 그때 다른 사람에게 연락하지 말고 꼭 내게 전화해달라"고 부탁했다. 그러자 부동산 사장은 나를 정신 나간 사람 취급했다. 그 당시 건물 3층은 당구장이었다.

장안상가는 은마아파트 단지와 구 주택단지와 삼각편대를 이루고 있었고 주변에 유흥거리가 없어서 상가로서는 최상의 노른자 자리였다. 안 봐도 당구장의 문턱이 닳을 게 뻔했다. 그런데 백주대낮에 멀쩡한 남자가 들어와서 다짜고짜 당구장이 나갈 테니 연락 달라고 말하니까 이상한 사람 취급하는 것도 당연했다.

사장은 슬쩍 나를 곁눈질하면서 그럴 일은 절대 없을 거라고 콧방귀를 꼈다. 하지만 나는 "반드시 세를 놓을 테니 잊지 말고 꼭 연락을 달라"고 신신당부했다.

그리고 보름 후 부동산에서 연락이 왔다. 사장은 잔뜩 흥분해서는 "3층 당구장이 나간답니다. 목사님 말씀대로 진짜 세를 내놨어요"라며 빨리 오라고 했다. 한 옥타브 높아진 부동산 사장과 달리 나는 별로 놀라지 않았다. 그보다는 계약금이 얼마일지 궁금했다. 수중에 있는 돈을 다 모아봐도 백만 원 밖에 없었는데 과연 이걸로 계약을 해 줄지 미지수였다. 하지만 하나님께서 약속하신 그 일을 반드시 이루실 거라 믿고 부동산을 찾았다.

과연 그곳에는 또 다른 기적이 나를 기다리고 있었다.

당구장 주인이 권리금 없이 월세로, 보증금 천만 원, 월세 이백만원에 내놓았다는 것이다. 그것도 정식계약이 아닌데다 주인이 팔기 싫어하기 때문에 손해 배상도 받지 못하는 이상스런 계약이었다.

그러나 내 마음 속에 "만약 내가 겨자씨만한 믿음이 있으면 이 산을 옮겨 저 바다로 던질 수 있다"(마태복음 17:20). 하신 주님의 말씀과 건물을 마련케 해 주시리라는 확신이 있었기 때문에 가지고 있던 백만 원으로 계약했다.

그리고 집에 가서 아파트를 처분한 돈과 남아있던 예물과 살림살이를 판 돈을 다 합쳐 천 백만 원을 마련해서 월세 계약을 했다. 계약서에 도장을 찍을 때까지도 얼빠진 표정으로 나를 보고만 있는 부동산 사장에게 나는 "보세요. 내가 이 건물에 들어온다고 그랬잖아요"라고 말했다. 그랬더니 사장은 "그러게 말이에요"하면서 계속 "참 희한하네. 어떻게 이런 우연이 있을 수 있습니까?"라고 되뇌였다.

"뭐 희한할 거 없어요. 하나님 믿으면 다 이렇게 돼요"라고 하면서 소개비 봉투를 내밀자 사장은 이번 계약은 자기가 소개한 게 아니라고 소개비를 극구 사양했다. 그러면서 정말 희한한 일을 겪었다며 계속 고개를 저었다.

아마 우연도 이런 우연이 없을 거라고 부동산 사장은 생각했을 것이다. 하지만 예수님을 믿으면 그 우연이 전부 하나님의 섭리 가운데 일어난 역사라는 걸 알게 된다. 그것이 바로 크리스천만이 가질 수 있는 비전이다.

순전한 동역자 나의 아내

다행스럽게도 아니 감사하게도 주님이 주신 이 험난한 비전을 나와 공유한 사람이 있었다. 바로 아내다. 내가 신학을 하고, 사역을 할 때도 아내는 뒤에서 묵묵히 동역하며 내가 온전히 사명을 감당할 수 있도록 도왔다. 빛도 없이 이름도 없이 하나님의 일을 함께 해 온 아내는 나보다 더 굳건한 믿음의 소유자다.

아내를 만난 건 영락교회 대학부 활동을 하면서 지방의 지역교회 학생들과 교류를 하면서였다. 오랜 시간 친구로 지내다가 결혼했는데, 그때까지만 해도 내가 목사가 될 거라고는 나도 아내도 전혀 생각하지 않았다. 대학을 졸업 후 교수의 길을 걸어야겠다고 결심했기 때문에 내 인생의 계획표 안에 '하나님의 종'이란 항목은 없었다.

그런데 산 체험 후 내 삶의 주도권을 하나님께 드린 후 세상적으로 보면 내 인생은 롤러코스터에 올라 탄 것처럼 인생의 진폭이 컸다. 안정된 그동안의 삶을 버리고 '갈 바를 알지 못하고' 나아가야 하는 어찌보면 고달픈 삶이었다.

하지만 내가 그 길을 기쁘게 갈 수 있었던 건 아내 덕분이다. 아내는 하나님께 순종하겠다는 나의 선택에 한 번도 제동을 걸지 않았다. 결혼반지와 시계를 선교 헌금으로 바쳤을 때도, 신학을 하겠다고 했을 때도, 성민교회에서 전도사 사역을 맡게 되었을 때도 아내의 대답은 한결 같았다.

"하나님이 하라고 하시면 그래야지요."

그 한마디가 내게는 천군만마처럼 든든했다. 덕분에 갈등을 겪지 않고 하나님께 완전히 집중할 수 있었다.

하지만 교회개척은 지금까지와는 차원이 다른 문제였다.

반년에 걸쳐 하나님과 씨름한 후에 개척하라는 말씀에 순종하기고 결심하고 나서 나는 가장 먼저 아내가 생각났다. 나는 반년이라는 시간 동안 하나님과 끊임없이 대화하면서 이 문제를 풀어나갔는데 아내는 생각할 시간이 없었다. 내가 이미 순종하기로 결심했기 때문에 교회 개척은 이미 발등에 떨어진 불이었다.

당장이라도 교회를 개척해야 했다. 지금 생각하면 참 미안한 일이지만, 아내의 의견을 묻기보다는 통보에 가깝게 교회를 개척하겠다는 의지를 밝혔다.

그런데 아내의 반응이 순순했다. 두 번 묻지도 않고 "그렇게 하세요. 하나님이 하라시면 그래야지요"라고 대답하는 게 아닌가. 나는 그 명령을 받아들이는데 6개월이나 걸렸는데 아내는 단숨에 순종하는 모습을 보고 놀라우면서도 감사했다.

교회를 개척하라는 그 한 말씀에 기대어 미국 유학도, 신학대교수도 다 포기했는데 그 헛헛한 마음이 꽉 채워지는 느낌이었다. 다른 사람들이 반환점을 돌아가고 있을 때 다시 출발선에 선내 옆에 함께 달려줄 동반자가 있다는 게 무엇보다 든든했다.

교회를 개척한다는 소문을 내지는 않았지만, 그래도 알음알음으로 사람들이 알게 되면서 가장 많이 들었던 말이 "신학교도 졸업하지 않았는데 무슨 개척이냐. 전도사가 개척한 교회에 누가 오겠냐"는 거였다. 그 말을 들을 때마다 마음에 갈등이 일어났다. 하나님께서 당장 교회를 개척하라고 하셨기 때문에 그 음성을 들은 그 주부터 바로 예배를 드리려고 했는데, '나 혼자 드리는 예배가 무슨 의미가 있을까'라는 생각이 들면서 '하나님의 계획을 뒤로 미뤄야하는 건 아닐까...' 자꾸 회의가 들었다.

그런데 아내의 말을 듣고 무릎을 쳤다. 나는 혼자가 아니었던 것이다. 아내도 있고, 언제나 나와 함께 하시는 성령님도 계셨다. "두 세 사람이 모인 곳에 내가 함께 있겠다"고 하신 예수님의 말씀을 의지하여 나는 당장 그 주부터 예배를 드리기로 결심했다.

그래서 부동산 사장에게 연락처를 주고 돌아 나오자마자 인근에 예배드릴 곳이 있는지 살펴보았다. 그 당시만 해도 대치동이 개발되기 전이라서 아파트 주변은 다 배밭이었다. 교회 건물로 점찍은 장안상가도 사거리에서 가장 먼저 지었기 때문에 주변에는 정말 아무것도 없었다. 그래도 포기하지 않고 아파트 단지를 지나 경기여고 근처까지 걸어갔다.

수도공전 쪽으로 몸을 돌렸는데 '여기다' 싶은 곳이 눈에 띄었다. 열 댓 명은 충분히 앉을 수 있는 공간이 내 눈앞에 나타났다. 조용하고 아늑해서 예배드리기엔 안성맞춤이었다.

싱싱하게 물 오른 푸른 나뭇잎들 사이로 초여름 햇살이 내리쬐는데 마치 하나님의 풍성한 은총을 보는 듯 마음에 기쁨이 넘쳤다. 이렇게 예배의 장소를 예비하신 하나님께서 예배를 드릴 사람들 역시 준비하셨을 거라는 확신이 들었다. 그래서 하나님께 감사의 기도를 드린 후 곧장 은마아파트로 향했다.

하나님이 예비하신 예배자들을 만나기 위해 나는 전도를 시작했다. 교패를 붙이지 않은 가정마다 벨을 누르고 하나님의 말씀을 전했다. 첫날은 나 혼자 방문전도를 했지만 둘째 날부터는 아내가 동행했다. 3살된 아들은 걸리고, 10개월된 딸은 업은 채 아내는 나와 함께 가가호호 방문하며 복음을 전했다.

눈 깜짝할 새에 사고를 치는 아들과 조금만 불편해도 칭얼대는 딸아이를 데리고 전도를 한다는 건 생각보다 쉽지 않았다. 전도하러 왔다는 걸 알면 벨을 눌러도 문을 열어주지 않는 건 기본이고, 문을 열었다가도 성경책을 보고는 문을 쾅 닫아버리기 일쑤였다. 그렇게 잡상인 취급을 당하면서도 지치지 않았던 것은 그때 우리 부부의 가슴을 뜨겁게 했던 구령의 열정 때문이었다. 사람들의 냉대가 심할수록 더 복음을 전해야겠다는 마음은 더 강렬해졌고, 그들의 완악한 마음을 열어달라는 기도는 더 간절해졌다.

첫 번째 전도자가 첫 교인이 되다!

방문전도를 시작한 지 사흘 만에 처음으로 아파트 현관문이 활짝 열렸다. 반가운 마음에 얼굴을 쓱 들이밀었는데, 내 얼굴 위로 성난 목소리가 내리꽂혔다. 우아한 차림의 중년 여성이 딱딱하게 굳은 얼굴로 나를 쳐다보며 "이 집은 절대 교회에 다닐 집이 아니에요. 다시는 벨을 누르지 마세요"라고 말하며 화를 냈다. 반쯤 열린 현관문 안쪽에는 부적이 덕지덕지 붙어 있었고, 집안에서 한약 냄새가 훅 끼쳐왔다. 한눈에 봐도 그 집이 지독하게 미신을 섬기는 집이라는 걸 알 수 있었다. 그리고 진동하는 한약 냄새로 보아 우환이 있을 거라고 짐작됐다. 그래서 "이 집에 우환이 있지요. 병이 있지요?"라고 물었다.

그 말 한마디에 집주인의 안색이 싹 바뀌었다. 그리고 어떻게 알았냐면서 나를 찬찬히 훑어보았다. 대체 어떤 사람이길래 남의 집 사정을 단번에 알아차렸는지 탐색하는 그분께 나는 또 다시 "그 병 고치려면 절에 다녀도 소용없습니다. 부처님 믿어봤자 말

짱 헛수고입니다. 예수를 믿으세요. 그러면 제가 병을 몰고 오는 귀신을 다 내쫓아드리겠습니다"라고 자신 있게 말했다. 그 말이 끝나자 집주인의 표정이 한결 더 수긋해졌다.

"예수를 믿는다고 우환이 사라져요?"라고 말하면서도 조금 더 문을 열면서 한 발짝 앞으로 나왔다. 거기에 용기를 얻은 나는 "밑져야 본전이니 한번 믿어보십시오"라고 말하면서 "예수님은 당신이 섬기는 귀신과는 비교할 수 없는 권능의 신입니다"라고 거듭 강조했다. 그때서야 집주인은 곤추세웠던 의심의 눈초리를 거두고 나를 집안으로 들여보냈다.

집안에 들어가자 사방이 부적 천지였다. 오죽하면 부적으로 도배를 했을까 마음도 아프고, 고통의 시간동안 헛된 신을 믿었던 그 열심이 안타까웠다.

그분은 독실한 불교신자였다. 하지만 오랫동안 집안에 병마가 끊이지 않아서 힘든 시간을 보내고 있었다. 나는 집안에서 하나님 아닌 귀신을 부르는 모든 것들을 없애는 게 급선무라고 생각했다. 그래서 집안에 있는 불경과 부적을 전부 가져오라고 했다. 집주인은 묵묵히 집안 곳곳에서 부적과 불경을 가져와 내 앞에 쌓아놓았다. 천만 원 어치가 넘는다는 부적은 종류별로 다 있었고, 불경도 수북하게 쌓였다.

이것을 다 불태워 없애도 되겠냐고 묻자 집주인은 단호하게 고개를 끄덕였다. 일단 마음의 문을 연 이상 돌아서지 않겠다는 의지를 보인 것이다.

나는 그 불경과 부적을 다 태우고는 하나님께 간절하게 기도했다. 그 집이 구원받기 가장 원하시는 분은 하나님이시고, 병마를 쫓아내실 분도 하나님이시니 내가 할 수 있는 건 기도 밖에 없었다.

"하나님, 이 집을 구원하여 주세요. 오랫동안 시달렸던 병마를 쫓아주시고, 하나님이 살아 계시다는 것을 온 가족이 믿을 수 있게 해주세요."

기도하는 내내 집주인도 함께 기도했다.

불교신자였지만 친구들을 통해 하나님이 어떤 분인지는 이미 알고 있었다. 오랜 시간 친구들이 전도를 했는데 그때마다 마음이 완고해져서 친구들이 가져온 성경책을 찢으며 "전도할 거면 다시는 오지 말라"고 펄펄 뛰며 화를 냈다고 한다. 나중에 그분이 고백하기를 그렇게 찢은 성경책이 열 권도 넘는다고 했다.

하지만 하나님께서는 그분의 생명을 사랑하시어 강퍅했던 마음을 돌이킬 기회를 주신 것이다. 기도를 통해 참회하며 예수님을 구세주로 영접한 그분의 가정에 놀라운 성령의 역사가 나타났다. 온갖 좋은 약재로도, 비싼 부적으로도 못 고쳤던 병이 사라져 가족들이 건강해진 것이다. 다음 날 그분은 일부러 집 앞에서 나를 기다렸다가 하나님이 정말 살아 계시다면서 당장 돌아오는 주일부터 예배에 참석하겠다고 했다.

드디어 은마아파트에서 전도의 첫 결실을 맺은 것이다. 그렇게 복음을 받아들인 안수덕 권사님은 지금 천국에 가셨지만 그 후

손들이 4대째 믿음의 대를 이어가는 신앙의 명문가정이 되었다. 우리 교회 초대 권사님이셨던 그분의 아드님이 지금 송순 장로님이시고, 그분의 증손자가 올해 유아 세례를 받았다. 할렐루야!

야, 이거 교회 안된다!

1981년 7월 5일, 하나님이 역사하실 것을 믿고 누가 뭐라든 옆도 뒤도 돌아보지 않고, 그리고 누구의 도움도 받지 않고 부슬부슬 비가 내리는 가운데 주님을 모시고 야산에서 첫 예배를 드렸다. 교인은 고작 3명, 아내와 불교에서 전도된 교인과 그분의 아들이었다.

그래도 기쁘기가 한량없었다. 가는 곳마다 돌단을 쌓고 예배했던 야곱처럼 내가 서 있는 곳에서 하나님께 예배할 수 있다는 게 얼마나 큰 축복인지, 그것만으로도 감사하고 또 감사했다. 사람도 돈도 건물도 아무 것도 없었으나 확신 가운데 기쁨이 가득 찼고 자신이 있었다. 주님은 기도할 때마다 "나를 믿으면 염려하지 말라"는 분명한 음성을 새

1981.7.5. 정도출 전도사
개포동 야산에서 첫 예배

롭게 들려주시는 듯했다. 나는 교회나 특정인의 도움을 바라지 않고 오직 기도에만 매달렸다.

그렇게 시작된 개포동 야산에서의 예배는 두 달 동안 이어졌다. 처음 3명으로 시작한 교인은 매주 한 두 명씩 더 오더니 두 달 사이에 열 명으로 늘었다. 안수덕 권사님을 시작으로 은마아파트의 문이 점점 자주 열리면서 지붕 없는 교회에 자진해서 나오는 교인들이 늘어났다.

그때도 밤이면 십자가가 온 동네를 가득 메울 정도로 교회가 많았는데도 다들 야산에서 감사한 마음으로 예배를 드렸다. 초신자들이라 다른 교회에서는 어떻게 예배를 드리는지 몰랐기 때문에 비교하며 불평하는 사람도 없었다. 뜨거운 햇빛 아래서도 쏟아지는 장대비 속에서도 우산을 받쳐 들고 젖은 성경을 넘기면서 예배를 드렸다. 장마 때 갑자기 폭우가 내려 교인들이 앉은 자리가 진창이 됐는데도 한 사람도 일어나지 않고 예배를 끝까지 드렸다.

적은 숫자였지만 한결같이 예배를 사모하여 매주 순결하고 거룩한 제사를 드릴 수 있었던 것은 전적으로 성령님의 역사하심 덕분이었다. 예배를 통해 하나님이 주시는 평안을 맛보니 우리를 둘러싼 환경은 전혀 문제가 되지 않았다. 오히려 자연 속에서 하나님을 더 깊이 느끼고 체험할 수 있었다.

나는 이것이 기도의 응답이라고 생각했다.

교회를 개척하겠다는 결심이 선 후에 나는 가장 먼저 교회 이름을 무엇으로 지을지 하나님께 여쭤보았다. 그때 내 마음에 주신 말씀이 요한복음 14장 27절 구절이다.

"평안을 너희에게 끼치노니 곧 나의 평안을 너희에게 주노라. 내가 너희에게 주는 것은 세상이 주는 것 같지 아니하니라. 너희는 마음에 근심도 말고 두려워하지도 말라."

사람에게 가장 중요한 건 참 평강이라는 말씀이 내 마음에 강하게 와 닿았다. 교회는 무엇보다 주님이 주시는 참 평강으로 충만해야 한다는 생각이 들었다. 그래서 교회를 '평안교회'라고 이름 지었다. 교회 이름을 그렇게 지어서인지 변덕스러운 날씨와 불편한 자리인데도 불구하고 교인들은 참 평강 속에서 감사함으로 예배를 드리고, 예수님을 만났다.

개포동 야산 교회가 자리를 잡아가고, 장안상가 3층을 계약하고 나니 이제 주변에 나의 거취를 알려야겠다는 생각이 들었다. 누구보다 성민교회 신현균 목사님께 나의 근황에 대해 말씀드려야 했다. 그때까지 내가 교회를 개척했다는 것을 성민교회 교인에게는 알리지 않았다. 3년 남짓 성민교회를 섬긴 덕에 교인 중에 나를 아끼는 분이 꽤 많았다.

혹여라도 내가 교회를 개척한다고 알렸을 때 나를 돕기 위해 교회를 떠나는 분이 계실 수 있어서 아무에게도 나의 근황을 알리지 않았다. 하지만 교회 건물도 계약하고, 한두 명씩 교인들도 늘고 있으니 이제는 말씀드려도 될 것 같았다. 하루라도 빨리 나를 걱정하고 축복하셨던 신현균 목사님께 내 소식을 알리고 함께 예배를 드리고 싶었다.

그래서 장안상가 3층을 계약하자마자 목사님께 전화를 드렸다. 목사님은 펄쩍 뛰며 놀라셨다. 지금쯤 미국에서 한창 공부하고 있을 거라고만 생각하셨는데 한국에서 교회 개척을 했다고 하니 얼마나 놀라셨겠는가. 개포동 야산이라고 말씀은 드렸지만 대체 어떤 곳인지 궁금하셨는지 목사님은 전화를 건 그 주에 야산 예배처에 찾아오셨다.

신현균 목사님은 설교를 하시는 동안 내내 아무 내색도 하지 않으시더니 예배를 마친 후 목사님이 나를 따로 조용히 부르셨다. 그리고 심각한 표정으로 말씀하셨다.

"야, 이거 교회 안 된다. 다 치우고 돌아와라."

목사님 보시기에 내가 목회도 모르고 교회를 개척하겠다고 덤빈 하룻강아지 같았을 것이다. 목사님은 "이렇게 해서는 교회가 안 된다. 어차피 나는 부흥목사로 전국을 다니면서 복음을 전해야 하니까 니가 교회의 안살림을 맡아라. 나는 이름만 걸어놓을 테니 니가 맡아서 잘 해봐라. 그렇게 차근차근 목회를 배운 후에 개척해야지, 신학교도 안 마쳤는데 무작정 개척한다고 이게 될 것 같냐?"고 말씀하시며 나를 설득하셨다.

하지만 내 귀에는 그 말이 하나도 들리지 않았다. 현실적으로 볼 때 백번 옳은 목사님의 진심어린 충고가 내게는 소용없었다.

교회를 개척하는 것이 하나님의 뜻이라는 것을 확신했기 때문에 그보다 더 중요한 건 없었기 때문이다. 그래서 "하나님이 하라고 하셨는데 따르지 않으면 또 맞아 죽습니다. 하나님이 하라고 하시니까 해야지요"라고 담대하게 말씀드릴 수 있었다. 그래도 목사님은 "이게 되겠냐?"고 재차 물으셨다. 고생할 게 뻔히 보이는 좁은 길을 굳이 가려는 내가 안타까우셨던 것이다. 그때도 나는 "하나님이 하시겠지요. 제가 하는 게 아닙니다. 기도만 해 주십시오"라고 말하며 고집을 꺾지 않자 목사님은 더 권하지 않으시고, 내 손을 꽉 잡고 아무 말 없이 쳐다보시더니 그대로 내려가셨다.

현실은 No, 하나님은 Yes!

 목사님의 걱정은 금세 현실로 나타났다. 건물에만 입주하면 문제가 끝날 거라 생각했는데, 그때부터 우리의 고생길이 시작된 것이다. 야산에서 폭우와 폭염 속에서 예배를 드릴 때는 지붕만 있어도 좋겠다고 생각했는데, 막상 건물이 생기고 나니까 생각지도 않았던 문제들이 튀어나왔다. 갖고 있는 돈을 다 털어서 교회 건물을 계약하고, 옥상 위에 세울 교회 종탑과 강대상을 사고 나니 돈이 바닥이 났다. 방 한 칸 구할 돈도, 교인들이 앉을 의자를 살 돈도 남아있지 않았다. 당구대가 빠져 휑뎅그렁한 자리에 살림 보따리가 놓여있는 걸 보니 기가 막혔다.

살림 보따리를 놓고 예배를 드릴 수는 없는 일, 결국 강대상을 사이에 두고 양쪽에 방 한 칸씩을 만들었다. 하나는 주방으로 사용하고 다른 하나는 숙소로 쓰기로 했다. 의자를 살 여유가 없어서 바닥에는 자리를 깔았다. 말만 건물이지 야산의 예배처보다 나은 것이라곤 지붕이 있다는 것뿐이었다.

콘크리트 바닥에서는 냉기가 올라왔고, 나무로 만든 오래된 창틀은 닫아 놓아도 바람이 술술 들어왔다. 그때가 여름의 끝자락이라서 우리는 그것도 감사했다. 우리가 돈이 없는 걸 아시고 하나님께서 냉방까지도 해결해주셨다며 마냥 흐뭇해했었다.

그렇게 기쁨으로 창립예배를 준비하여 9월 첫 주에 신현균 목사님을 모시고 예배를 드렸다. 목사님께서는 건물만 보셨을 때는 신축건물인데다 멀쩡하게 잘 지은 걸 보시고는 아주 흡족해하셨다. 하지만 예배당에 들어서면서부터는 고개를 절레절레 흔드셨다. 그리고 "이렇게 해서는 교회가 안 된다. 아직도 늦지 않았으니 정리하고 돌아오라"고 다시 한 번 나를 설득하셨다.

그러나 목사님이 고개를 내저었던 그 예배당은 하나님이 나에게 약속하신 땅, 가나안이었다. 목사님께는 죄송했지만 나는 하나님의 말씀만 따르는 게 옳다고 생각했다.

"(교회는) 하나님이 하시지요. 하나님이 선교하는 교회를 세우라고 하셔서 그대로 할 뿐입니다. 목사님, 기도만 해주세요."

내가 서 있는 그곳에서 해야 할 일이 명확했기 때문에 나는 자신 있게 목사님께 내 뜻을 말씀드렸다.

내 영혼이 주님께로 확정되자 하나님은 크신 권능을 다시 나타내셨다. 창립예배를 드리고 6개월쯤 지났을 때 건물 주인에게서 전화가 왔다. 그때까지도 중도금이 없어서 근근이 월세만 내고 있던 터라 건물주의 전화에 살짝 긴장되었다. 하지만 그 건물주는 한밤중에 아무도 모르게 만나자는 말을 남기고는 별다른 말없이 전화를 끊었다.

그날 밤 11시가 넘었을 때 한 남자가 교회 문을 두드렸다.

3층 건물주였다. 그분은 나를 보더니 다짜고짜 3층을 인수하라고 했다. 돈이 없어서 중도금도 못 치르고 있는데 건물을 인수하라니 그야말로 아닌 밤중에 홍두깨였다. 초조한 표정으로 말하는 것을 보아 농담 같지는 않아서 솔직하게 돈이 없어서 안된다고 얘기했다.

그러자 건물주는 일단 서류상으로 계약을 한 다음 돈은 천천히 갚으라는 것이 아닌가. 그때만 해도 서울은 '눈 뜨고도 코 베어간다'고 할 만큼 야박한 인심으로 악명 높은 곳이었는데 돈도 받지 않고 건물을 넘겨주겠다니 내 귀로 듣고도 믿기지 않는 일이었다. 그래서 왜 이런 손해를 감수하려고 하냐고 묻자 잠시 머뭇거리다가 자기가 유괴범으로 쫓기고 있다고 털어놓았다. 알고 보니 그 3층 건물주가 '이윤상 유괴사건'의 범인으로 지목되어 도피생활을 하고 있었다.

80년 11월 마포구 공덕동에서 발생한 '이윤상 납치사건'은 세상을 경악시켰던 중학생 유괴사건이었다. 소아마비를 앓고 있던 중학생 이윤상 군을 납치한 유괴범은 62회에 걸쳐 이윤상의 집에 협박편지와 협박전화를 통해 4천만 원을 요구했지만 번번이 약속한 장소에 나오지 않는 등 감쪽같이 사라져 1년 가까이 범인은 검거하지 못하고 있었다.

어떤 이유에서인지는 모르지만 3층 건물주가 경찰의 레이더망에 포착되었고, 잡히면 꼼짝없이 범인으로 몰릴 지경에 이른 것이다. 일단 경찰의 손을 피해야겠다는 생각에 도피생활을 시작했지만 시간이 길어지다 보니 돈도 떨어지고 몸도 고달파져서 모든 걸 포기하고 싶어졌단다.

차라리 경찰에 거짓자백을 하는 게 낫겠다는 생각이 드는 순간, 자신의 인생이 왜, 그리고 언제부터 이렇게 꼬였는지 궁금해졌다고 한다. 그래서 어린 시절부터 시작해서 자신의 인생을 쭉 돌이켜보니 서울살이를 시작하면서 그의 삶이 크게 휘어졌다는 걸 알게 되었다고 한다. 서울에 오면서 그는 신앙을 버렸다.

여전도사님의 아들이었던 그는 고향인 여수에 있을 때는 하나님을 믿는 착실한 크리스천이었다. 하지만 서울에 와서 돈을 벌기 시작하면서부터는 돈이 그의 하나님이 되었다. 돈처럼 확실하게 자신의 인생을 풍족하게 해주는 게 없었다. 그래서 그는 전력투구해서 번 돈을 흥청망청 쓰는데 전념하면서 세상의 못된 짓은 다 했다고 한다.

그래도 남아도는 게 재산이었는데, 생각지도 않게 유괴범으로 몰리면서 자기 몸 둘 곳조차 없는 신세가 된 것이다. 그렇게 되자 어머니의 기도가 생각나면서 이렇게 살아서는 안 되겠다는 생각이 들었단다. 남아있는 재산이라도 하나님께 바치고, 돈이 아니라 하나님을 믿어야겠다는 결심을 하는데 갑자기 장안상가 3층이 떠올랐단다.

'아, 거기에 교회가 있었지.'

진범이 잡힐 때까지 도피생활을 해야 하는데, 마지막으로 남아있는 그 교회 건물이 언제 날아갈지 알 수 없었다. 그래서 남의 손에 넘어가기 전에 건물을 미리 목사님께 팔아야겠다는 생각이 들었단다. 그래서 등기이전부터 하고 돈은 천천히 받는다는 조건을 내세운 것이다.

나로선 반가운 일이었지만 그가 진범이 아니라는 확신 없이는 그 조건을 받아들일 수가 없었다. 그래서 다급하게 하나님께 기도했다.

'하나님, 이분은 하나님께서 보내주신 분입니까. 제가 이분의 말을 믿어도 될까요?'

하나님은 응답하지 않으셨지만 나를 바라보는 건물주의 눈빛과 표정이 그분의 진실함을 입증해주었다. 그래서 제안을 감사하게 받아들이고, 이틀 뒤에 등기이전을 하여 40여 평 되는 3층 건물을 인수했다. 그리고 잔금을 치르기까지 3년 정도 걸렸는데 다행히 그 사이에 진범이 잡혔다.

나머지 잔금을 갚을 때도 하나님의 놀라운 역사를 체험하였다.

서류상으로 교회 건물을 인수한 후에 교회에 한 남자분이 찾아왔다. 그분은 교회 집사님인데 기도 중에 하나님께서 이 교회에 물질을 바치라고 역사하셔서 돈을 가지고 왔다는 것이다. 참으로 놀라운 기적이었다. 덕분에 잔금을 남김없이 치르게 되었다.

정말 이렇게까지 나를 사랑하시다니!

이 일을 계기로 갑자기 물질이 모아지기 시작했다. 너무나 짧은 시간에 주님의 넓으신 사랑을 전할 수 있게 하신 것이었다. 나는 지금도 그런 믿음 속에서 주신 사명을 감당케 하신 은혜에 감사한다.

아버지의 설교 수첩

그 감사의 마음은 하나님 뿐 아니라 부모님께도 향한다. 다른 사람들은 하나님을 어떻게 생각하는지 모르겠지만 나에게 하나님은 아버지 같은 분이다. 아버지는 두려움 없이 솔직하게 나를 내보일 수 있는 분이며, 내가 어떤 모습일지라도 나를 거부하거나 내치지 않을 거라는 확신을 주는 분이다. 그런 아버지께 나는 언제나 사랑받는 아들이었다. 탕자를 기다리는 아버지처럼 나의 아버지는 항상 예배의 자리에서 나를 기다리고 계셨다.

내가 아버지께 그렇게도 당당할 수 있었던 것은 아버지가 내게서 '아들' 그 이상의 것을 바라지 않으셨기 때문이다. 살아있다는 것만으로 나의 '생명' 그 자체만으로 감사하는 아버지께 내가 주눅 들거나 위선을 떨 이유가 무엇이겠는가.

그런데 그 아버지가 내게 딱 한 가지 소원을 품은 게 있었다. 바로 목회자가 되는 것이었다. 대학교를 졸업할 때까지도 전혀 가망성이 없었지만 아버지는 포기하지 않으셨고, 결국 내가 교회를 개척하는 걸 보게 되셨다.

처음 평안교회에 들어오시던 아버지의 모습이 눈에 선하다. 강대상 하나만 놓여있을 뿐 어설프기 짝이 없는 그곳을 아버지는 여호수아가 가나안 땅을 바라보듯 보시며 감사의 기도를 드리셨다. 아들이 주님 위해 일하는 그것만으로도 벅차서 아버지는 강대상을 닦고 또 닦으셨다. 그리고 그 위에 아버지가 평생 손에서 놓지 않으셨던 성경을 올려놓으셨다. 손때가 묻어 반질반질해진 성경 밑에는 낡은 노트가 한 권 놓여있었다.

성경은 고향에 갈 때마다 봤던 거라 익숙했지만 노트는 생전 처음 보는 거였다. 그래서 "아버지, 이게 뭡니까?"라고 여쭙자 아버지는 빙그레 웃으시며 "내가 다른 것은 줄 게 없고, 오직 믿음만 물려준다. 믿음을 갖고 말씀대로만 살면 그게 승리의 비결이요, 축복의 비결이다"라고 말씀하시고 내 손에 성경과 노트를 쥐어주셨다.

노트를 펼쳐보니 설교 노트였다. 시골교회에서는 목사가 없을 때는 장로도 종종 설교를 한다. 그때마다 노트에 정리해 둔 것을 내게 주신 것이다. 빽빽하게 써 내려간 내용을 보는데 코끝이 시큰해지면서 마음에 감동이 일었다. 아버지의 하나님은 정말 살아계신 하나님 그 자체였다. 신학적으로 논리적으로 풀어내지는 못하셨지만 아브라함이 하나님의 음성을 듣고 평생 그 믿음대로 살아온 그 인생이 성경인 것처럼, 아버지의 설교 속에는 그 삶 속에서 역사하시는 하나님이 고스란히 나타나 있었다.

그걸 보고나서야 나는 그동안 내가 보지 못했던 아버지 인생의 다른 면을 보게 되었다. 나는 아버지가 하나님께 일방적으로 충성을 다 바친다고 생각하며 바보 같다고 여겼지만 아버지는 단 한 순간도 자신에게서 눈길을 거두지 않는 하나님의 성실한 사랑을 받으며 족한 은혜를 누려 오셨던 것이다.

나를 푸른 풀밭, 쉴 만한 물가로 인도하시며 내 영혼을 소생시키신 그 하나님이 아버지의 삶도 풍성하게 이끌어 오셨다는 걸 그때서야 알았다. 그리고 아버지가 내게 그토록 주고 싶었던 선물이 오직 '하나님'일 수밖에 없음을 알고 감사하며 또 감사했다.

빵점 아빠 백점 엄마

감사와 감격으로 교회를 개척하고 나는 열심을 다해 전도하기 시작했다. 강대상 사이로 오른쪽은 냉장고와 씽크대를 놓고 밥 해 먹고, 왼쪽에는 전기장판을 깔고 잠을 잤다. 그렇게 교회에서 살림을 살면서 목회에만 전념했다. 새벽 기도를 마치고 나면 아파트를 돌며 전도하고 심방하는 것이 하루 일과였다.

교회를 개척하고 두어 달 동안에는 아내가 아이들을 업고 걸려서 데리고 다녔는데, 눈 깜짝 할 사이에 집안의 장식품을 망가뜨려 놓거나 뛰어다니면서 장난치는 아들 때문에 고생깨나 했다.

하지만 그것도 잠시뿐이었다. 찬바람이 불기 시작하자 도저히 아이들과 교회에서 지낼 수가 없었다. 일단 너무 추웠다. 창문은 격식만 차렸을 뿐 찬바람을 그대로 통과시켰고, 바닥에서 올라오는 냉기를 막기에 전기장판은 역부족이었다. 어른인 나도 자고 일어나면 아침에 얼굴이 붓고 허리를 펴기가 어려운데 아이들은 오죽했겠는가. 아무리 이불로 돌돌 말고, 난로를 가장 세게 틀어도 새파랗게 언 아이들의 몸을 녹일 수가 없었다.

전도도 문제였다. 아이들만 두고 나갈 수가 없어서 데리고 다녀야했는데 길이 엉망진창이었다. 포장 안 된 흙길은 얼어붙어 미끄러지기 일쑤였고, 한 번 넘어지기라도 하면 겹겹이 입혀놓은 옷을 다 갈아입혀야 했다.

가장 큰 문제는 아이들이 노상 감기에 걸려있다는 거였다. 약을 먹여도 소용없고 집에서 쉬게 해도 낫지 않았다. 결국 아내와 나는 아이들을 대전에 있는 처가에 맡기기로 했다. 외할머니 댁에 간다는 말에 좋아하던 아이들을 엄마 아빠와 떨어져 살아야 한다는 걸 알고는 안 가겠다고 버텼다. 엄마 아빠와 꼭 껴안고 자면 하나도 안 춥다며 집에 있겠다는 아들을 아내는 달래고 얼러서 겨우 보냈다. 그나마도 나는 교회 일로 바빠서 아내 혼자 두 아이를 데리고 대전에 다녀왔다. 한창 엄마 손을 많이 탈 3살, 2살된 아이들을 두고 혼자서 오는 그 길이 얼마나 가슴 아팠을지 그때는 헤아려 볼 여유가 없었다.

지금 생각하면 왜 그때 하나님께 '하나님 우리 아이들과 함께 지낼 수 있는 집을 주십시오'라고 기도하지 않았는지 모르겠다. 아마도 어머니께서 아이들을 훌륭하게 잘 키워주실 거라는 믿음과 주님의 일을 하는데 하나님이 아이들을 어련히 알아서 잘 돌봐주시지 않겠냐는 확신이 있었기 때문일 거다.

그래도 그 시절을 생각하면 아내와 아이들에게 미안하다. 가족들에게 나는 항상 부재중이었기 때문이다. 하나님이 부르시는 그곳에 있기 위해 가족은 언제나 2순위였다.

생일이나 기념일, 입학, 졸업식에 한 번도 가지 못했다. 아이들에게 나는 한 집에 사는 평안교회 목사님이었다. 그래도 아이들이 비뚤어지지 않고 믿음 안에서 잘 자라준 것은 하나님의 은혜고, 아내의 노력 덕분이다. 아내는 나의 빈자리가 티 나지 않게 메워주면서 아이들을 향한 나의 사랑을 잘 전달해주었다.

잘되는 교회는 이단?

아내가 혼자서 아이들을 기르는 동안 나는 오로지 목회에만 집중했다. 개포동 야산에서 열 댓 명이 모여 예배드렸던 교인은 장안상가 건물로 오면서 금세 서른 명이 되고, 오십 명이 되었다.

그때처럼 하루하루가 즐거웠던 적이 없다. 이제는 포기해야 하나 싶을 만큼 사람들의 냉대가 심하다가도 일주일에 한 두 명은 반드시 전도가 이루어졌다. '예수 믿고 구원 받으라'는 말에 사람들이 감화되어 교회에 나오는 걸 보면서 정말 하나님이 살아 계시다는 것을 믿을 수밖에 없었다. 그렇게 한 사람씩 전도해서 모인 교인이 좋은 것은 딱 하나다. 다들 초신자들이기 때문에 목회자의 말을 스펀지처럼 받아들인다. 말씀과 기도가 균형을 이루어야 한다는 목사의 말에 다들 순종하여 틈만 나면 모여서 기도하고, 한 달에 한 번씩 기도원에 가서 기도회를 가졌다.

신앙의 연한은 짧지만 하나님을 사모하는 마음이 뜨거워서 기도할 때마다 오순절적인 영적 능력이 나타났다. 교인들이 방언을 받고, 예배를 드릴 때, 기도 중에 병이 낫는 기적이 일어났다. 기도의 능력을 체험하는 교인들이 늘어나면서 짧은 시간에 교회가 부흥했다. 하지만 기도의 능력에만 의존하면 시험이 올 때 쉽게 넘어질 수 있다. 말씀과 기도로 다져져야 온전한 믿음을 이룰 수 있다.

나는 성경공부반을 개설하여 교인들과 함께 공부하기 시작했다. 말씀이 들어가자 기도가 달라지고 삶이 거듭났다. 하나님의 임재를 체험한 성도들은 세상에 나가 복음을 전파하기 시작했다. 그러면서 교회도 불일 듯 일어났다. 교인 수가 기하급수적으로 늘어난 것이 아니라 말씀과 기도 안에서 영혼이 날마다 새로워지는 이들이 많아지면서 교회에 기쁨이 넘쳤다.

하지만 교회 밖에서는 우리를 그렇게 보지 않았다. 목사 안수를 받지도 않은 풋내기 전도사가 교회를 개척한 사례도 드문데다 그 교회가 짧은 시간에 부흥하다보니 우려 섞인 시선이 많았다. 그중에는 교회를 이단으로 매도하는 사람도 있었다.

분명히 장로교회라고 되어 있는데 예배 중에 역동적인 성령의 치유 역사가 많이 일어나다보니 그런 오해를 한 것이다. 공예배뿐 아니라 기도회를 하는 중에도 디스크 때문에 걷지 못해 휠체어를 타고 왔다가 기도를 받고 두 발로 서서 나가고, 류마티스 관절염 때문에 손가락을 다 펴지 못하던 사람이 기도 받고 낫고, 눈에 이상이 있어서 잘 보지 못하던 사람의 눈이 밝아지고, 폐암 말기, 급성 신장염으로 의사도 포기한 분들도 기도로 완치되는 역사가 계속 일어났다. 그러다보니 정말 이 교회가 제대로 성경을 가르치는지 알아보기 위해 찾아오는 분들도 있었다.

그런데 재미있는 건 그분들의 반응이었다. 예배의 형식에서 별다른 차이를 못 찾은 분들 중에는 나의 학력에서 부흥의 이유를 찾는 분들이 적지 않았다.

내가 서울대학교 법학과를 나온 인물이기 때문에 교회가 잘되는 거라고 생각했다. 그러다가 내 설교를 듣고는 다시 고개를 갸우뚱했다. 대한민국 최고 학벌의 목사치고는 내용이 너무 싱겁기 때문이다. 그런 반응은 나와 함께 대학을 다녔던 친구들에게서도 볼 수 있었다.

'면도칼'이라 불릴 만큼 주도면밀하게 논리를 세워나갔던 내가 설교는 어떻게 할까 궁금해서 찾아왔던 친구들은 성경말씀 위주의 단순한 설교에 실망감을 표시하기도 했다.

나는 설교는 성경 위주로 단순한 것이 좋다고 생각한다. 진리가 성경에 있는데 거기에 내 말을 덧붙이는 것이 무슨 의미가 있겠는가. 성도 한 사람 한 사람이 하나님을 만나면 그 섭리의 역사를 알게 되면 말씀이 살아서 운동하여 '좌우에 날선 어떤 검보다 예리하여 혼과 영과 및 관절과 골수를 찔러 쪼개고 마음의 생각과 뜻을 감찰하여 온전히 하나님을 향할 수 있도록' 이끄신다.

우리 교회가 빠른 시간에 부흥할 수 있었던 것은 말씀, 하나님에 대한 믿음 때문이었고, 그 말씀이 나를 보증할 거란 믿음으로 주변의 부정적인 시선도 이겨냈다.

"여러분은 자기를 위하여 또는 온 양 떼를 위하여 삼가라 성령이 그들 가운데 여러분을 감독자로 삼고 하나님이 자기 피로 사신 교회를 보살피게 하셨느니라"(사도행전 20:28)

6부

30년 동안 3천 여 교회에서
부흥사로 쓰시다

교회를 바르게 세우시는 하나님의 역사를 강하게 체험하고 나니 부흥
사로서의 사명이 새롭게 다가왔다. 30년 가까이 하나님에 대해 고민과
갈등만 하고 회개하지 못했던 나와 달리 불과 일주일 만에 사람들이 변
화되는게 너무 신기했다.

학자형 부흥사의 놀라운 은사

 신실하신 하나님은 나를 위해 아버지가 서원한 기도 중 남아있는 또 하나에도 응답하실 길을 예비하고 계셨다. 교회를 개척하고 채 한 달이 되기 전에 한 교회에서 나를 부흥사로 초빙했다. 한 번도 들어보지 못한 교회였고, 담임 목사님 성함조차 낯설었다. 그런데 대뜸 나를 부흥사로 부르시는 그 전화를 받으면서 나도 모르게 하나님께 불평이 생겼다.

'하나님 어쩌란 말입니

까. 교회를 개척하라고 해서 개척했는데, 지금 교인들을 가르치고 전도하기도 바쁜 이때 이런 전화를 받게 하십니까. 제가 어떻게 하길 원하십니까?'

교회를 성장시켜야 한다는 부담감에 마음은 급한데 이런 제안을 받으니 마음이 편할 리 없었다. 하지만 하나님은 기도에 응답하지 않으셨고, 기도할수록 불평이 사라지면서 받아들여야겠다는 생각이 들었다.

일주일 정도 교회를 비운다고 해서 큰일 날 건 없으니까 한번 갔다 오자는 심정으로 가서 부흥회를 마쳤다. 그런데 돌아오자마자 또 다른 교회에서 나를 부흥사로 찾았다. 어떻게 전화번호를 알고 연락을 하는지 알다가도 모를 일이었다.

나는 유명한 목사도, 부흥사도 아니었다. 그저 갓 교회를 개척한 전도사였을 뿐인데 생각지도 않았던 교회에서 굳이 와 달라고 연락을 한 것이다. 하나님이 하시는 일이라고 밖에 해석할 수 없어서 그 부름 앞에 순종하기로 했다. 그렇게 쉽게 하나님 뜻에 무릎 꿇을 수 있었던 것은 내가 나를 잘 알기 때문이었다.

내가 어렸을 때 만난 대부분의 부흥사들은 언변이 좋고 사람들을 울고 웃기는 능력이 탁월했다. 목소리가 우렁차고 분위기를 압도할 수 있는 카리스마도 있었다. 그런 모든 능력이 교인들의 가슴을 뜨겁게 하고 눈물 콧물을 흘리며 회개할 수 있게 한다. 대부분의 부흥사는 그 특유의 스타일이 있었다.

그런데 나는 그런 능력이 없는 사람이다. 목소리도 차분하고, 조용한 성격에다 혼자 책이나 들고 파는 이른바 '학자형'이었다. 부흥회도 말씀 중심이다. 성부, 성자, 성령 삼위일체 하나님을 소개하고 교회의 중요성을 강조하는 기본적인 내용을 가르치고 설교한다. 열정적인 분위기와는 거리가 먼 차분한 부흥회를 인도하는 목사에게 누가 또 맡기겠는가. 어쩌다 한두 번 연락오고 말 것을 가지고 지레 불평하며 툴툴대면 긁어 부스럼일 뿐 내게 유익할 게 없다고 생각하여 두말 않고 순종한 것이다.

실제로 부흥회에 가도 나를 부흥사로 보는 분들은 거의 없다. 전형적인 장로교회 목사로서 말씀 중심으로 부흥회를 이끌어가기 때문이다. 그런데 놀라운 것은 그런 부흥회에서 기적이 일어난다는 것이다. 설교를 들으면서 청각장애인들의 귀가 열리고, 병이 나았다. 회개와 화해의 영을 부어 주심으로 인해 분열된 교회가 하나 되고, 회심하는 교인들이 생겼다.

믿기 어려운 기적이 연이어 일어나자 입소문이 나면서 부흥회 초청이 빗발쳤다. 정신을 차릴 수 없을 정도로 전국의 교회에서 연락이 왔다. 부흥회를 끝내고 돌아오자마자 그 가방을 들고 다시 떠날 때가 허다했다.

그래도 피곤치 않았던 것은 그 모든 것을 행하시는 이가 하나님임을 분명히 알았기 때문이다. 말씀이 곧 하나님이시기 때문에 그 말씀이 흥왕하여 각 사람에게 역사한 것이다. 이러한 역사는 과거 1907년 평양 장대현 교회에서도 일어났다. 태초에 하나님과 함께 계셨던 말씀, 곧 우리 주 예수 그리스도의 회개와 치유의 역사는 지금도 계속되고 있다. 하지만 그 무한하신 말씀의 능력이 항상 나타나는 것은 아니다. 부흥회를 할 때마다 기적이 일어나진 않았다는 것이다. 병 고침의 기적이 일어나지 않았던 때도 많았다. 하지만 나는 그럴 때도 실망하지 않는다.

나는 하나님이 하라는 대로 기도할 뿐이고 낮게 하시는 하나님이시기 때문에 치유의 역사는 절대적으로 하나님의 주권 하에 있다. 하나님이 필요하시면 언제든지 치유나 화해 그리고 성령의 역사를 베풀어주신다는 것을 믿기 때문에 나는 부흥회를 하기 전에 항상 말씀이 온전히 전해지기만을 기도한다.

도출(道出) 이름에서 찾은 또 다른 사명!

초창기 부흥사로 사역할 때, 다섯 번째인지 여섯 번째인지 울산에 있는 교회에서 부흥회를 마치고 올라올 때 일이다. 그날 나는 전에 느끼지 못했던 벅찬 감격으로 가슴이 울렁였다. 감사의 기도가 절로 나왔다. 부흥회 첫날 울산에 있는 교회에 갔을 때를 생각하면 정말 아찔했다. 기차역으로 나를 마중 나온 목사님께서 교회 사정이 별로 좋지 않다고는 말씀하셨지만 막상 교회에 도착해 보니 상상 이상이었다. 건축하다가 중단되어 뼈대만 올려져 있는 교회 건물에 거적 같은 가마니가 여기저기 흩어져 있었다. 바닥에 자리 깔고 앉아서 예배드렸던 경험이 있었기 때문에 별로 놀랍지 않았다. 건축은 늦어지고 임시 건물로 옮겨갈 형편이 안 되면 그런 경우도 왕왕 있었다. 오히려 이런 어려운 상황에서 부흥회를 한다는 게 대단하게 느껴졌다. 그런 마음으로 집회를 해서인지 30여 명 남짓한 교인들과 나는 그 어느 때보다 뜨거운 마음으로 기도하고 찬양했다. 가마니를 깔고 앉았지만 그 자리가 더 은혜로웠다.

그런데 이게 웬일인가, 설교를 하려고 강단에 섰는데 교회 안에 예배당이 또 있었다. 그것도 강단을 기준으로 세워진 벽 오른편에 또 30여 명의 교인들이 모여서 별도로 예배를 드리고 있었다. 한 건물인데도 전혀 상관없는 사람들처럼 오른쪽에서 기도하면 왼쪽은 찬송하고, 오른쪽에서 찬송하면 왼쪽은 기도하고 말씀을 전하는 등 등 완전히 별개로 행동했다. 그러다가 한 사람이 벌떡 일어나 고래고래 소리를 지르기 시작했다. 왜 자신들의 교회에서 맘대로 부흥회를 하냐고 하면서 악을 썼다.

그때부터 아귀다툼이 시작됐다. 고성이 오가고 서로 삿대질을 하면서 싸웠다. 부흥회를 하러 왔는데 이게 웬일인가 싶고, 한 지체로 섬겨야 할 사람들이 싸우는 모습이 가슴 아팠다. 난장판이 된 교회에서 설교를 할 수 없어 말없이 기도만 했다.

알고 보니 교인들이 교회 건축을 하면서 서로 의견이 엇갈려 다투다가 각기 파를 이루어 뭉치면서 교회가 분열된 것이다. 그런 혼란과 분열 속에서 교인들은 뿔뿔이 흩어졌고, 6백 명 정도 모였던 교회에서 교인이 90명으로 줄었다. 그런데 그나마도 자신들의 주장에 따라 파가 여러 갈래로 나뉘었다. 간단히 말하면 싸우기 싫은 사람들은 교회를 떠났고, 각 파의 싸움꾼들만 남은 것이다. 그들을 대상으로 부흥회를 하자니 막막했다.

하지만 그 북새통 속에서도 첫날 성부 하나님에 대해 말씀을 전했다. 나의 부흥회 주제는 항상 '사랑과 은혜'다. 각 교회마다 주시는 말씀이 달라서 본문의 내용은 다르지만 전체적으로 관통하는 메시지는 '하나님의 사랑과 그 은혜를 입은 우리가 받은 사명'이다. 그래서 첫날은 성부 하나님, 둘째 날은 성자 예수님, 셋째 날은 성령 하나님 마지막 날에는 사명을 소개한다. 그리고 낮 시간에는 교회론을 한다. 보통 교회 생활의 중요성을 잘 모르지만 우리 삶에 교회만큼 큰 영향을 미치는 곳도 없다.

생각해보면 출생부터 장례, 결혼과 양육 등이 인생의 희노애락을 교회를 중심으로 공동체가 함께 해 나가기 때문이다. 따라서 교회 생활을 어떻게 하느냐에 따라 삶의 질이 달라진다. 부흥회 낮 시간에는 주일 성수, 십일조, 봉사 등 교회 생활을 바르게 하는 법을 가르친다. 그리고 새벽예배 때는 기도를 다룬다.

그렇게 그리스도인으로서 해야 할 가장 기본적인 의무이자 권리를 제대로 이해하고 생활에서 실천하는 것이 중요하기 때문에 나는 그런 기본적인 내용을 단단히 다지는 설교를 한다.

울산에 있는 교회에서도 마찬가지였다.

서로 등을 돌리고 앉아있는 교인들을 향해 나는 주제별로 차근차근 말씀을 전했다. 그리고 마지막 날 예배를 드릴 때 여느 때처럼 용서와 사랑에 대한 말씀을 전했다. "우리 같은 죄인을 성부, 성자, 성령께서 사랑하셔서 모든 죄악을 용서하시고, 구원해 주셨습니다. 우리가 서로를 용서해야 하는 것은 그 용서받은 감격이 있기 때문입니다. 구원받은 우리의 사명은 서로 사랑하는 것입니다. 특히 교회 공동체 안에서 사랑을 이루어야 합니다. 그러기 위해 해야 할 첫 번째는 용서하는 것입니다.'

말씀을 이어가는데 갑자기 가마니를 깔고 앉았던 사람이 벌떡 일어나더니 "주여, 제가 잘못했습니다."라고 말하면서 흐느껴 울기 시작했다.

그것이 신호탄이라도 된 듯 여기저기서 눈물을 흘리고, 손을 들어 자신의 죄를 고백하기 시작했다. 멱살을 잡으며 싸우던 이들은 부둥켜안고 울며 서로에게 잘못했다고 사과하고, 서로를 냉랭하게 바라보던 이들은 손을 맞잡고 기도했다. 목사님과 장로님들도 하나 되어 통회의 기도를 드렸다.

하나님께서 말씀 중에 회개의 영을 부어 주셔서 서로 용서하고 화해할 수 있게 하신 것이다. 그 모습을 보면서 어찌나 감격스럽던지 나는 하나님께 눈물로 감사의 기도를 드렸다. 집회가 끝나자 서로 얼싸안고 기도했던 교인들이 한 마음이 되어 교회를 짓겠다고 결단했다. 하나님의 역사는 신묘막측하다.

교회를 바르게 세우시는 하나님의 역사를 강하게 체험하고 나니 부흥사로서의 사명이 새롭게 다가왔다. 30년 가까이 하나님에 대해 고민과 갈등만 하고 회개하지 못했던 나와 달리 불과 일주일 만에 사람들이 변화되는게 너무 신기했다.

성령 충만하여 말씀으로 변화되면 사람이 완전히 달라진다. 겉사람이 아니라 속사람이 성령으로 화학적 변화를 겪기 때문에 다른 인격이 되는 것이다. 이것을 어떻게 사람이 했다고 말할 수 있겠는가. 그 변화를 목도하면서 나는 살아계신 하나님의 크신 사랑에 감격, 감사했다.

집으로 돌아오는 차 속에서 나는 '부름 받아 나선 이 몸 어디든지 가오리다'를 마음속으로 부르면서 하나님께서 부르시면 어디든 달려가 하나님의 도구로 쓰임 받겠다고 기도했다. 그 기도를 마치고 눈을 뜨는데 누가 써놓은 것처럼 유리창에 내 이름 석 자가 보였다.

'도출(道出) 세상에 나가서 진리를 전하는 사람, 부흥사'

내 이름 안에는 부흥사의 사명이 담겨 있었다. 그제야 아버지의 서원 기도가 생각났다. 내가 부흥사로 사역하겠다고 결심한 이 순간까지 하나님은 나를 기다리셨다. 내가 태어났을 때 아버지가 드린 서원기도에 응답하시기 위해 지금까지 기다려주신 하나님의 사랑을 생각하니 가슴이 뜨거워지면서 전율이 일었다.

차장 밖으로 나의 인생이 필름을 되돌리는 것처럼 하나하나

거꾸로 지나갔다. 교회를 개척하기까지, 성민교회 전도사가 되기까지, 신학을 하게 되기까지, 서울대 법대에 입학하게 되기까지, 고등학교에 들어가게 되기까지, 중학교에 들어가게 되기까지, 초등학교 때 웅변대회에서 우승하게 되기까지, 유석준 목사님을 만나게 되기까지, 이금선 선생님을 만나게 되기까지, 어머니 뱃속에서 태어나게 되기까지 어느 한 순간도 하나님이 나를 버려두신 적이 없었다. 내가 경험한 모든 것들은 지금의 나를 형성하기 위한 좋은 재료가 되었다. 아버지와 어머니가 만나기도 전, 더 거슬러 올라가 세상을 창조하시기 이전부터 하나님은 나를 택정하시고 나를 위한 계획을 세우셨던 것이다.

다시 내 인생의 필름을 앞으로 돌려 어린 시절부터 하나씩 되짚어 생각하니 하나님의 간섭하시고 역사하심이 더 구체적으로 다가왔다. 선생님을 통해 공부에 대한 자신감을 갖게 하시고, 혼자 공부할 수 있는 습관을 몸에 배게 하셨으며 목사님을 사모하는 마음으로 성경을 읽게 하셨고, 교회를 통해 배운 동화 구연으로 사람들 앞에 나서서 말할 수 있는 자신감을 주셨다.

이 모든 과정을 통해 하나님은 나를 부흥사로 만드시고, 숨어있

는 내 능력을 끄집어내어 발휘할 수 있게 하셨다. 하나님 안에서 형성된 내 삶은 나의 경험과 지식, 생각을 뛰어넘는 삶이다. 하나님이 나에게 꼭 맞는 나로 살 수 있도록 나를 빚어가시기 때문에 내가 해야 하는 건 순종뿐이다. 나를 오늘까지 인도하여 부흥사로 서게 하신 그 하나님이 다시 부흥사로 부르실 때는 그 사역을 능히 해낼 수 있는 능력도 주실 거라는 확신이 들었다.

부흥사로서의 세 가지 철칙

 부흥사로서의 사명에 순종하면서 나는 하나님께 세 가지 기도를 드렸다.

'하나님, 보내시는 곳 어디라도 가겠습니다. 무조건 가겠습니다. 대신 부르는 순서대로 가겠습니다. 교인이 몇 명 모이는지 묻지 않겠습니다. 어떻게 대접할 지도 묻지 않겠습니다. 그저 주님이 보내시면 어디든 부르는 순서대로 가겠습니다.'

이 기도는 하나님께 대한 나의 결심이자 약속이었다.

'집 떠나 고생'이라는 말이 있듯이 매주 가방을 싸야 하는 생활은 생각보다 힘들고 고달팠다. 앞으로 내가 가는 곳 중에는 잠자리가 불편한 곳도 있을 것이고, 음식이 맞지 않을 수도 있었다. 내 기도 속에는 그런 외부적 상황이 하나님을 향한 나의 사랑을 꺾지 않게 해 달라는 간절한 바람이 담겨있었다.

사도 바울처럼 '어떠한 형편에든지 자족'하며 '비천에 처할 줄도 알고 풍부에 처할 줄도 알아 모든 일 곧 배부름과 풍부와 궁핍에도 처할 줄 아는 일체의 비결'을 배워 '내게 능력 주시는 자 안에서 모든 것을 할 수 있게 되기'를 기도한 것이다.

이 기도가 필요했던 것은 나를 찾는 전화가 끊이지 않고 왔기 때문이다. 처음 부흥사로 사역할 때부터 빗발치던 연락은 줄곧 이어졌다. 다행히 그때까지는 날짜가 겹치지는 않았지만 만약 그럴 경우에 대비해서 교회를 선택하는 기준을 미리 정해야 했다. 그런데 그 기준이라는 게 잘못하면 형편에 따라 달라질 수 있겠다는 생각이 들었다. 나도 사람이다 보니 이왕이면 규모가 큰 교회, 대접을 잘 해주는 교회에 가고 싶다는 유혹에 빠질 수 있기 때문이다.

인간적으로 생각해볼 때 큰 교회를 선택하는 게 나쁜 결정은 아니다. 교인이 많은 교회에 가면 부흥회 기간 동안 더 많은 사람이 변화되기 때문에 더 큰 일을 한다고 생각되기 때문이다. 나는 그런 판단이 위험하다고 생각했다.

그것은 인간의 판단이지 하나님이 일하시는 방식이 아니라는 생각이 들었다. 하나님의 기준은 효율성이 아니다. 내가 예측할 수도, 가늠할 수도 없는 방식으로 당신의 때에 맞춰 일하신다. 그 것을 너무나 잘 알기 때문에 사심이 들어가지 않도록 '순서대로'라는 기준을 세운 것이다.

부흥사 사역 초기에 정한 세 가지 기준을 30년 동안 한 번도 어긴 적이 없었다. 나는 어디든 부르는 순서대로 대우는 묻지 않고 무조건 갔다. 그 기준을 부흥사역의 철칙으로 삼았기 때문에 예외는 없었다.

한번은 대구에 있는 교회에서 부흥회를 하는데 그 근처 큰 교회의 담임 목사님이 오셨다. 그 목사님이 시무하시는 교회는 교인이 3천 명 정도 되는 곳으로 자리잡힌 교회였다. 그 목사님은 부흥회가 끝나길 기다렸다가 나를 따로 부르셨다. 그리고 당신 교회에 와서도 부흥회를 해 달라고 부탁하셨다. 그런데 부탁하신 날짜가 하필이면 12월 둘째 주였다. 수첩을 보니 그 주에는 군위에 있는 조그마한 교회에 가기로 이미 약속이 잡혀 있었다. 그래서 다른 교회에 가기로 되어 있어서 그 날짜에는 갈 수 없다고 말씀드렸다.

그러자 목사님의 안색이 변하셨다. 죄송한 마음에 그 다음 주에 가겠다고 했지만 다른 날은 안 되고 딱 그 날짜만 가능하다고 말씀하시며 상당히 언짢아 하셨다. 대놓고 말씀하시진 않았지만 일부러 담임 목사가 부흥회까지 찾아와서 부탁을 했는데 날짜 조정 정도는 해 줄 수 있다고 생각하셨던 것 같다.

미리 예정된 교회는 규모 면에서 대구에 있는 교회와 비할 데가 못 됐다. 교인 수가 60명 정도 되는 작은 교회였다. 그 목사님은 3천 명을 기다리게 하는 것보다 60명에게 양해를 구하는 게 더 나을 거라고 생각하셨는지 모르겠지만 나는 일 년 전에 미리 약속한 것을 깨고 싶지 않았다.

더구나 작은 교회이기 때문에 더더욱 실망시켜서는 안 된다고 생각했다. 그래서 "목사님, 서운하시겠지만 저는 하나님이 가라는 데를 먼저 갈 수밖에 없습니다"라고 말씀드리며 일정 바꾸는 것을 끝내 거절했다. 결국 목사님은 화를 풀지 않고 가셨고 이후로 나에게 다시는 연락하지 않으셨다.

그때는 순서에 따라 가는 것이 맞는다고만 생각했는데 부흥사역을 하면서 왜 하나님께서 나에게 부르는 순서대로 가게 하셨는지 확실하게 알게 되었다. 하나님은 내가 '잃어버린 한 마리의 양'을 찾으시는 아버지의 마음을 깨닫길 바라셨던 것이다. 나는 그 마음을 교인이 한 명뿐인 교회에 가서 체험적으로 알게 되었다.

나주에 있는 교회에 부흥회를 하러 갔는데 예배당에 목사님과 사모님 그리고 교인 한 명이 앉아 있었다. 나를 초청한 목사님은 대단히 송구스러워하시며 교인이 한 명 뿐이라 죄송하다고 거듭 인사를 했다. 하지만 그게 무슨 상관인가, 개포동 야산에서 예배 드릴 때 나도 교인이 3명뿐이었지만 그때 부어주신 하나님의 은혜가 300명일 때보다 적지 않았다. 교인이 한 명이면 그 한 명이 은혜 받으면 된다고 생각했다.

그런데 정말 하나님께서는 그 한 명에게 충만한 은혜를 내려주셨다. 그 교회의 유일한 교인인 중년 여성이 부흥회 첫 날 자신의 죄를 회개하면서 하나님 앞에 무릎 꿇은 것이다. 그러면서 자신의 남편과 삼촌이 불화를 겪고 있다는 걸 고백했다. 삼촌이 목사님이신데 그 일로 남편은 교회를 떠났고, 자신은 다른 교회를 찾아 신앙생활을 하고 있다고 했다. 그러면서 두 사람의 화해를 위해 간절히 기도했다. 먼저 은혜 받은 자로서 화해의 멍에를 지 겠다는 그분의 결단이 결국 하나님께 상달되어 부흥회를 마치기 전에 삼촌인 목사님과 남편이 화해했다.

성령의 역사는 거기서 그치지 않았다. 새벽기도 시간에 '기도에 능치 못함이 없다'는 말씀을 들은 그분이 나를 찾아왔다. 그분의 또 다른 삼촌이 광주에 있는 병원의 중환자실에 계시는데 하나님을 믿지 않는다고 했다. 그 삼촌의 병이 낫기를 간절히 바라는데 안 믿는 분을 위해 자신이 대신 기도해도 하나님은 병을 고쳐주시냐고 물었다. 그래서 하나님이 하시는 일이기 때문에 필요하면 낫게 해 주실 거라고 하고 그 삼촌을 위해 함께 기도했다. 그리고 둘째 날 집회를 시작하려고 하는데 갑자기 광주의 병원에 가야겠다는 생각이 들었다.

목사님만 양해해 주시면 한 명뿐인 교인의 가족을 위해 병원 심방을 가는 거니까 교회에서 말씀을 전하는 것보다 더 좋을 거라는 생각이 든 것이다. 다행히 목사님도 흔쾌히 승낙하셔서 중환자실 면회시간에 맞춰 광주에 있는 병원에 갔다. 그리고 편찮으신 삼촌을 위해 안수기도를 하고 교회로 돌아왔다.

그리고는 잊고 있었는데, 집회가 끝나고도 몇 달이 지난 후 그 교회 목사님이 전화를 하셨다. 우리가 심방 갔던 그 삼촌이 중환자실에서 살아 나오셨다는 것이다. 그 은혜에 감사하여 조카와 함께 그 교회에 출석하고 계시는데 그분 덕분에 교회를 건축하게 되었다고 하셨다. 그 삼촌분이 건설회사 사장이라서 자신의 생명을 살려준 교회를 짓는데 발 벗고 나선 것이다. 부흥회는 끝났지만 하나님의 역사는 계속 이루어지고 있었다. 하나님께서는 항상 한 사람을 주목해 보신다.

그때 나는 한 사람 아담으로 인해 죄가 온 세상에 들어왔듯이 한 사람의 변화된 성도로 인해 하나님의 구원이 온 세상에 전파된다는 사실을 더욱 깊이 깨달았다. 그리고 아흔 아홉 마리를 두고 잃어버린 한 마리의 양, 길을 잃었지만 아버지의 품으로 돌아와 심령이 변화될 그 양을 찾으시는 하나님의 마음을 더 깊이 알게 되었다.

우리나라 최초 3일의 부흥회

하나님이 부르시는 대로 어디든 가겠다는 약속을 지키다보니 매주 부흥회를 하게 되었다. 부흥회는 가는 곳마다 하나님의 인도하심에 따라 은혜롭게 마쳤는데 우리 교회에 와보면 마음이 답답했다.

교회를 돌볼 시간이 없다보니 막상 우리 교인들과는 속 깊은 얘기를 나눌 시간도 없었다. 주일에 예배드리고 곧장 부흥회할 교회로 떠나야했기 때문에 금요일과 토요일에만 겨우 시간적 여유가 생겼다. 그 시간을 쪼개 전도하고 설교하고 성경공부까지 다 할 수가 없어서 성도들의 말씀과 기도 훈련은 교육 전도사님께 맡기고 나는 전도에만 열중했다. 그렇게 역할분담을 해도 할 일은 많고 시간은 턱없이 부족했다.

그래서 한 가지 꾀를 냈다. 부흥회 기간을 줄인 것이다. 내가 부흥회 사역을 할 초창기 때만 해도 기간이 일주일이었다. 특별한 경우 나흘 동안 할 때도 있었지만 대부분 월요일에 시작해서 토요일 새벽에 끝났다. 그러다가 금요일 새벽까지로 기간이 줄고, 그 다음에 목요일 밤까지로 기간이 단축되었을 때 내가 부흥사로 사역하기 시작했다. 그런데 나흘 동안 부흥회를 하면서 '꼭 목요일 저녁까지 집회를 계속해야 할까'라는 의문이 들었다. 물론 교회에 대한 걱정 때문에 마음이 갈린 것도 있었지만 사흘만으로도 충분히 은혜 받을 수 있다는 확신이 있었기 때문이다.

그래서 하나님께 기도했다.

'하나님 저 꼭 목요일 저녁까지 집회를 해야 합니까? 저도 우리 교회에 좀 갈 수 있도록 수요일 저녁까지만 하겠습니다. 대신 하루를 단축해도 똑같은 은혜를 내려주세요.'

그리고 믿음으로 3일 부흥회를 시작했다.

아마 '3일 부흥회'는 우리나라에서 내가 제일 먼저 했을 것이다. 하나님은 사흘 동안 그 교회가 받아야 할 은혜를 풍족히 내려주셨다. 하나님의 역사하심에 있어서 사흘과 나흘은 큰 의미가 없었다. 부흥회 기간을 늘린다고 해서 은혜를 더 받는 게 아니라는 것이다. 오히려 부흥사도 교인도 지치는 경우가 더 많다.

그래서 부흥사들에게 하루를 줄여 '3일 부흥회'를 하라고 많이 권한다. 그런데 생각보다 호응이 뜨뜻미지근하다. 선뜻 수긍하는 사람이 별로 없어서 참 이상하다고 생각했는데 나중에야 그 이유를 알았다. 은혜를 받기에는 사흘도 충분하다. 하지만 그 시간이 온전히 말씀을 전하는데 할애되어야 하는데 대부분의 부흥사들은 하루 정도는 교인들과 얼굴도 익히고 친해지는데 다 사용한다. 친교의 시간을 갖지 않고 바로 말씀을 전하면 서로 멋쩍고 낯설어서 잘 전달되지 않는다는 것이다.

처음에는 그 말이 이해되지 않았다. 나는 어디를 가든지 우리 교회에서 설교하듯이 별다른 인사말 없이 바로 말씀을 전한다. 얼굴은 처음 보지만 다들 한 하나님을 섬기는 지체인데 낯가림 할 필요가 없기 때문이다. 그런데 이런 교회에 대한 특별한 적응력은 나만이 갖고 있는 특출난 능력이라는 것을 나중에 알았다. 그리고 그건 내가 노력해서 얻은 게 아니라 교회 중심으로 자란 내 양육환경 덕분이었으니 결국 아버지가 물려주신 귀한 유산이었다. 어려서부터 교회를 집처럼, 교인을 가족처럼 친근하고 편하게 대하면서 자란 덕분에 나는 고등학교 때도 대구나 부산의 교회에서 기숙하며 지낼 수 있었고, 대학 다닐 때도 하나님을 믿지 않으면서도 교회 뜰 밖으로 벗어나지 않았다.

그런데 문턱 없이 교회를 다녔던 그 습관이 목사가 된 후에까지 내게 큰 유익이 될 줄은 미처 몰랐다. 덕분에 부흥사로 사역할 때 어디를 가든 편안하게 복음을 전달할 수 있었다. 정말 '나의 나 된 것'은 하나님 은혜니 여호와 이레의 하나님께 감사와 찬송을 드릴 수밖에 없다.

더 감사한 것은 부흥회를 하면 첫 날 첫 시간에 은혜 받는 교인들이 많다는 것이다. 하나님이 주신 친근감으로 내가 교인들에게 스스럼없이 다가가니까 교인들도 경계심을 풀고 쉽게 마음을 열었고, 서로 마음의 문을 열릴 때 성령께서 임하셔서 우리의 눈과 귀를 밝혀주시어 말씀을 깨닫게 하셨다. 집회의 기간이 문제가 아니라 말씀이 얼마나 우리 마음 밭에 잘 떨어지느냐가 문제였다. 그것은 전적으로 성령께서 하시는 일이기 때문에 나는 하나님께 기도할 수밖에 없었다. 다행히 하나님께서는 3일 부흥회도 4일 부흥회 못지않게 아니 더 큰 은혜로 함께 하셨다. 드디어 목요일부터 우리 교회를 돌볼 수 있는 시간을 갖게 된 것이다.

그런데 하나님께서는 나를 우리 교회에 묶어두지 않으셨다. 월요일부터 수요일까지로 부흥회 기간을 줄이자 목요일부터 토요일까지 부흥회를 하자는 요청이 줄을 이었다. 외부 활동을 줄이고 목회에 집중하려고 부흥회 기간을 줄였는데 하나님은 나를 더 많은 교회에 보내셨다. 한 주는 교인이 1명인 교회에 보내시고 그 다음 주에는 교인 3만 명인 교회에 보내시기도 하고, 양철지붕에 떨어지는 비 소리 때문에 밤새 잠을 설쳤던 바닷가 단칸방에서 지내게도 하시고, 일류 호텔에서 쉴 수 있게도 하셨다.

또 교회 기념사업을 해야 하는데 재원이 부족한 교회에 보내셔서 100억 원 모을 수 있게도 하셨고, 교회 개척을 위해 내 주머니를 털어 100만원을 헌금하고 오게도 하셨다. 중요한 것은 하나님은 말씀으로 인한 변화가 필요한 곳에, 성령의 임재를 체험해야 하는 곳에 항상 나를 보내셨다.

부흥사가 되고 30년 동안 3천 여 교회를 다니다보니 일생을 길 위에 있었다고 해도 과언이 아니다. 우리나라에 현직 부흥사 중 3천 교회를 다닌 분은 다섯 손가락을 넘지 않을 것이다. 일 년이 52주이기 때문에 10년을 하면 5백번 정도, 20년을 하면 천 번이다. 20년 동안 매주 부흥회를 해도 천 번 넘기가 쉽지 않다. 그러니 3천 교회라는 숫자는 사실상 나오기 힘든 수치다. 아니 교회 시스템상 매주 부흥회를 나갈 수 없기 때문에 불가능한 수치다. 그런데 하나님은 부흥회 기간을 줄이면서까지 그 불가능한 일을 감당하게 하셔서 날마다 기적을 맛보게 하셨다.

"어떤 사람에게는 성령으로 말미암아 지혜의 말씀을, 어떤 사람에게는 같은 성령을 따라 지식의 말씀을, 다른 사람에게는 같은 성령으로 믿음을, 어떤 사람에게는 한 성령으로 병 고치는 은사를 어떤 사람에게는 능력 행함을, 어떤 사람에게는 예언함을, 어떤 사람에게는 영들 분별함을, 다른 사람에게는 각종 방언 말함을, 어떤 사람에게는 방언들 통역함을 주시나니 이 모든 일은 같은 한 성령이 행하사 그의 뜻대로 각 사람에게 나누어 주시는 것이니라"(고린도전서 12:8-11)

7부

세례교인 100명이 되면
해외선교사를 파송하라

"선교사 보내야 돼요. 이 교회를 세울 때 분명히 하나님께서 세례교인 100명이 되면 선교사 한 명을 파송하라고 하셨어요. 그러니 그 명령에 따라야 합니다. 하나님이 하라고 하신 일을 우리가 안 하다가 어떻게 되려고 그래요?"

목회는 누가 하느냐?

 부흥회 기간을 줄여도 교회에 있을 시간이 늘지 않자 나는 이것이 하나님의 뜻이라 생각하고 마음을 비웠다. 그러자 목회에 대한 불안이 점차 잦아들었다. 교회에 문제가 있었던 것은 아니지만 목사가 교회를 개척만 해놓고 밖으로만 나간다는 불만은 있었다. 주일 예배를 드리고 나면 성도들이 인사를 하면서 볼멘소리로 은근히 한마디씩 했다.

"목사님, 이번 주에는 교회에 계시나요?"

"목사님이 자꾸 나가시니 저희는 부모 없는 자식 같습니다."

물론 지극히 일부지만 솔직히 이런 말을 들으며 마음 편한 목사가 어디 있겠는가. 이러다가 교인들을 다 잃을 수도 있겠다는 두려움이 마음 밑바닥에 항상 자리 잡고 있었다.

하지만 순종하는 자에게 주님은 항상 축복으로 응답하신다.

교회는 내가 없어도 꾸준히 성장했다. 교육 전도사만 있었는데도 3년 만에 교인이 2백 명으로 늘어난 것이다. 나는 이것이 선교하는 교회를 만들기 위한 하나님이 뜻이라고 생각했다.

이제 세례교인이 100명이 되었을 때 선교사 한 명을 파송하겠다는 명령에 순종해야 할 때가 된 것이다. 그래서 84년 4월 6일 제직 6-70명을 앞에 두고 심중에 있던 한 마디를 했다.

"제직 여러분, 우리 선교사 한분을 파송합시다."

이 말이 끝나자 분위기가 차갑게 식어버렸다. 숨소리조차 들리지 않을 정도로 조용하더니 다들 못 들을 말을 들은 것처럼 멀뚱거리며 나를 쳐다보는 게 아닌가. 대놓고 반대하진 않았지만 절대 찬성할 수 없다는 결의가 표정에 가득했다.

그 표정을 보자 내 의지도 한풀 꺾여버렸다. 이심전심이라고 나도 제직들의 생각에 동의하기 때문이다. 교인이 2백 명으로 늘었다고 하지만 교회 형편이 나아진 건 아니었다. 몇 년째 목사 사례비도 받지 못할 정도로 교회 살림이 빠듯했다. 게다가 교인이 늘어나서 상가 건물 3층이 비좁아서 이제 교회 건축을 해야 되지 않겠냐는 얘기도 나오고 있었다.

그런 상황에서 국내 선교도 아니고 세계선교를 위해 선교사를 파송하자는 것은 한 마디로 '상황파악이 안된' 말도 안 되는 말이었다. 지금도 쥐어짜면서 교회 살림을 꾸리고 있는데 여기서 어떻게 더 줄이란 말이냐는 눈빛으로 제직들이 나를 바라봤다. 그 모습을 보는 순간 나도 움찔하며 의지가 꺾인 것이다.

하지만 하나님의 명령을 거역할 수는 없었다. 그래서 용기를 내어 다시 한 번 강하게 말했다.

"선교사 보내야 돼요. 이 교회를 세울 때 분명히 하나님께서 세례교인 100명이 되면 선교사 한 명을 파송하라고 하셨어요. 그러니 그 명령에 따라야 합니다. 하나님이 하라고 하신 일을 우리가 안 하다가 어떻게 되려고 그래요?"

이 말을 마치자 제직 중 한 사람이 "목사님"하고 나를 불렀다. 그리고는 "목사님 그건 하나님께서 잘못하신 게 아니라 목사님이 해석을 잘못하신 것 같습니다"라고 말했다.

내가 하나님의 말씀을 잘못 받아들였다니 대체 그게 무슨 소리인가?

"아니, 세례교인 100명이 되면 선교사 한 명을 파송하라고 하신 말씀을 잘못 해석할 게 뭐가 있습니까?"라고 묻자 "하나님께서는 알곡 성도가 100명이 되면 그때 선교사를 파송하라는 말씀이었을 겁니다. 여기 상가에 있으면서 다른 나라에 선교사를 보낸다고 하면 다들 웃습니다. 그러니 세례교인 100명이 아니라 알곡 교인 100명일 겁니다"라고 대답했다.

처음 그 말을 들었을 때는 언뜻 이해가 안가서 "그게 뭐가 다른데요?"라고 묻자 "알곡 교인 100명이 되려면 쭉정이까지 4백 명은 돼야하지 않겠습니까? 마태복음 13장에도 있잖아요. 똑같이 씨를 뿌려도 길가에 떨어지는 것, 돌짝밭이나 가시덤불에 떨어지는 것, 좋은 밭에 떨어지는 게 있잖아요. 그러니까 좋은 밭에 떨어진 알곡 교인이 100명 정도 되려면 길가나 돌짝밭, 가시덤불에 떨어지는 교인까지 다 합쳐 전체 교인이 4백 명은 돼야 합니다. 지금 교회 성장하는 걸로 봐선 금세 4백 명이 될 겁니다. 그때 우리 교회를 먼저 싹 지어놓고 선교사를 보내도 보냅시다"라고 나를 설득했다.

그 말을 마치자 제직들이 일제히 박수를 치며 동의했다. 하나님의 명령이라는 난제 앞에서 다들 '고양이 목에 방울'은 못 달고 전전긍긍하다가 한 사람이 알아서 명쾌하게 답을 내주니 얼마나 반가웠겠는가. 나 역시 그 말에 혹했다. 가만히 들어보니 맞는 말 같았다. 하나님의 명령에 순종하지 않겠다는 것도 아니고, 지혜롭게 처리하겠다는 건데 하나님도 이해하실 것 같았다.

솔직히 말하면 그보다는 제직들의 뜻에 반하여 선교사 파송을 진행하면서 겪게 될 무거운 짐과 갈등이 너무 뚜렷하게 보여서 나도 모르게 "그럼, 그렇게 합시다"라고 동의하고 제직회를 끝마쳤다. 그러고도 별 거리낌이 없었다. 나는 분명히 하나님의 뜻을 전했지만 제직들이 말렸고, 그 뜻을 거부하자는 게 아니라 기간을 좀 유보하자는 것이었기 때문에 다들 홀가분한 마음으로 교회를 나섰다.

그런데 시간이 지날수록 마음이 불편했다. '과연 선교사 파송을 미룬 것이 옳은 결정일까?'라는 생각이 계속 맴돌았다. 내게 하나님은 아버지처럼 편하고 좋은 분이기도 하지만 두렵고 떨리는 존재이기도 하다. 하나님을 떠나 죽음의 목전까지 갔던 체험은 내게는 일종의 영적 트라우마로 남아 있었다. 그것이 내게 족쇄가 된 것은 아니지만 즉각적인 순종이라는 좋은 습관을 갖게 한 것도 사실이다. 하나님께서는 당신의 명령과 약속에 있어서 변개가 없으시며 물러섬도 없으시다는 것을 몸으로 체험했기 때문이다.

일주일 내내 같은 생각으로 고민을 했지만 답은 나오지 않았다. 결국 고민은 문제를 해결하지 못한다. 내가 그때 그 문제를 놓고 하나님 앞에 기도했다면 상황은 달라졌을지도 모른다.

눈앞의 현실에 약해진 내 믿음을 주님 앞에 솔직하게 내놓았다면 하나님은 분명히 나를 도우셨을 거다. 하지만 그 때 나는 하나님께 내 고민을 털어놓지 않았다. 그보다는 선교사 파송을 미룰 수밖에 없었던 현실적 상황을 변명처럼 늘어놓았다.

그렇게 갈등과 고민 속에서 일주일을 보내고, 4월 13일 주일을 맞았다. 그리고 그 날 아침 나는 쓰러졌다. 멀쩡하게 아침 잘 먹고, 교회 갈 준비까지 다 마친 후에 잠깐 화장실에 들렀다 나오는 길에 쓰러진 것이다. 화장실 문 밖에 발을 딱 내딛는데 발밑에서부터 온몸이 찌릿하더니 무시무시한 전기가 오른쪽 다리에서부터 대각선으로 몸을 관통하면서 지나갔다. 그러면서 바닥에 쓰러졌는데 손가락 하나 움직일 힘도 없었다.

몸은 풀어놓은 반죽처럼 바닥에 붙어 버렸고, 비명을 지르려고 해도 혀가 굳어 말이 나오지 않았다. 몸의 반쪽은 완전히 마비가 되었고, 나머지는 힘이 빠져 전혀 움직일 수가 없었다. 다행히 한쪽 발을 바깥에 내딛고 나서 쓰러졌기 때문에 아내가 넘어지는 소리를 들을 수 있었다. 깜짝 놀라 달려온 아내는 용을 쓰며 나를 거실로 옮겼고, 구급차를 부르겠다며 전화를 찾으러 갔다.

하지만 나는 병원에 갈 수 없었다. 곧 있으면 예배시간인데 목사가 이러고 있어서는 안 된다고 생각한 것이다. 그래서 구급차 부르는 걸 극구 말렸다. 그 몸으로 교회에 가겠다고 우긴 것이다. 그때까지만 해도 조금만 누워 있다가 일어나면 괜찮을 거라고 생각했기 때문에 그런 고집도 피울 수 있었다. 병원에 가는 대신 아내가 나를 부축해서 교회에 가기만 하면 하나님이 나를 일으켜 주실 거라 믿었다. 그런데 5분이 지나고 10분이 지나고, 한 시간이 지나도 몸은 회복되지 않았다. 다리와 팔이 내 것이 아닌 것처럼 감각도 없고, 힘도 없어서 꼼짝할 수 없었다. 결국 예배 시간이 끝날 때까지도 몸에 변화가 없어서 교회 가는 것은 포기했다. 그때는 아내도 나도 지쳐 있었다. 하루 종일 뻣뻣한 몸을 움직이려고 기를 쓰다 보니 내 온 몸은 땀으로 흠뻑 젖었고, 같이 용을 쓰던 아내도 맥이 빠져 나를 멍하니 바라보고만 있었다.

병원에는 절대 안 가겠다고 고집을 피우는 내게 아내는 어떻게 말해야 할 지 몰랐던 것이다. 한참을 그렇게 있는데 교회에서 전화가 왔다. 아내는 내가 쓰러졌다는 얘기와 교회에 갈 수 없게 된 사정을 간단하게 얘기했다. 그리고 교회에 빨리 가려면 병원에 가야한다고 설득했다. 하지만 나는 막연하게나마 이건 병원 가서 해결될 일이 아니라는 생각이 들었다. 분명히 하나님이 치신 건데 병원에 간들 무슨 소용이 있으랴 싶어 안가겠다고 우겼다. 그런 나의 속마음까지는 몰랐던 아내는 내 고집 꺾기를 포기하고 나를 안고 끌고 잡아 당겨 겨우 방 안에 눕혀 주었다.

소리 죽여 우는 아내의 눈물을 보자 나는 하나님께 화가 났다. "하나님 왜 이러십니까? 대체 이게 뭡니까? 목회자가 주일에 예배 인도하러 교회에 가려고 하는데 반신불수가 되면 누가 좋게 받아들이겠습니까. 이것이 과연 주님의 영광을 나타내는 일입니까? 정말 왜 이러십니까?" 그렇게 마음속으로 하늘을 향해 종주먹을 들이댔다. 하지만 하나님은 아무런 응답도 없으셨다. 아무리 묻고 또 물어도 묵묵부답인 하나님께 몸부림치며 기도했지만 아무것도 변하는 건 없었다. 그렇게 일주일을 지내면서 나는 철저하게 '진영 밖의 삶'을 경험했다. 가족과 교회 공동체, 하나님으로부터 단절된 그 고독 속에서 내 삶을 하나하나 되돌아보기 시작했다. 하나님은 참새 한 마리도 허락 없이는 떨어지지 않게 하시는데 주일 아침에 목회자를 이렇게 쓰러뜨려 반신불수가 되게 하신 데는 분명히 이유가 있을 것이었다.

분노가 가라앉고 원망이 사라지고 난 뒤 나는 겸손하게 하나님께 이 일을 행하신 뜻을 물었다.

"하나님, 이 일을 통해 깨닫게 하실 하나님의 뜻은 무엇입니까?"

그때서야 하나님의 음성이 들렸다.

"야, 목회는 니가 하는 거냐, 내가 하는 거냐?"

"그거야 하나님이 하시는 거죠. 하나님이 맡기셔서 제가 하는 거니까요."

"그래, 그런데 왜 너는 내가 하라는 대로 안 했어?"

"제가 안 한 게 뭐가 있습니까? 교회 개척하고 3년 동안 부흥회 다니면서도 교회를 열심히 돌봤는데요?"

"왜 내가 선교사 파송하라고 했는데 안 했어. 세례교인 100명이 되면 해외에 선교사를 보내라고 분명히 말했잖아. 왜 안했어?"

마지막 "왜 안 했어"라는 주님의 음성이 어찌나 쓸쓸하던지 가슴이 미어지는 것 같았다. 나의 불순종이, 하나님보다 사람을, 나를 더 생각했던 나의 얄팍한 믿음이 하나님을 슬프게 한 것이다.

그때 내 기도가 생각났다.

'하나님의 도구로 사용하여 주옵소서. 하나님의 종으로 살겠습니다.'

이 기도에 응답하신 하나님은 나를 목회자로 부흥사로 일하게 하셨고, 한국과 세계선교를 향한 큰 계획 중에 나를 포함시켜 주셨다. 그런데 내 삶의 영역을 내가 정하고, 하나님과 타협하려고 했다. 종이 주인이 되겠다고 한 것이고, 도구가 자신의 쓰임새를 스스로 정하겠다고 나선 꼴이었다. 한 마디로 '종'과 '도구'로서의 정체성을 스스로 버린 셈이니 나는 살아도 죽은 거나 다름없었다. 나의 몸을 치심으로써 나의 영적 상태를 보여주신 하나님, 더 이상 말씀하시지 않았지만 나를 향한 안타까움이 손에 만져질 듯 생생하게 느껴졌다.

하나님은 내게 이렇게 말씀하시는 것 같았다.

"왜 안 했어. 그게 한국 교회가 앞으로 할 일을 보여줄 상징적인 건데, 왜 안 했어. 이 상가교회가 세계선교를 한다고 하면 다른 교회들이 가만히 있겠니. 그 영향력이 얼마나 크겠니. 그렇게 선한 영향력을 펼치게 하려고 이 일을 네게 맡겼는데 왜 안 했니."

하나님은 되뇌시며 계속 가슴 아파하셨다. 그 마음이 전해지자 나는 아무 말도 할 수 없었다.

하나님 한 번만 더 기회를 주십시오

"하나님 잘못했습니다. 한번만 더 살려주세요. 한번만, 제발 한번만 더 살려주세요. 한 번 더 살려주시면 이제는 두말하지 않고 하겠습니다. 제가 사람 눈치 안 보고, 인간적인 계산을 하지 않고 주님 말씀에만 순종하겠습니다."

날마다 순간마다 나는 이 기도를 반복했다. 몸과 혀가 굳은 채

로 고독의 시간을 보내는 그 시간이 괴로워서가 아니었다. 주님
께 순종하지 않은 채로 하나님 앞에 나설 수가 없었기 때문에 나
는 꼭 살아야 했다. 반드시 다시 일어서서 하나님이 하라고 하신
것을 해야만 했다. 그래서 한번만 더 기회를 달라고 기도했지만
하나님은 대답하지 않으셨다.

하나님의 침묵 가운데 2주째로 접어들었다.

오직 내 기도는 한 번 더 기회를 달라는 것이었다. 빨리 나아서
하나님께 순종하는 모습을 보여드려야겠다는 열망 뿐 교회에 대
한 걱정은 없었다. 그동안 내가 주일 설교를 빠뜨린 적은 없었지
만 그래도 일주일에 6일은 외부 활동을 했기 때문에 교인들이 크
게 동요하지 않을 거라고 생각했다. 게다가 하나님의 은혜로 설
교를 임택진 목사님이 맡아 주셨다. 그 당시 청량리 중앙교회에
서 은퇴하신지 얼마 되지 않았을 때라서 우리 교회를 돌봐주실
시간적 여유가 있었다. 그런 모든 타이밍이 교회를 지키시려는
하나님의 뜻이라고 생각하고 감사 또 감사했다.

보름쯤 지나도 다시 복귀하겠다는 연락이 없자 교회 집사님들
이 병문안을 왔다. 병이 얼마나 위중한지 차도는 있는지 궁금해
서 온 것이다. 그런데 병색이 완연한 얼굴로 내가 몸을 일으키지
도 못한 채 흰 눈동자만 굴리고 있는 걸 보고는 다들 당황한 기
색이 역력했다. 나는 '걱정하지 말라'고 '하나님이 다 고쳐주실
거라'고 얘기하고 싶었지만 말이 되어 나오지 않았다.

전혀 알아들을 수 없는 말을 웅얼거리는 내게 집사님들은 "교회 걱정은 말고 몸조리에 힘쓰라"는 말을 하고는 급히 자리를 떠났다. 그리고는 다시는 찾아오지도 연락도 없었다. 아마도 내 상태를 보니 한 두 달 안에 나을 것 같지 않은데다 병원에도 안 간다고 옹고집을 부리니 나의 목회 인생은 끝났다고 생각했던 것 같다.

다른 사람들에게 내가 어떻게 보이는지도 모르고 나는 계속 기도에만 매달렸다. 그리고 있는 힘을 다해 손가락과 발가락을 움직여 보려고 노력했다. 하지만 3주째가 다 되도록 몸을 움직이기는커녕 말 한마디도 제대로 나오지 않았다. 그래도 포기하지 않고 기도하며 혼자 사투를 벌였다.

그렇게 3주째를 맞이했는데 수요일 아침에 발가락이 움직였다. 얼굴이 벌게지도록 용을 써도 남의 다리처럼 꼼짝 않던 것이 살짝 움직인 것이다. 너무 신기해서 다리를 당겨보니 다리가 일으켜졌다. 손가락도 움직이고, 발가락도 꼼지락거렸다 그리고 몸을 세워 자리에서 일어나 발을 떼보니 놀랍게도 걸음이 걸어졌다. 한 발짝 발을 내딛는데 어찌나 감격스럽던지 눈물이 왈칵 나왔다.

"하나님, 감사합니다. 다시 기회를 주셔서 감사합니다."

30년 넘게 아무렇지도 않게 일어나고 걷고, 몸을 움직여 살아왔는데 그것이 하나님의 은혜라는 것을 그때서야 깨달은 것이다. 하나님께서 허락하지 않으시면 한 발자국도 뗄 수 없는 연약한 존재인데 그 하나님께 순종치 않았으니 얼마나 큰 죄를 저질렀던가. 회개와 감사가 어우러진 그 발걸음을 온전히 하나님께만 맡기겠다고 다시 한 번 기도하며 나는 침상을 털고 일어났다.

가장 놀란 것은 가족들이었다. 아무런 예고 없이 갑자기 내가 방문을 열고 나오자 처음에는 다들 혼비백산하였다. 그리고는 내 다리를 붙들고, 팔을 만지면서 완전히 회복했는지를 확인했다. 병원 문턱에도 안 가고, 약 한 봉지 안 먹었는데 온전하게 고침 받은 나를 보며 가족들도 나처럼 감격하고 하나님께 감사했다.

하지만 솔직히 말하면 온전하게 나음 받은 건 아니었다. 겉보기엔 멀쩡했지만 걸을 때마다 마비되었던 다리가 솜뭉치 같이 후들거렸다. 걸음은 힘이 없었고, 불안정했다. 가장 문제가 되는 것은 말이었다. 얼굴의 마비는 풀렸는데 혀는 여전히 굳어있어서 발음이 정확하게 나오지 않았다. 볼펜을 입에 물고 발음 연습을 열심히 했다. 목회자의 본분은 설교이니 하나님께서 어눌한 발음을 가만 두시지는 않을 거라고 생각했다. 하루아침에 낫지 않아도 언젠가는 꼭 고쳐 주실 거라 믿고 매일 발음연습을 했다.

남은 알곡 10명?

 몸이 회복되자 가장 먼저 교회가 생각났다. 그래서 주일이 되기를 손꼽아 기다려 교회에 갔다. 죽었다 살아난 것까지는 아니지만 나의 감격은 그에 버금갔다. 내 발로 걸어서 교회에 왔다는 사실이 그렇게 감사하고 기쁠 수가 없었다. 그런데 예배당 문을 열면서 그 감동은 순식간에 사라졌다. 예배당이 좁을 정도로 교인들로 북적였던 교회에 고작 어른 10명 남짓 앉아 있었다. 아이들까지 다 합해도 20명이 채 되지 않았다. 처음에는 내가 잘못 본 건가 싶어 다시 한 번 눈을 가늘게 뜨고 둘러봤지만 눈앞의 현실이 사실이었다. 고작 한 달 사이에 교인들이 다 떠나버린 것이다.

텅 빈 의자를 하나하나 볼 때마다 그 자리에 앉아있던 교인들이 떠올랐다.

'허, 이 사람들 다 어디 갔지?'

함께 찬양하고 기도하며 3년을 예배드린 사람들인데 그렇게 쉽게 떠났다는 게 믿기지 않았다. 그러다 내가 쓰러지고 2주 후에 병문안 왔던 집사님들의 표정이 생각났다.

'아, 그때 나를 보고 이 사람의 목회자 생명은 끝났다고 생각했겠구나. 기다려봤자 교회에 돌아올 가망이 없다고 생각했겠구나. 사람 믿지 말라고, 위기가 닥치면 하나도 안 남는다고 그러더니 정말 야박하기도 하다. 참 계산속도 빠르다. 어째 한 달을 못 참

고 다른 교회로 갔을까. 사람이 다 그렇지...'

그렇게 수긍은 했지만 진정으로 받아들여지지는 않았다. 텅 빈 예배당처럼 썰렁한 가슴에 서운하고 야속한 마음이 쌓였다.

설교를 하려고 강단에 섰는데 설상가상으로 말이 제대로 안 나왔다. 기를 쓰고 말해도 혀 짧은 소리만 나왔다. 발음이 부정확하고 말은 뚝뚝 끊겼다. 설교하는 나도, 듣는 교인들도 힘든 시간이었다. 일어나 걸을 수 있게 되면서 내손으로 밥을 먹고 양말을 신게 되면서 '이제 됐다' 한꺼번에 몰아닥쳤던 문제들이 하나씩 풀린다고 생각했는데, 정작 가장 큰 문제가 남아 있었던 것이다. 참고 기다리면 말도 예전처럼 돌아올 거라 확신했던 나의 마음이 설교를 하면서 점차 무너지기 시작했다.

남아있는 10명의 교인들은 보이지도 않고, 내 눈에는 빈자리가 확대되어 보였다. 그러자 혀가 더 꼬이는 것 같았다.

그래도 하나님의 도우심으로 무사히 예배를 마쳤다. 그런데 차마 발길이 떨어지지 않았다. 너무 긴장을 해서인지 온전치 않은 다리에 힘이 풀려서 나도 모르게 그 자리에 주저앉았다.

마침 십자가 아래였다. 정말 내가 쉴 곳은 '십자가 그늘 아래' 밖에 없다는 생각이 들면서 지난 한 달이 광야처럼 느껴졌다.

'저 햇볕 심히 뜨겁고 또 짐이 무거워

이 광야 같은 세상에 늘 방황할 때에

주 십자가의 그늘에 내 쉴 곳 찾았네.'

찬송가 415장에 나오는 구절처럼 교회의 빈자리가 큰 짐으로 느껴졌다. 하나님의 뜻을 받들기 위해 교회에 나왔는데 교인들이 다 빠져 나갔으니 무엇으로 선교사를 파송한단 말인가. 아득하면서도 답답했다.

과연 이 빈자리들이 무엇을 뜻하는지, 하나님께서 이것을 통해 말씀하시고자 하는 바가 무엇인지 알 수 없었다. 기도가 필요한 순간이었다. 나는 하나님의 뜻이 무엇인지 어떻게 해야 하나님의 명령에 순종할 수 있는지 그 길을 보여 달라고 기도하고 또 기도했다.

얼마나 기도를 했을까. 어스레해진 예배당이 지는 해의 따스함으로 가득 찼다. 그림자처럼 일렁이는 햇빛은 서편으로 지면서도 교회를 충만하게 하기에 부족함이 없었다. 해가 높이 떠 있을 때는 뜨겁기만 했는데 지는 해가 오히려 그 풍성한 빛의 위력을 보여주고 있었다. 그 빛을 보면서 나는 빈자리라는 큰 짐은 하나님이 아니라 내가 스스로 진 것이라는 걸 깨달았다.

교회 개척이라는 짐은 하나님이 지기로 하셨고, 나는 쉽고 가벼운 멍에를 지겠다고 했다. 교회는 하나님께서 채우실 텐데 그새 그 약속을 까맣게 잊어버리고 빈자리를 내가 채워야 한다는 부담을 등에 진 것이다. 그러니 그 짐이 무겁고 세상은 광야 같을 수밖에. 나는 무거운 짐을 내려놓고 다시 하나님만 바라보겠다는 결단을 새롭게 했다.

이후 6년 동안 나는 철저히 훈련받으며 더 겸손해질 수 있었다. 그 시간 없이 계속 교회가 부흥했다면, 처음의 기세로 불같이 일어났다면 나의 교만은 하늘을 찔렀을 것이다. 주중에는 부흥회, 주일에만 설교하면서도 큰 교회를 이루었다는 자만심에 하나님보다 높아지려는 마음이 생겼을지도 모른다. 하지만 하나님의 때를 기다리며 인내로 충성하는 그 시간을 통해 하나님은 나를 하나님의 진정한 종으로 다시 세우셨다.

첫 번째 선교사를 인도네시아에 파송하다

우리는 선교헌금을 모으는 한편 기독공보에 선교사 공모를 했다. 파송 지역은 동남아권으로 정하고 선교사 소명이 있는 분은 지원받았다. 그때 만난 분이 최광수 · 이현숙 선교사 부부다. 지금은 인도네시아에서 사역하고 계신 이 부부는 그때만 해도 신학대학원을 졸업하고 자신들을 선교지로 보내줄 교회를 찾던 중이었다.

세계선교는 아무리 소명을 받았다 할지라도 교회와 함께 해야 한다. 교회는 경제적인 지원 뿐 아니라 선교사를 훈련시키고, 사역을 올바르게 하고 있는지 지속적으로 확인하고, 그들을 위해 기도함으로써 함께 사역을 감당한다. 그러한 기도와 중보 없이는 세계선교를 해 낼 수 없기 때문이다. 최광수 · 이현숙 부부는 비록 선교 경험은 없었지만 선교 열정은 누구보다 뜨거웠다. 그래서 여러 명의 지원자가 있었지만 인도네시아 선교에 대한 소명이 있는 이분들을 선택했다.

그리고 1년의 기간을 두고 이들을 훈련하는 한편 선교기금을 열심히 마련했다. 제일 먼저 부딪힌 문제는 정착기금을 얼마로 책정하느냐였다. 일단 집과 자동차는 필수였다. 우리나라와 달리 동남아권은 대중교통이 발달하지 않았기 때문에 오지 등으로 선교를 가기 위해서는 반드시 차가 있어야 했다. 그리고 주로 가난한 이들에게 복음을 전해야 하기 때문에 그들의 배고픔을 덜어줄 수 있는 능력도 어느 정도 갖춰야 했다.

그런 점을 고려해서 정착기금을 2천만 원으로 정했다. 그리고 생활비는 매달 2백만 원을 보내기로 했다. 그 당시 4급 공무원인 외교관의 월급이 2백만 원이었다. 나는 우리나라를 대표해서 해외에 나가 있는 외교관처럼 선교사도 먹고 사는 것뿐만 아니라 현지 사람들의 문제를 해결할 수 있는 능력이 있어야 한다고 생각했다. 그래야 주민들이 잘 따라서 선교 활동이 원활해진다.

나는 선교사가 원주민과 같은 삶의 수준을 유지하는 것이 선교를 하는데 있어 효과적이라고 생각하지 않는다. 물론 선교를 돈으로 하는 것은 아니다. 하지만 빵이 필요한 이들에게 빵을 주고, 약이 필요한 자들에게 약을 주면서 말씀을 전할 때 더 잘 받아들여지는 것은 사실이다. 그래서 그 나라 외교관 정도의 삶은 유지해야 한다고 생각한 것이다. 이런 생각은 아마도 어린 시절

아버지께서 목사님께 헌신했던 모습을 보고 배운 게 아닌가 생각된다. 아버지는 반대의견을 무릅쓰고 목사님 사례비를 다른 교회의 3배 가까이 드리셨다. 결과적으로 목사님은 정말 목숨 걸고 목회에만 전념하셨다. 물론 사례비를 많이 드려서 목사님이 열정적으로 목회를 하신 건 아니지만 삶의 문제가 해결될 때 사역자는 영혼 구원에만 관심을 집중할 수 있다는 걸 체험적으로 배웠다. 그래서 선교비를 넉넉하게 책정한 것이다.

2백만 원은 우리나라에서도 결코 적은 돈이 아니었다.

84년 당시 대학입학금이 50만원이었고, 우리 교회의 한 달 살림 규모가 800만 원이었다. 그 중에서 2백만 원을 떼놓는 건 불가능했다. 그래서 선교헌금은 따로 작정하고 별도로 관리했다. 다른 용도로는 일체 사용하지 않았다.

그때부터 내 기도의 첫 번째 제목은 선교사 생활비, 선교비였다. 우리는 돈이 없으면 대출을 받거나 빌릴 수 있지만 선교사는 타지에서 도와줄 사람이 없기 때문에 매달 약속한 금액을 틀림없이 보내야 했다. 그래서 매달 하나님께 절실하게 매달렸다.

우리 교회와 선교지의 사정을 누구보다 잘 알고 계신 하나님은 항상 선교비를 채워주셨다. 선교비 봉투는 마르지 않는 화수분이었다. 교회 살림이 어려워져 쪼들려도 선교비가 부족해서 못보낸 적은 없었으니 얼마나 감사한가. 누굴 통해서라도 매달 2백만 원이 채워졌다. 물론 돈이 마르지 않았을 뿐 넉넉하여 흘러넘치지는 않았다. 매달 한 푼도 남기지 않고 싹싹 긁어서 보내야 그 돈이 채워졌다. 덕분에 내 기도도 끊이지 않았다.

"하나님, 이번 달에 선교비를 보낼 수 있게 해 주셔서 감사합니다. 다음 달 선교 헌금이 또 필요합니다. 채워주세요."

그러면 은혜의 하나님은 또 채워주시고 채워주셨다. 그렇게 해서 하나님이 나를 다시 일으켜주신지 6년 만에, 교회를 개척한지 9년 만인 1989년 1월 3일 최광수·이현숙 선교사 부부를 인도네시아에 파송했다.

우리 교회가 선교지로 삼은 동남아권은 사실 우리보다 먼저 복음을 받아들인 나라다. 어떻게 보면 그곳에 가서 선교를 한다는 것은 복음의 역수출이라고도 볼 수 있다. 동남아시아로부터 우리가 복음을 받아들인 것은 아니지만 이미 식민지 시절부터 기독교가 문화가 자리잡고 있는 곳에 가서 복음을 전하는 것은 넌센스라고 생각할 수도 있다. 처음에 인도네시아에 갔을 때 나의 마음이 그랬다.

'교회 뿐 아니라 자체 신학교까지 세워져 있는 곳에 가서 복음을 전한다는 게 과연 의미가 있을까.'

인도네시아에 첫 발을 내디뎠을 때 제일 먼저 든 생각은 그것이었다.

최광수 선교사님 선교보고

하지만 그것은 기우에 불과했다. 동남아시아는 삶의 방식이 우리나라와는 전혀 달랐다. 지금도 그렇지만 그때는 시내에서 조금만 벗어나도 말이 전혀 통하지 않는 부족들이 사는 마을이 수두룩했다. 그들도 역시 미국과 유럽의 지배를 받았던 고통의 시절이 있었다. 하지만 혹독한 세월만 있었을 뿐 그들에게는 복음이 전파되지 않았다. 아픔의 역사만 있었을 뿐이다.

그래서 80년대 후반까지도 자신들이 살던 방식 그대로 그들만의 언어와 종교를 지키며 살아가고 있었다. 오지로 들어갈수록 그런 미전도 종족들이 땅을 다 차지하고 있었다. 전도자의 입장에서는 좁디좁은 길로 이어진 황금어장이었다.

분명히 열매는 있겠지만 그 과정이 험난할 게 뻔한 그 일을 최광수·이현숙 선교사 부부는 기쁘게 감당했다. 신학교에서 교수를 하면서 미전도 종족들을 개별적으로 만나 복음을 전했다. 하나님의 뜻에 순명하며 헌신한 결과 인도네시아 오지에 복음이 전파되기 시작했다. 그분들과 선교에 관련해서 편지를 주고받으면서 얼마나 가슴이 뜨거웠는지 모른다. 눈빛만 마주쳐도 어떻게 대응할지 모르는 부족민에게 하늘의 하나님 그리고 예수 그리스도의 십자가를 전해주기까지 얼마나 많은 걸음을 걷고, 얼마나 많은 손짓과 발짓 그리고 서툰 언어로 대화를 시도했을까.

구령의 열정으로 순종하는 한 사람 한 사람으로 인해 하나님의 구원의 역사가 지금도 이어지고 있으며, 그 일에 우리가 참여하고 있다는 게 얼마나 큰 축복인지 세계선교를 통해 새삼 깨닫는다.

상가교회의 선교사 파송이 일으킨 파장?

해외 선교사 파송이 우리교회에서는 놀라운 간증거리였지만 다른 교회에서 보기에는 논란거리였다. 처음에는 목사가 완전히 미쳤다고 손가락질도 많이 당했다. 예배처소도 제대로 마련하지 못하고 상가에 들어가 있는 교회에서 선교사를 파송한다고 하니까 '목사가 아무것도 몰라서 저런 잘못된 일을 추진한다'고 비난했다. 그때 강남의 교회 중에 교인 천 명이 넘는 곳이 있었지만 선교사를 파송한 곳은 하나도 없었다. 그만큼 선교사 파송은 교회 운영에 무리가 되기 때문에 다들 신중하게 생각했던 것이다.

그런데 상가에 겨우 예배처를 마련한 교회가 선교사를 파송한다니 주변 교회들로서는 부담스러웠을 것이다. 하지만 나는 주변 반응에 전혀 개의치 않았다. 분명히 하나님께서 우리가 선교하는 교회의 모델이 될 거라고 말씀하셨으니 언젠가는 긍정의 파장이 일거라고 생각했다.

그리고 얼마 안 지나서 다른 교회에서도 선교사를 파송하기 시작했다. 하나님의 말씀처럼 우리 교회가 세계선교의 촉매제가 된 것이다. 성령의 역사는 불편함에서부터 시작될 때가 많다. 다른 교회에서 볼 때 교인 2백 명 밖에 안 되는 작은 교회가 선교사를 보냈다는 사실이 불편하게만 느껴졌겠지만 계속해서 그 사실이 마음에 부대끼는 걸 보면서 아마 느꼈을 것이다.

세계선교는 십자가를 세운 교회라면 어디서나 감당해야 할 하나님의 명령이라는 것을. 처음에는 한 두 교회가 선교사 파송에 나서더니 80년대 말부터 강남을 위시한 한국 교회에서 세계선교가 불일 듯 일어났다. 성령님은 한 분이시니 하나님께서 내게 말씀하신 한국 교회의 사명, 즉 선교하는 교회로 부르신 한국교회에 대한 하나님의 소망을 다른 교회에서도 깨닫고 순종하게 된 것이라고 생각한다.

뱃속 두둑한 기도의 맛

 비록 '잘못된 선택'으로 6년을 돌아갔지만 교회를 개척한 이후로 '선교하는 교회를 세우라'는 하나님의 말씀을 한순간도 잊은 적이 없다. 그래서 교회를 창립하고 그 이듬해인 1982년부터 세계선교를 위한 헌금을 따로 작정하고 별도로 관리해왔다. 그리고 평신도를 중심으로 성경공부를 하면서 선교회도 조직했다. 그래서 단독으로 선교사를 파송하기 전에 매년 선교사 한 분씩 후원했다. 그런데 생각만큼 세계선교에 대한 교인들의 관심이 깊지 않았다. 교회가 성장할수록 질적 성숙을 위한 씀씀이가 커지면서 세계 선교를 위한 헌금은 자꾸 뒤로 밀려가기 시작했다. 교회를 운영하기에도 빠듯하다는 걸 알았기 때문에 교인들에게 일방적으로 헌금을 요구하기는 어려웠다.

목회자들이 가장 곤혹스러워하는 부분이 헌금이다. 오해받기 십상이기 때문이다. 내 경우도 세계선교 헌금이나 미자립교회 등을 돕는 일에 동참하자고 말할 때마다 격한 반응을 받기 일쑤였다. 목사가 돈타령한다는 얘기를 듣기도 하고, 돈도 없으면서 왜 교회를 개척해서는 교인들에게 헌금을 요구하느냐는 말도 들었다. 그때마다 억울하고 또 가슴이 아팠다. 헌금은 목사를 위한 게 아니라 하나님께 바치는 것인데 교인들이 나를 향해 핏대를 올릴 때마다 숨이 턱 막히는 것처럼 답답했다. 진심이 이렇게까지 통하지 않을 수 있을까, 서운한 마음도 들었다.

교회를 개척한 이후로 나는 남편과 아버지로서의 자리는 비워 둔 채 살았다. 우리나라 뿐 아니라 세계 각국에서도 부흥회 요청이 들어와 명절은 고사하고 세 아이의 입학식이나 졸업식에도 한번 가보지 못했다. 그보다 더 가슴 아픈 것은 한창 먹어야 할 때 제대로 먹이지도 입히지도 못했던 것이다.

'돈 밝히는 목사'라는 얘기를 들을 무렵 나는 아들로부터 "아빠, 왜 우리 집 냉장고에는 아무것도 없어요. 친구네 가면 아이스크림도 있고, 과일도 있는데 왜 우리 집에는 하나도 없어요?"라는 말을 듣고 있었다. 목회자 사례비도 받지 못하고 집회를 다니면서 받는 사례비도 거의 다 교회에 헌금으로 드렸기 때문에 아이들에게 아이스크림 하나 못 사주는 아빠로 살았다.

그렇다고 아이나 교인에게 내 속을 뒤집어 보일 수도 없었다. 내가 기대고 의지할 분은 오직 하나님뿐이었다. 억울하고 아플 때, 힘들 때마다 나는 주님께 내 마음을 토로했다.

"하나님, 보셨지요? 제가 지금 너무 억울해요. 마음이 아파요. 나 좀 위로해 주세요."

그러면 하나님께서는 그 누구보다 따뜻하고 안온하게 나를 품어주셨다.

"내가 다 안다. 그러니 억울해 하지 말아라."

그 한마디에 목구멍까지 차올라왔던 서러움이 가라앉았다. 답답했던 가슴이 풀렸다. 주님의 그 음성을 듣지 못했다면 벌써 목회를 포기했을지도 모른다.

그만큼 교회 개척 초기에는 혼자 겪어야 할 아픔이 많았다. 몸도 고달팠고, 경제적으로 쪼들려 매달 빚쟁이 같은 마음으로 살아야했다. 그럴 때마다 기도했다.

"하나님 아버지, 이게 얼마나 힘든지 아시지요? 나 좀 도와주세요."

"하나님 나 아파요. 하나님도 아파보세요. 얼마나 힘든가! 빨리 고쳐주세요."

때로는 보채고 때로는 떼를 써도 하나님은 빙그레 웃으시며 나를 향해 얼굴을 드셨다. 그때 느끼는 기쁨과 감사는 이루 말할 수가 없다. 내 존재 그대로 나를 사랑하시고 받아주시는 그분이 천지를 창조하신 하나님이라니, 그분이 나를 알아주시고 이해하시고, 내 소원을 다 들어주신다니 정말 기도할 때마다 벅찬 기쁨이 가득했다.

그 기도의 맛을 알게 되니 뱃속이 두둑해졌다. 그건 고향에 부자 아버지를 둔 아들과 같은 마음이다. 인심 팍팍하고 삭막한 서울에서 이리 치이고 저리 치이며 살고 있지만 언제든 전화만 하면 내 이야기를 다 들어주시고, 내 목소리만 듣고도 상황을 다 아시는 아버지, 인생의 모든 지혜를 터득한 아버지는 나를 책임지고 내 갈 길을 일러주시는 내 인생의 동반자다.

그 아버지와 언제든 이야기를 나눌 수 있는 특권이 내게 있다는 것을 알았을 때 다윗의 고백처럼 '골수와 기름진 것을 먹음과 같이 나의 영혼이 만족함'을 얻었다. 그 만족함을 알면 알수록 '나의 영혼은 주를 더 가까이 따르게' 되었고 '주의 오른손이 나를 붙드시는 것'을 날마다 체험했다.

기도와 함께 내 삶의 나침반이 된 것은 "우리가 알거니와 하나님을 사랑하는 자 곧 그의 뜻대로 부르심을 입은 자들에게는 모든 것이 합력하여 선을 이루느니라"(로마서 8:23)라는 말씀이다. 내가 보기엔 선하지 않고, 고단하고 힘든 일도 하나님께서 합력하여 반드시 선을 이루실 거라고 생각하면 나를 괴롭히는 일들을 털어버릴 수 있었다. 그러다보니 눈앞이 캄캄해질 정도로 힘든 일도, 참지 못할 일도 없었다. 하나님께서 응답해주시면 문제가 해결되어 기쁘고,

'그리 아니하실지라도' 언젠가 선을 이루실 하나님께 감사하며 인내할 수 있었다. 선하신 하나님을 절대적으로 신뢰하면서 나는 '모든 것을 참으며 모든 것을 믿으며 모든 것을 바라며 모든 것을 견딜 수' 있게 된 것이다(고린도전서 13:7).

대법관이 부러워하는 목사?

 절대 신앙이 내 마음의 중심에 확고하게 서면서 인상도 달라졌다. 나는 천성이 느긋한 편이었지만 항상 날을 세우고 살아서 인상이 꽤 날카로운 편이었다. 오죽하면 별명이 '면도칼'이었겠는가. 하지만 하나님을 만난 후로는 '참 편안해 보인다'는 이야기를 많이 듣는다. 심지어 '철이 없다'고 말하는 사람도 있다. 맞는 말이다. 내가 교회 안에서만 살아서 세상 물정을 몰라서 그런 게 아니라 내 짐을 지고 가시는 예수님과 동행하기 때문에 태평하게 철없이 살 수 있는 것이다. 나는 그분과 함께 걸어가는 이 길이 너무 재미있고 행복하다.

그런 삶의 만족이 얼굴에 드러났는지 나이가 50줄이 넘어서면서 나를 부러워하는 서울대 동창들이 늘어났다. 처음 목회를 한다고 했을 때는 제 정신이 아니라며 다들 만류했던 친구들이 이제는 "야, 역시 니가 선택을 잘했다. 참 목사가 되는 것보다 더 좋은 건 없는 것 같다"며 말을 바꿨다. 그때마다 "누가 우리나라 최고 엘리트가 아니랄까봐 보는 눈이 정확하다"며 웃어넘겼지만 목사가 가장 보람된 일을 한다는데는 전적으로 동의한다.

사실 나는 친구들과 비교할 만한 대상이 아니다. 나는 작은 교회 목사지만 동창들은 세상적으로 성공한 상위 1%에 속하는 이들이기 때문이다. 그 친구들과 나는 젊은 시절에 각자가 선택한 가치를 붙들고 열심히 경주했다. 나는 하나님을 붙들었고, 친구들은 자신의 능력을 의지했다. 아마도 젊었을 때 친구들은 스스로 얼마든지 인생을 설계하며 멋지게 살 수 있을 거라 생각했을 것이다

하지만 나무는 그 열매로 안다. 50년이 지난 후 그들은 자신의 인생 나무에 열매는커녕 자신이 심은 그 나무의 그늘에서조차 쉴 수 없다는 것을 알게 된 것이다. 사회적 지위와 돈, 명예, 권력은 쌓으면 쌓을수록 삼각형의 꼭지점처럼 인생의 불안감이 커진다는 것을 깨달은 것이다. 그러자 예전에는 '질그릇'이라고만 여겼던 내 인생에 '보배로운 예수 그리스도'가 함께 하신다는 것을 알게 된 것이다.

이제 내 안의 보배, 예수 그리스도로 인해 내 인생은 남들이 부러워하는 인생이 되었다. 오죽하면 대법원에 가서 예배를 드릴 때 대법관들이 나를 보며 "제가 조금만 젊었어도 신학을 했을 텐데.. 참 아쉽습니다"라고 했을까. 이러니 내가 어찌 매일 기쁘게 목회를 하지 않을 수 있겠는가.

목회자 중심의 세계 선교회를 창립하다

부흥사로 활동하다 보니 총회 부흥전도단에서도 일하게 되었다. 총회 부흥전도단은 서울과 영호남 등 지역별로 나눠 부흥사들이 함께 모여 비전을 나누고 전도사역의 방향을 정하는 단체다. 나는 서울 부흥전도단에서 주로 활동했는데 거기에는 선교에 뜻을 둔 목회자들이 많았다. 내가 목사가 된 계기와 교회를 개척하게 된 사명이 바로 선교에 있었기 때문에 서울 부흥전도단에서도 나는 선교가 교회의 사명이라고 강조했다. 그러다보니 국내 전도 뿐 아니라 세계선교에 대한 사명을 함께 감당하고자 하는 목사들이 속속 모여들었다. 뜻을 함께 하는 목사님들이 생기자 나는 이것도 하나님께서 원하시는 일이라 생각하고 '기독교세계선교회'라는 모임을 추진했다. 그때 만난 목사님이 박기천, 박동선, 김대근, 문형규 목사님 등이다.

또 한 명의 창립 멤버인 추종식 목사님은 부흥회를 통해 만났다. 부흥회를 할 때면 식사 때마다 자연스럽게 담임 목사님과 깊은 이야기를 나누게 된다. 그때 내가 교회의 사명인 선교에 대해 이야기했는데 목사님이 크게 공감하셨다. 그리고 '기독교세계선교회'를 통해 개교회가 연합하여 세계선교에 앞장서는 것이 중요하다는데 동의했다. 다들 선교에 대한 사명감은 있지만 엄두를 못 내고 있다가 함께 모이자는 말에 용기를 낸 것이다.

그래서 결성된 것이 '기독교세계선교회'이다. 추종식 목사, 박기천 목사, 김대근 목사, 박동석 목사, 문형규 목사, 이길자 목사, 장기범 목사, 김범식 목사, 안재호 목사가 창립멤버다.

그때 나는 오래 전부터 우리교회에서 평신도를 중심으로 선교회 활동을 해왔었다. 그런데 개교회 내에서 아무리 열심히 기도하고 선교헌금을 모은다고 해도 할 수 있는 일은 너무나 제한적이었다. 그러다보니 각 교회를 하나로 묶을 수 있도록 목회자 중심의 선교회를 조직하는 게 필요했다. 앞으로 한민족 시대가 도래할 때를 대비하여 연합선교로 교회가 뭉쳐야 했다.

다행히 목사님들이 내 의견에 동의하셨고 우리는 1993년에 기독교세계선교회를 발족했다. 전 인류(Whole people), 전 복음(whole Gospel)을 위한 선교를 보다 효과적으로 수행하기 위해 초교파 선교단체로 결성하고 사단법인화하여 국제적 위상을 갖추었다.

동남아시아를 중심으로 선교를 하기로 하고 각 선교지에서 사역하시는 선교사님들을 돕기로 작정하였다. 그 첫 번째로 필리핀에 교회를 세우기로 했다. 문제는 거기서부터 시작됐다. 내가 상가 교회에서 선교사 파송을 얘기했을 때 제직들의 반대에 부딪혔던 것처럼 목사님들 역시 그 의견을 관철시키기가 쉽지 않았다. 특히 박기천 목사님은 늦게 목회를 시작하셔서 교회를 개척하신지 얼마 안돼서 선교하자는 말이 차마 나오지 않았다고 한다. 신학교에 다니면서 세 가정이 모여 예배를 드릴 때부터 선교

헌금을 따로 관리하셨을 만큼 선교에 대한 열정은 뜨거웠지만 교인들을 설득할 생각을 하니 진땀이 날 정도로 긴장되셨다고 한다.

몇 날 며칠을 두고 고민하다가 더 이상 미룰 수 없을 만큼 날짜가 임박해지자 밤잠을 이룰 수가 없을 정도로 마음이 무거우셨다고 한다. 그래서 새벽 일찍 교회에 나가 십자가를 붙들고 기도하셨다.

"주님, 저희 교회는 지금 몇 명 모이지도 않는데 선교를 한다고 하면 받아들여 줄까요? 우리도 빨리 땅을 사서 교회를 세워야 하는데, 제 앞가림도 못하면서 필리핀에 교회를 세우겠다고 하면 과연 이해해줄까요?"

기도는 계속했지만 답답한 마음은 풀리지 않고 어찌해야 할 바를 알 수 없었다. 그때 갑자기 눈앞에 우물이 나타났다. 하나님께서 환상을 보여주신 것이다. 그리고 그 우물의 물을 퍼 올리라는 음성이 들렸다.

우물 속을 들여다보니 까마득하게 깊은 바닥에 맑은 물이 찰랑이는 게 보였다. 목사님은 하나님의 명령대로 두레박을 들어 물을 한 바가지 퍼냈다. 이번에는 우물 속을 들여다보라고 하셨다. 다시 우물 안을 쳐다보니 처음처럼 바닥에 맑은 물이 하나도 줄지 않고 고여 있었다. 목사님이 퍼 올린만 만큼 하남이 신선한 물을 또 채워주셔서 우물물의 양이 조금도 줄지 않았던 것이다. 그렇게 우물 속을 보고 있는데 하나님께서 "이게 바로 선교다"라고 말씀하셨다고 한다.

"이게 바로 선교다. 너희는 우물의 물을 누가 채운다고 생각하느냐. 나의 뜻대로 물을 사용하면 내가 그만큼 새롭게 채운다. 너희는 내 뜻대로 그 물을 사용하는데 힘써라. 물을 채우는 건 내가 하고, 너희는 그 물을 잘 쓰는 것에 충실하라."

그 말씀을 듣자 가슴에 돌처럼 얹혀 있던 답답함과 두려움이 거짓말처럼 사라졌다고 한다.

"그래, 선교는 하나님의 능력으로 하는 거지, 내가 하는 게 아니지. 우리가 퍼낸 만큼 채워주시는 하나님, 그분이 기뻐하시는 일을 하는데 내가 두려울 게 무엇인가"

환상과 주님의 음성으로 기도 응답을 받은 목사님은 그날 새벽예배의 설교 내용을 완전히 바꾸셨다. 새벽에 본 환상과 하나님의 말씀을 교인들과 함께 나눈 것이다. 우물물을 통해 그 뜻을 분명히 보이신 하나님께 순종하는 것이 우리의 몫이라고 설교하실 때 교인들은 '아멘'으로 화답했다고 한다. 그래서 박기천 목사님이 시무하시는 사랑의 교회도 선교헌금을 별도로 드리면서 선교사 파송과 세계선교에 동참할 수 있게 되었다.

잃었다가 다시 찾은 헌금

 기독교세계선교회로 모인 여섯 명의 목사는 1995년 11월 필리핀을 향해 떠났다. 우리의 가방 안에는 각 교회에서 모은 헌금이 들어있었다. 그동안 기도로 중보한 필리핀 매트로 마닐라 선교지를 탐방하고, 교회 건립을 위한 1차 장소물색을 위해 우리가 직접 필리핀으로 갔다. 여행이나 관광 목적이 아니었기 때문에 여행사의 도움을 받지 않고 목사님들이 역할을 나눠서 비행기 표도 사고, 교통수단을 알아보았다. 가이드와 함께 했으면 훨씬 여정이 수월했겠지만 한 푼이라도 아껴야 한다는 생각에 이른바 '맨 땅에 헤딩'을 한 것이다.

마닐라에 도착해서 겨우 찾은 호텔은 우리나라 모텔 수준만도 못했다. 방에 들어가자마자 퀴퀴한 곰팡이 냄새가 코를 찌르고, 누리끼리하게 때가 끼어있는 침구는 한눈에 봐도 눅눅해보였다. 사방이 다 엉성하고 눈에 차는 게 없는데, 딱 하나 다행스러운 게 있었다. 호텔 주인이 한국인이었다. 눈살을 찌푸리게 하는 호텔 분위기에 다들 기분이 가라앉았는데 "안녕하세요. 한국분들이시죠?"라는 말 한 마디에 여행의 피로가 다 씻기는 것 같았다.

위로를 받은 건 우리뿐이 아니었다. 호텔 주인 역시 타지에서 살면서 한국 사람을 만나지 못하다가 우리를 보자 고향 사람을 본 것 같다고 얼싸안으며 좋아했다.

간단히 짐을 풀고 내려오자 호텔 주인은 간단한 다과와 함께 이야기보따리를 풀어놓았다. 필리핀에 오게 된 계기, 마닐라에서 자리를 잡고 꿈을 이루기까지의 인생역전을 한 편의 드라마처럼 잘도 풀어냈다. 혈혈단신으로 필리핀에 와서 온갖 부정과 부패가 만연한 이곳에서 버젓이 호텔을 운영하며 사는 그분이 얼마나 대단해보였던지, 파노라마처럼 펼쳐지는 그의 굴곡진 인생사를 들으며 함께 울고 웃고 가슴 아파하다보니 우리는 호텔 주인이 오랜 친구처럼 믿음직스럽고 친근하게 느껴졌다.

한바탕 무용담을 듣고 잠자리에 들기 위해 숙소로 향하려는 우리를 향해 호텔 주인은 각별히 몸조심하라고 당부했다. 필리핀은 한국과 전혀 다른 곳으로 치안이 보장되지 않는다고 했다. 강도와 폭력배들이 호텔 객실에도 급습하고 백주대낮에도 길 가는 사람 옆구리에 칼을 대고 위협하거나 권총을 들이대며 강탈해도 경찰조차도 돕지 않는다고 했다. 그러니 스스로 몸조심하고 돈을 숨겨야 한다고 신신당부했다.

그 얘기를 듣자 걱정이 산더미처럼 몰려왔다. 교회 건축을 위해 헌금을 들고 왔는데 그 큰돈을 어디에 숨긴단 말인가. 당황한 우리의 표정을 보더니 호텔 주인은 그렇게 불안하면 자신이 여권과 돈 그리고 중요한 소지품을 맡아주겠다고 했다. 돈을 갖고 다니는 건 목숨을 손에 들고 다니는 것처럼 위험한 일이니까 외출할 때도 자신에게 맡기고 가라고 했다.

그 말을 듣자 얼마나 안도가 되던지, 누구 하나 의지할 수 없는 필리핀에서 귀한 친절을 베푸는 주인을 만나게 하신 하나님께 우리 모두 감사하면서 건축헌금 14,800달러를 맡겼다. 여권도 범죄에 이용될 수 있다는 말에 그것도 다 맡겼다. 그리고 각자 방으로 흩어져 편안한 맘으로 잠을 청했다.

다음날 새벽, 여독이 채 풀리지 않은 우리는 청천벽력 같은 소식을 들었다. 한시라도 빨리 사역 현장에 가기 위해 꼭두새벽에 일어났는데 호텔 주인이 사라진 것이다. 물론 선교헌금도 우리들의 여권도 함께 사라졌다. 그날 일정 중에서 가장 중요한 일이 신학교 건축 부지를 보는 것이었는데 빈손으로 가면 무슨 소용이 있겠는가. 미리 땅을 알아보고 우리가 오기만을 기다리고 있을 선교사님을 생각하자 앞이 캄캄했다. 어렵사리 모은 그 헌금은 어디서 또 구한단 말인가. 너무 기가 막혀서 기도할 엄두도 나지 않았다.

그래도 한 목사님이 상황수습에 나섰다.

"어제 우리와 그렇게까지 마음을 나누었는데 잠깐 볼일을 보러 간 게 아니겠냐"며 호텔 지배인에게 자초지종을 들어보자고 했다. 우리는 한 가닥 기대를 가지고 로비로 몰려갔다. 하지만 그 역시 주인의 행방을 모르고 있었다. 인간적인 배신감은 둘째 치고 헌금을 몽땅 도둑맞았으니 가지도 오지도 못할 상황이었다. 어쩌자고 처음 본 사람에게 헌금과 여권을 다 맡겼는지 무엇엔가 단단히 홀린 것 같았다.

머릿속에 온갖 불길한 생각이 가득했지만 누가 먼저랄 것도 없이 다들 그 자리에 무릎을 꿇었다. 손도 발도 다 묶인 상황에서 하나님 말고는 의지할 데가 없었다. 간절한 마음으로 이 환난에서 벗어나게 해 달라고 기도를 하고 있는데 갑자기 주변이 시끄러웠다. 혹시 호텔 주인이 돌아온 것은 아닐까 싶어 눈을 뜨고 주위를 둘러보자 마을 사람들이 우리를 둘러싸고 서 있었다. 새벽 댓바람부터 외국인 남자들이 호텔 로비에 모여 무릎을 꿇고 기도를 하니 사람들이 이상히 여기고 모여든 것이다.

한참 동안 자기들끼리 웅성거리던 그 마을 주민 중 한 사람이 우리를 향하여 소리를 질렀다. 자세히 들어보니 돈과 여권을 포기하라는 말이었다. 그는 호텔 주인이 어젯밤에 우리의 돈과 여권을 갖고 카지노에 갔을 거라면서 지금쯤이면 벌써 다 탕진해버렸을 테니 아예 포기하는 편이 나을 거라고 했다.

안 듣느니만 못한 충고였다. 믿고 싶지 않은 얘기를 듣자 실망감이 차올랐다. 우리를 더욱 맥 빠지게 했던 것은 곁에 서 있던 호텔 지배인의 증언이었다. 그는 호텔 주인이 평소에도 카지노에서 살다시피 한다고 했다.

그 말을 듣자 '이젠 끝났구나' 싶었다. 그렇다면 호텔 주인은 분명히 선교헌금을 가지고 카지노에 갔을 것이고, 아침이 됐는데도 안 나타난다는 것은 밤새 그 돈을 다 잃었다는 걸 의미한다고 생각했다. 거기까지 생각하니 온몸에서 피가 싹 빠져나가는 것 같았다. 입술이 바짝 타들어간 목사님들은 이제 다른 도리가 없다면서 되든 안 되든 경찰에 신고부터 하자고 했다. 하지만 경찰서 위치를 찾으면서도 마음이 답답했다. 경찰이 강도를 보면서도 잡지 않는다는 얘기를 전날에 이미 호텔 주인에게 들었기 때문이다. 경찰이 돈을 줄 거란 기대는 없었지만 뭐라도 하지 않으면 안될 것 같은 다급함에 우리는 열심히 경찰서를 찾았다.

그때 어떤 남자가 우리에게 다가왔다. 급하게 달려 왔는지 숨을 헐떡이면서 목사님의 소맷자락을 붙잡았다. 행색이 초라하고 피곤해 보이는 청년이었다. 다들 경찰서를 찾느라 그 청년에게 큰 관심을 두지 않았는데, 청년이 누구에게랄 것도 없이 뭐라고 몇 마디 중얼거리더니 신문지 한 뭉치를 건네줬다. 그리고는 온 그대로 급하게 달려 나갔다. 순식간에 벌어진 일이라서 누구 하나 그 청년을 잡지 못했다. 그때서야 목사님들의 관심이 신문지 뭉치에 쏠렸다. 청년의 기색으로 봐선 뭔가 중요한 물건 같았다.

그래서 탁자 위에 올려놓고 신문지 뭉치를 펼치는 순간, 다들 자신의 눈을 의심했다. 그리고 뜨거운 눈물을 흘리며 하나님께 감사의 기도를 드렸다. 그 신문지 안에 한 번도 사용하지 않은 신권으로 14,800달러가 있었다. 호텔 주인에게 맡긴 그 액수였다. 그 돈이 한 푼도 빠짐없이 그대로 우리 손에 되돌아온 것이다.

'어떻게 이런 일이 있을 수 있나?'

하나님의 도우심을 간구했으면서도 우리는 눈앞에 벌어진 기적을 믿기 어려웠다.

하지만 믿음이 약한 자도 하나님은 강권적으로 도우신다. 우리는 감사기도를 하면서 그 돈이 우리 손에 다시 되돌아오기까지 인도하신 하나님의 섬세한 도우심의 손길을 느낄 수 있었다. 만약 호텔 주인이 밤새도록 배팅을 하면서 그 돈을 다 잃었다면, 우리에게 돈뭉치를 건네준 그 청년이 오는 도중에 신문지를 열어보았다면, 우리가 방에서 아침 일찍 일어나지 않아서 호텔까지 달려온 그 청년을 로비에서 만나지 못했다면, 우리는 그 돈을 돌려받지 못했을지도 모른다.

생각해보면 돈을 찾을 수 있는 확률보다 영영 못 찾을 확률이 더 컸다. 하지만 하나님께서는 선교헌금을 바친 성도들의 기도를 들으시고 악한 권세로부터 헌금을 지켜주셨던 것이다. 비록 호텔 주인은 악한 마음을 먹었지만 선하게 인도하셔서 그 마음을 돌이키게 하셨다. 그리고 그에게 지혜를 주셔서 그 돈을 신문지에 둘둘 말아 아무렇지도 않게 심부름을 시킴으로써 우리에게 무사히 전달되도록 하셨다. 악한 동기도 선하게 인도하시는 하나님의 섭리는 그 날 아침 우리 목사님들 뿐 아니라 마을 주민들과 호텔 지배인의 마음속에서 강하게 각인되었다.

어떤 상황에서도 하나님이 우리를 지키실 것이란 확신이 들자 우리의 발걸음은 한결 가볍고 마음은 담대해졌다. 낯선 나라에서 땅을 알아보고 계약하는 일이 쉬운 것은 아니었지만 우리는 하나님의 섭리 가운데 순조롭게 그 일을 마칠 수 있었다. 샬롬교회는 그런 하나님의 역사하심 가운데 세워진 교회다. 기독교세계선교회의 첫 번째 열매이기도 하다. 교회를 세울 때부터 작은 일까지 간섭하시고 인도하신 하나님은 이미 그 교회를 통해 역사하실 놀라운 계획을 갖고 계셨다.

우리는 필리핀 현지에서 샬롬교회를 짓는 과정을 보지는 못했지만 조철휘 선교사님께서 보내주시는 사진과 편지 내용으로 그곳의 분위기를 생생하게 느낄 수 있었다. 샬롬교회를 건축한 곳인 필리핀의 케손 산 마테오 지역은 그때만 해도 외진 곳이었다. 그런 곳에 교회가 들어선다는 것만으로도 주민들의 관심을 살 수 있었던 것 같다. 건물이 완공되어 가는 모습을 보여주는 사진 속에는 언제나 호기심 어린 눈으로 교회 주변을 어슬렁거리는 주민들의 모습이 빠지지 않았다. 그 사진을 볼 때마다 '하나님께서 저 영혼의 발걸음을 교회로 인도하셨으니 교회가 완성되면 함께 예배드릴 수 있게 해 달라'고 날마다 기도했다.

하지만 교회가 완공되자 사람들의 관심은 시들해졌다. 예배드리러 오는 사람이 많지 않았던 것이다. 그때 조철휘 선교사님이 많은 고생을 하셨다. 밤낮으로 기도하고, 전도하고 주민들과 친교를 나누면서 주민들을 교회로 인도했다. 그런데 그 마을 청년 중 한 사람이 유독 마음의 문을 열지 않았다고 한다. 그는 교회

앞까지는 와도 절대 안으로 들어가지는 않았다. 밖에서 창문으로 예배드리는 모습을 물끄러미 보다가 갈 뿐이었다.

그래도 교회 뜰을 밟는다는 것은 하나님에 대한 갈망이 있는 거라고 생각하고 선교사님은 그 영혼을 포기하지 않았다. 날마다 간구하고 기도하면서 그 청년에게 함께 예배드릴 것을 간곡하게 권유했다. 그러던 어느 날 청년이 교회 안으로 한 걸음을 내디뎠다. 그리고 그 첫 예배에서 은혜를 받아 예수님을 영접하고 하나님의 자녀가 되는 권세를 얻었다. 할렐루야!

놀라운 역사는 거기서부터 시작이었다.

그 청년은 신학을 공부하여 필리핀 교단의 총회장이 되었고, 필리핀 대통령을 만나 여러 가지 현안을 이야기할 정도로 영향력이 강한 분이 되었다. 우리에게도 든든한 후원자가 되었다. 필리핀에서 선교활동을 하면서 그분의 도움을 참 많이 받았다. 특히 샬롬교회에 신학교를 설립할 때 받은 도움은 잊을 수가 없다. 설립허가가 나지 않아 고생할 때 그분이 나서서 잘 해결해 주었다.

덕분에 샬롬교회는 신학교를 세움으로써 현지인의 목사 양성이라는 사명을 감당할 수 있게 되었다. 지금은 신학교에서 훈련받은 많은 현지인 목사들이 오지로 들어가 복음을 전하고 있다. 우리는 교회를 하나 세우러 필리핀에 갔을 뿐인데 하나님께서는 그 교회를 통해 한 사람을 변화시키셨고, 그 한 사람을 통해 신학교를 설립할 수 있게 하심으로써 필리핀 오지에 복음이 전파되는 '필리핀 복음화'라는 큰 그림을 이미 그려놓고 계셨던 것이다.

진정한 예배 속에 임하는 성령

기독교 세계선교회 목사님들을 만나면 한결같이 하는 말이 있다. 선교지에 갈 때마다 받는 은혜가 너무 크다는 것이다. 우리가 중점적으로 선교하는 필리핀은 우리보다 기독교 역사가 더 오래됐다. 국민의 80% 이상이 천주교 신자라고 할 만큼 기독교 문화가 만연하다. 하지만 수치에 속으면 안 된다. 그들은 태어날 때와 죽을 때 인생에서 두 번만 성당에 나가도 천주교인으로 생각한다. 예수님을 믿고 영생을 얻어 하나님의 자녀가 된 것이 아니라 형식적인 의례를 통해 교인이 된 사람이 대다수다. 그러다보니 그들은 피상적으로만 하나님을 알 뿐 내 안에 계신 주님을 모르고 사는 사람들이 대부분이다. 다행스러운 건 그들에게 하나님에 대한 갈망이 크고, 복음으로 현재의 고통을 극복하려는 마음이 강력하다는 것이다.

그런 열망은 그들과 함께 예배를 드리면 금세 알 수 있다. 한 번도 경험해보지 못한 말씀과 찬양, 그리고 기도로 이루어진 예배는 그들의 죽은 영혼을 살려내고, 몸과 마음을 치유한다. 예배를 통해 하나님을 만나는 것이다. 그 감격은 경험해 보지 않으면 알 수가 없다. 하나님의 임재를 통해 그 신비를 맛보는 필리핀 사람들을 보는 것은 우리에게도 큰 감격이자 은혜다.

그때마다 정말 하나님이 살아 계시다는 것을 확인하고 또 확인한다. 그러면서 형식적이고 습관적인 의식이 되어버린 우리의 예배가 얼마나 가슴 아프게 느껴지는지 모른다. 우리와 똑같은 형식으로 예배드리지만 필리핀 사람들은 성령의 임재를 온몸으로 느끼며 하나님을 경배하고 찬송과 회개로 화답한다. 하지만 우리, 목회자들조차도 한국에서 이처럼 신령과 진정으로 예배하고 있는지 하나님 앞에서 자신을 비춰보며 우리의 메마른 심령을 흠뻑 적시는 성령의 단비를 맞고 오는 것이다.

또 하나 선교지에 가면 하나님의 능력이 무한하시다는 것을 목격하는 특혜를 누린다. 선교지에서는 지금도 날마다 기적이 일어난다. 우리나라처럼 의료기술이 발달하지 못한데다 대부분이 가난해서 아파도 병원에 갈 수 없다. 아프면 구급차를 부르는 대신 하늘을 향해 기도할 수밖에 없는 사람들이 대부분이다.

우리는 그들에게 복음과 함께 빵과 약과 물을 가져간다. 그들에게 필요한 것을 공급하면서 하나님을 전하는 것이 효과적이라고 생각하기 때문이다. 배고픈 이들에게는 빵을 주고, 아픈 이들에게는 약을 주고, 물이 필요할 때는 우물을 파주었다. 아무도 도와줄 이가 없어 절망한 그들에게 빵과 약과 물은 생명이나 마찬가지다. 그렇게 다가가 그들을 도와주면서 사람이 떡으로만 사는 것이 아니라는 것을 차차 알려주려는 것이다.

하나님은 빵과 약을 주는 선교사보다 더 크고 위대하신 분이며 어떤 어려움 속에서도 우리를 구원하실 주님이라는 것을 전하면 그들은 온 몸으로 그것을 받아들인다. 어려운 삶에서 건짐을 받은 경험으로 인해 하나님을 더 깊이 체험하는 것이다.

우리가 하나님을 믿는 것만큼 놀라운 기적은 없다. 그와 함께 더 우리를 감격시키는 것은 삶의 여건이 어떠하든 하나님만으로 충만한 삶을 살 수 있다는 것을 목도하는 것이다. 그것이야말로 기적이다. 우리는 그 기적은 1994년 피나투보 화산지역에서 또 한 번 목격했다.

필리핀 북쪽 루손 섬에 있는 피나투보 산은 대표적인 활화산으로 1991년에 지구 역사상 가장 큰 화산 대분출이 있었다. 이후 3년 동안 화산활동이 지속적으로 계속되면서 피나투보 화산 지역은 사람이 살 수 없는 지역이 되었다. 화산분출은 생명 뿐 아니라 삶의 터전도 송두리째 앗아가 버렸다. 그 지역에 우리는 한국과 필리핀 연합 의료선교팀과 함께 찾아갔다.

평소에도 의료선교팀과 함께 오지로 선교를 갔지만 2천 여 명에 달하는 사람이 대규모로 재해 지역을 찾은 것은 처음이었다.

막상 현장에 가보니 언론에서 보던 것 이상이었다. 어렸을 때 우리 동네를 휩쓸었던 태풍과는 규모가 달랐다. 거대한 산이 무너진 듯 황량해진 그곳엔 겁에 질린 사람들이 있었다. 그들은 필리핀 사람들 특유의 낙천성을 찾아볼 수 없을 만큼 지쳐 있었고, 몸과 마음에 지울 수 없는 큰 상처를 지니고 있었다. 그들은 의료진들에게만 반응했다. 하얀 가운을 입은 의사들을 보자 그 앞에 늘어서기 시작했다. 줄은 끝도 없이 이어졌고, 사람들의 표정엔 절박한 희망이 가득했다. 그들을 보자 가슴이 무너졌다.

'하나님, 이들에게 소망을 주시옵소서. 위로를 주시옵소서.'

공수한 의료용품은 한정돼 있는데 이미 병색이 깊어진 사람이 한 둘이 아니었다.

그들은 의사의 옷자락에 매달렸지만 우리는 하나님의 소맷자락을 붙들었다. 그리고 차례를 기다리고 있는 사람들을 붙들고 기도하기 시작했다. 우리가 한 것은 '어디가 아프냐'고 묻고 그들의 아픈 부위에 손을 얹고 간절히 기도한 것뿐이다. 주사도 놔주지 않았고, 약도 주지 못했지만 그들은 우리의 기도를 들으며 눈물을 흘렸다. 말은 통하지 않았지만 함께 애통하는 우리의 진심을, 그리고 '우리 속에 착한 일을 시작하신 하나님'을 그들도 느끼고 만난 것이다. 그리고 어디에 도움을 구해야 할 지 모르는 그곳에서 다함께 산을 향하여 손을 들고 하나님의 구원하심을 간절하게 바라고 기도했다. 하나님 말고는 의지할 게 아무것도 없는 그 자리는 인간적으로는 고난의 자리였지만 축복의 자리이기도 했다. 그때 우리는 많은 사람들이 성령으로 말미암아 치유되는 것을 경험했다. 하나님의 능력 아니고는 삶을 살아갈 수 없는 심령이 가난한 자들이 천국을 소유하는 것을 목격한 것이다. 하나님은 선교지에서의 기적을 통해 '하나님의 모든 충만하신 것으로 우리를 충만하게 하신다'는 것을 우리로 알게 하셨다.

민다나오 섬에 열린 구원의 열매

 선교지는 하나님과 생생하게 만날 수 있는 장소이다. 그 감동을 잊을 수 없어서 우리는 남들이 위험하다고 하는 지역까지 들어갔다. 그 대표적인 곳이 필리핀 민다나오 지역이다. 그곳은 치안이 불안하기로 유명한 곳이다. 지금도 그렇지만 2000년대 초반까지만 해도 반군 게릴라들의 총격전이 수시로 벌어져서 필리핀 경찰이나 군인도 접근하기 어려운 곳이었다.

그런데 그곳에서 도움을 요청했다. 오랜 시간 외부와 고립되어 살다보니 생필품과 의료품이 절실한 상황이라고 했다. 민다나오 반군 지역을 오가는 천주교 신부를 통해 외부로 이 사실이 알려졌고, 우리는 그들을 위해 짐을 꾸렸다. 그런데 가는 길이 녹록지 않았다. 우리나라의 상황도 민다나오 못지않게 위험했기 때문이다. 때는 97년 IMF가 발생했던 해였다. 온 나라가 경제적으로 휘청거리고 고통받고 있을 때 세계선교를 하겠다고 나서는 것이 과연 옳은 일인가 고민이 되었다.

그래서 기독교 세계선교회 목사님들과 함께 이 문제를 놓고 회의를 했다. 먼저 필리핀의 이충복 선교사님으로부터 들은 현지 상황을 간단하게 이야기하고, 그곳에서 우리의 도움을 절실하게 필요로 한다는 말도 전했다. 마지막으로 어떻게 하면 좋겠냐는 나의 물음에 목사님들은 '가야죠'라고 대답했다. 예상치 못한 반응이었다. 다들 개척교회 목사님들이었고, 교회 살림을 꾸려가기도 벅찬 상황에서 나라에 큰 우환이 나면 그 어려움은 배가된다. 당연히 꺼릴 수밖에 없는 상황이었다. 그런데 목사님들은 눈앞의 상황이 아니라 복음을 먼저 생각하셨다. 그 험한 곳에서 선교하시는 분도 계시는데 기도와 물질로 후원하는 것조차 어렵다고 회피한다면 어떻게 목사라고 할 수 있겠냐며 의료선교팀과 동행하여 직접 도움을 주겠다고 하는 게 아닌가. 우리가 정말 '복음에 빚진 자'라는 말을 그때처럼 실감했던 적도 없다.

하지만 그때만 해도 민다나오가 얼마나 위험하고 살벌한 곳인지 알지 못했다. 다들 어릴 때 전쟁을 경험한 세대여서 총격전이 벌어지는 대치 상황을 어렴풋이 기억하고 있었다. 하지만 그때는 90년대 후반이었고, 이미 전쟁의 공포에서 벗어나 일상의 안전에 젖어있었던 우리에게 전쟁의 기억은 너무나 먼 과거의 일이었다. 그것을 몸소 깨닫게 된 것은 민다나오에 도착하면서부터다.

민다나오는 말로 표현할 수 없는 묘한 긴장과 공포가 서려 있었다. 우리가 도착하기 얼마 전에 선교활동을 하던 우리나라 여자 선교사가 민다나오 이슬람 지역에서 단두대 처형을 받았기 때문에 우리도 바짝 긴장이 되었다. 물론 우리를 안내해 준 분이 믿을 수 있는 분이었기 때문에 신변의 안전은 보장받았지만, 불안은 쉽게 가시지 않았다. 민다나오 사람들이 '파파'라 부르는 그

신부님은 믿을 수 있지만, 우리를 양쪽에서 호위하는 오토바이는 듬직하지만 그 너머에 무엇이 있을지 알 수 없었기 때문이다.

그나마도 우리가 민다나오 반군지역에 머물 수 있는 시간은 한나절뿐이었다. 굳은 얼굴에 총칼까지 든 군인들과 눈이 마주칠 때는 오금이 저릴 정도로 무서웠지만 해 지기 전까지 의료선교를 마치고 나오려면 쭈뼛거릴 시간이 없었다. 그래서 발걸음을 재촉하여 그들의 마을 입구까지 갔다. 입구에는 빨간 깃발이 꽂혀 있었는데 거기부터는 아무나 들어갈 수 없었다.

한 사람씩 검사를 받고 통과했는데 그 어떤 입국심사보다 엄격하고 까다로웠다. 산 속 깊이 들어가자 마을이 나타났다. 집집마다 얼굴만 내민 주민들은 딱딱한 무표정으로 우리를 보고 있었다. 다들 경계하는 눈빛이 역력했고, 우리의 행동을 예의 주시하며 감시태세를 갖추고 있었다.

하지만 거기에 눌려 있기에는 시간이 너무 부족했다. 섬뜩한 가슴을 쓸어내리고 우리는 급하게 비타민과 과자, 학용품 등을 꺼내어 아이들에게 보여주었다. 과연 아이들은 좋아하면서 선물을 받아갔다. 그 틈을 타서 우리는 기도회를 열었다. 우리의 기도 소리와 선물을 보고 지르는 아이들의 탄성 소리를 듣고 아기 엄마들도 나오기 시작했다. 거기에 힘을 얻어 더 간절하게 기도를 드렸다. 총칼을 차고 있는 무장 주민들이 옆에 있는데서 차마 찬송을 부르기는 어려웠다. 언제라도 분위기가 반전되어 그들이 총

을 쏘면 속수무책으로 당할 수밖에 없기 때문에 최대한 그들을
자극하지 않는 선에서 복음을 전하기로 한 것이다.

아침에 민다나오에 들어갔지만 주민들을 만난 것은 한낮이 다
되어서였다. 마음대로 집회를 할 수도 없는 형편이었다. 하지만
그들을 돕고 싶은 우리의 진심을 성령께서는 전달해주셨고, 처음
에 우리를 경계하며 의심을 풀지 않았던 청년들도 나중에는 의
료진에게 옷을 벗어 보이며 치료를 받았다. 우리는 그것만으로도
감사하며 하나님께 찬양을 올렸다. 마음의 빗장을 풀 때 말씀이
들어가고 성령의 역사가 이루어진다는 것을 믿기 때문이다. 그리
고 그 기적은 이미 성취되었다. 그 이듬해 민다나오 주립대학에
서 복음화대성회를 열었고, 이후 박영진 선교사님이 그 섬에 들
어가 선교하며 많은 구원의 열매를 맺고 있다.

연합하여 커지는 선교사역

기독교 세계선교회를 결성할 때의 목적은 함께
뭉쳐서 사역의 힘과 지평을 점점 넓혀가자는데 있
었다. 그래서 회원 교회간의 친교를 무엇보다도 중요하게 생각했
다. 교회가 함께 연합하여 "성도 안에서 그 기업의 영광의 풍성
함이 무엇이며 그의 힘의 위력으로 역사하심을 따라 믿는 우리
에게 베푸신 능력의 지극히 크심이 어떠한 것을"(에베소서 1:18)

각 교회별로 알게 되기를 바랐다. 그러기 위해서는 먼저 목회자가 하나님 앞에 온전히 서야 한다. 그래서 선교지 방문과 선교현장에서 역사하시는 성령의 충만함을 맛보아야 한다고 생각했다.

선교지에 세우는 교회도 마찬가지, 목회자 연수를 통해 정기적으로 현지 목사를 온전히 세우는데 총력을 다했다. 교회를 열 개세우는 것보다 한 명의 선교사 혹은 목사가 사명을 온전히 감당할 때 더 큰 역사를 이루는 것을 보았기 때문이다.

무엇보다 영적인 예배를 드릴 수 있도록 지원했다. 중국의 경우 교회를 건축하는데 그치지 않고, 안도현에 기독교음악학교를 세웠다. 그곳에 피아노와 전자 오르간 10대를 지원해서 중국인들을 중심으로 반주자로 가르쳤다. 그 학교를 졸업한 학생들은 각 지역교회에 파송되어 예배 반주자로 섬기도록 하고 있다. 기독교음악학교가 있는 곳은 중국에서도 오지로 유명하다. 백두산으로 가는 길목이라 험준한 산골이다. 그럼에도 불구하고 그곳에서 교회 지도자 연수를 했을 때 80개 교회에서 찾아왔다.

말씀에 갈급한 영혼들이 하나님을 위해 훈련받기를 그토록 원하고 있었던 것이다. 제자는 훈련을 통해 양육된다. 지도자를 교육시켜 개교회에 흩어져 그곳에서 교인들을 제자로 훈련시킬 때 교회가 건강하게 성장할 수 있다. 목회자 중심의 선교회가 필요한 이유가 바로 거기에 있다.

기독교 세계선교회는 나의 목회 철학과도 일맥상통한다.

'선교'와 '300명 교회'를 실현하기 위해서는 교회 연합정신이 반드시 필요하다. 우리는 선교회 소속교회라도 이 정신을 기리게 하도록 하기 위해 회원 교회들이 다함께 기도원을 빌려서 연합집회를 했다. 그리고 정기모임을 통해 목회자끼리 정보도 교환하고, 친교도 나누고 있다. 한 달에 한 번씩 각 회원의 교회를 돌면서 월례회를 진행하는데 그때마다 식사와 교제를 나눈다.

작은 교회에서 선교를 혼자 감당하는 게 쉽지 않기 때문에 월례회마다 각 교회의 사정을 나누고 함께 기도하며 성령의 도우심을 구하는 것은 반드시 필요하다. 그리고 어떻게 어려움을 극복했는지 간증을 들으며 사람이 아닌 하나님을 더 의지할 때 어떤 역사가 일어나는지 다시 한 번 깨닫는 계기를 만든다.

사랑의 교회 박기천 목사님의 간증은 우리들에게 귀한 교훈을 주었다. 우물을 통해 선교의 주체가 누구인지 알려주셨던 하나님께서는 그 말씀에 순종할 때 주시는 축복을 교회가 한껏 누릴 수 있도록 허락하셨다.

본교회보다 샬롬교회 건축을 먼저 했던 사랑의 교회 건축은 13년 만에 이루어졌다. 긴 시간을 참고 인내하며 주님의 때를 기다린 교회에 하나님은 좋은 성전을 허락해주신 것이다.

박기천 목사님이 교회 건축할 땅을 산 건 90년도였다. 심사숙고해서 고른 땅이었지만 하필이면 도시개발지역으로 구획정리가 안 된 땅을 매입했다. 그리고 무려 13년 동안 구획정리가 이루어졌다. 2003년 땅의 구획정리가 다 끝나기까지 목사님이 겪은 고

초는 이루 말할 수 없었을 것이다.

그런데 그 13년 동안 하나님께서는 사랑의 교회를 위해 놀라운 선물을 예비해 두고 계셨다. 그 시간동안 9억이라는 돈을 모을 수 있게 하셔서 크게 빚지지 않고 교회를 건축하게 하신 것이다.

샬롬교회 건축을 위해 기도할 때 듣고보도 못한 외국의 교회가 아니라 사랑의 교회 건축에 대한 욕심을 버리지 않았다면 어떻게 됐을까? 어떻게든 교회를 짓겠다고 온 성도가 힘을 모았다면 아마 교회를 건축했을 것이다. 하지만 재원이 마련되지 않은 상태에서 큰돈을 빌려 일을 감행하고 나서 이후로 이자를 감당하느라 허리가 휘었을 것이다. 이것은 내 말이 아니라 사랑의 교회 목사님이신 박기천 목사님과 교인들이 한 말이다. 그들은 현재의 성전은 하나님의 우선순위에 순종한 결과 누리는 축복이라고 입 모아 말한다고 한다.

우리에게 아무리 시급해 보여도 하나님께서 원하실 때 그 귀한 것을 바치면 더 큰 것으로 갚아주시는 하나님의 은혜를 몸소 체험한 것이다. 그런 놀라운 은혜는 매달 모임을 통해 각 교회에서 지금도 확증되고 있다.

세계 기독교선교회 역시 점점 확장되어 사역의 장이 넓어지고 다양해지고 있다. 93년 9명의 목사님들로 결성되었던 선교회가 지금은 100여 개 회원교회가 함께 협력선교를 담당하고 있다. 세계기독교선교회는 아시아를 중심으로 사역하고 있는 선교사들에게 선교비와 교회 건립을 지원하고 있으며 2016년 현재까지 17명의 선교사를 파송했다.

"네 시작은 미약하였으나 나중은 심히 창대하리라"(욥기 8:7)

분당을 향한 뜻

 교인이 2백 명이 넘어선 후 교회는 더디게 성장했다. 하지만 전도에만 집중할 수 없었다. 하나님은 여전히 나를 부흥사로 부르셨기 때문이다. 반신불수를 이긴 후 6개월 만에 발음이 정확해지자 가장 먼저 부흥사로 사역하게 하셨다. 부흥회를 3일로 줄인 만큼 나의 동선은 더 늘어났다. 주일 낮 예배를 드리고 나서는 거의 매주 부흥회를 하러 갔다. 주일 저녁부터 부흥회를 하는 데가 많았기 때문에 월요일에 회의가 있지 않는 한 주일 예배를 마치자마자 집을 떠났다. 정말 눈코 뜰 새 없이 바쁘게 지냈기 때문에 막상 우리 교회를 키우는 데는 힘을 쏟을 여력이 없었다.

그러는 중에도 세례교인이 1백 명이 되어 선교사를 파송하는 축복을 누렸다. 하지만 교회 살림 규모가 커졌다고 해서 풍족해지는 건 아니다. 딱히 물질의 공급처라고 할 만한 것은 없는데 씀씀이만 커졌기 때문에 더 쪼들리는 형편이었다. 그래서 내 기도 제목의 영순위는 선교헌금을 제대로 보낼 수 있도록 해 달라는 것이었다. 그렇게 겨우 선교사 사역을 감당하고 있는데 교인들 중에 '우리도 교회를 짓자'는 말이 나오기 시작했다. 교회가 양적으로 급성장하는 것은 아니었지만 2백 여 명이 넘는 교인이 함께 예배드리기엔 상가 건물은 너무 비좁았다.

선교사를 파송한 후에는 교회 건축을 하겠다고 했으니 더 이상 미루지 말자는 것이었다. 이미 포화 상태인 교회를 보면 그 말이 맞았다. 하지만 무엇으로 건축을 한단 말인가. 매달 보내는 2백만 원 선교헌금도 여유 없이 빠듯한데 건축은 언감생심이었다.

하지만 내가 언제 돈이 있어서 교회를 개척했나, 돕는 사람이 있어 상가 건물을 매입했나? 하나님께서 전적으로 인도하셔서 오늘까지 온 것인데 교회를 건축하는 것도 내가 걱정할 일이 아니었다. 하나님께서 움직이시면 꽉 막힌 길도 뚫어 지나갈 곳을 만들어 주신다. 광야에 길을 내고 사막에 물을 내는 하나님이 아니신가. 문제는 하나님의 때가 언제인지 우리는 모르니까 기도하면서 기다리는 수밖에 없었다. 그런데 기도 중에 분당에 가면 좋겠다는 생각이 들었다. 그 당시 교회가 있던 대치동 주변은 땅값이 가파르게 오르고 있었다. 70년대부터 시작된 강남 개발이 이미 완성되었고, '강남 8학군'과 함께 대치동 학원가가 입소문을 타면서 땅값이 천정부지로 올라가고 있는 중이었다.

하지만 분당은 달랐다. 그 당시는 개발 초기였기 때문에 아무래도 교회 부지를 구하기가 수월할 것 같았다. 게다가 대단위의 신도시로 성장할 것이기 때문에 미래가치가 높은 곳이었다. 그래서 제직들과 함께 분당에 뜻을 두고 기도하면서 땅을 알아보기 시작했다. 다행히 우리 교회에 딱 맞는 부지가 있었다.

주변에 아파트도 들어설 예정이고 길도 잘 뚫려 있어서 교회가 들어서기에 안성맞춤이었다. 250평 남짓한 그 땅은 우리 교회를 위해 하나님께서 예비해두신 선물 같았다. 그래서인지 매입과정도 순조로웠다. 선교사를 파송하고 두 달 만에 교회를 건축할 부지를 매입했으니 일사천리로 일이 진행된 것이다.

일단, 송파에 있는 교회를 인수할게요

 이제 분당에 교회를 건축하고 이전하는 일만 남았다. 하나에서 열까지 걸리는 것 없이 순탄하게 인도하시는 하나님께 감사하면서 우리는 새로 지을 성전에 대한 꿈에 부풀어 있었다. 그때 갑자기 후배 목사에게 전화가 왔다. 그는 우리가 분당에 교회를 지으려고 하는 게 사실이냐며 예산이나 재정 등을 자세하게 물어 보았다. 느닷없는 후배의 관심이 좀 생뚱맞긴 했지만 나는 성의껏 대답을 해 주었다. 내 대답을 다 들은 후에 후배는 어렵사리 자신의 용건을 이야기했다. 송파에 새로 지은 교회가 있는데 건축비를 감당하지 못해서 어려운 지경에 있다는 것이었다. 그러면서 분당에 가는 대신 그 교회를 인수하면 어떻겠냐고 조심스럽게 물어보았다.

전혀 생각지도 않았던 제안이라 당황스러웠다. 선뜻 대답하기가 곤란했다. 그래서 일단 생각해 보겠다고 하고 전화를 끊었다.

다 된 밥에 코 빠뜨리는 격으로 막 새로운 출발을 하려고 할 때 받은 후배 목사의 전화는 참 불편했다. 그때 내 마음은 이미 분당으로 기울었기 때문에 그 문제를 놓고 기도하면서도 송파에 있는 교회를 인수하겠다는 말은 하지 않았다. 하나님도 별말씀을 하지 않으셨다. 그런데 기도 중에 빚더미에 오른 그 교회를 바라보는 목사님의 무거운 마음이 자꾸 느껴졌다. 나는 아직 짓지도 않은 교회를 생각하면서도 이렇게 많은 꿈을 꾸며 즐거워하고 있는데, 송파에 그 교회를 짓기까지 그 목사님은 얼마나 많은 꿈을 꾸고, 기대하고 또 설레이셨을까. 그리고 지금 '좌절된 꿈'을 보며 얼마나 가슴 아파할 지 너무나 확실하게 느껴지면서 마음이 무거워졌다.

"하나님 왜 자꾸 그 목사님의 마음을 느끼게 하시는 거예요? 저희가 그 교회를 인수하길 바라시나요?"

하지만 하나님께서는 내 질문에 응답하지 않으셨다. 그저 기도를 할 때마다 그 목사님의 고통이 만져질 듯 생생하게 느껴질 뿐이었다. 그 아픔을 알면 알수록 외면할 수가 없었다. 그래서 결국 "하나님, 일단 교회부터 살리고 보겠습니다"라고 결단했다.

나는 분명히 기도를 하면서 '일단'이라는 전제조건을 붙였다. 당장 그 교회가 어렵고 힘드니까 빚을 갚아서 살려놓고 우리는 다시 분당으로 가서 건축을 하겠다는 나름대로의 타협안을 생각한 것이다. 그렇게 생각하자 빨리 일을 진행하는 게 유리했다. 그래서 제직들에게 내 뜻을 전하고 설득하였다.

"우리가 분당을 가도 어차피 건축은 해야 하잖아요. 그런데 이미 다 지어놓은 교회가 있다고 합니다. 우리가 들어가기만 하면 되니까 어찌 보면 더 좋은 일일수도 있어요"

집사님들의 표정을 보니 교회를 인수하는 걸 마뜩찮아 하는 게 역력했다. 대놓고 반대하지는 않았지만 '우리는 우리 계획대로 하면 되지 왜 괜한 일에 끼어들어 일을 복잡하게 만드냐'는 표정이었다. 신도시에 가서 새롭게 교회 생활을 할 꿈에 부풀었는데 오지랖 넓은 목사가 한 방에 그 꿈을 터뜨려 버렸으니 충분히 속상할 만했다.

그래도 이 일은 관철해야만 했다. 다시 제직들을 설득했다.

"우리가 길을 가다가 강도당해 쓰러져 있는 사람을 발견했습니다. 그냥 지나치는 게 옳을까요, 아니면 내가 갖고 있는 것을 다 털어서 그 생명을 살리는 게 옳을까요. 과연 강도당한 이웃을 돕는 것과 교회를 짓는 것 둘 중에 어느 것을 하나님이 더 기뻐하실까요. 우리 한번 생각해 봅시다."

그렇게까지 말하자 감사하게도 다들 내 말에 수긍하며 고개를 끄덕였다. 그리고 한마음으로 교회를 인수하는데 협조했다.

분당 땅을 매각하여 빚의 일부를 갚고, 교회를 인수했다. 그리고 3년 만에 새 성전에서 입당 예배를 드렸다. 분당에 교회 건축

부지를 산 지 3년 만에 이루어진 일이다. 처음 분당에 땅을 살 때 '3년 후쯤이면 이곳에서 예배를 드리지 않을까' 막연하게 기대했는데, 하나님께서는 내가 원했던 그 장소는 아니지만 다른 예비된 장소에서 3년 후에 예배하게 하셨다. 그렇게 평안교회의 송파 시대가 열렸다.

하나님의 뜻과 사람의 생각

대치동에서 송파로 옮겨오면서 느낀 것은 교회가 많이 성장했다는 것이었다. 교회가 커진 만큼 갖추어야 할 조직도 시설도 많아졌다. 교회의 내실을 기하기 위해서는 꼭 필요한 일이었다. 결국, 돌고 돌아 또다시 '경제적 어려움'에 직면하게 된 것이다.

그럴 때마다 자꾸 눈길이 가는 게 '선교헌금'이었다. 물론 나는 그걸 줄이면 죽는 줄 알고 있었기 때문에 감히 그런 생각을 하지 않았지만 아마도 교인 중에는 '우리 교회에도 돈 쓸 데가 이렇게 많은데 그 많은 돈을 다 선교사에게 보내야하나'라고 생각한 분도 있었던 것 같다. 예산 때문에 골머리를 앓을 때마다 은근히 선교헌금 액수에 대해 타협안을 제시하는 분들이 계셨기 때문이다. 나는 하나님의 명령에 불복종하여 여러 번 혼이 났기 때문에 그런 말에 솔깃하거나 마음이 흔들린 것은 아니었지만 '꼭 그렇게까지 해야 하나?'라는 말은 지워지지 않고 마음에 남아 있었다.

그러던 중 대구에 부흥회를 하러 갔다. 그때 부흥회 기간 동안 나를 도왔던 그 교회의 부목사님이 집회가 끝나면 사임하고 개척을 할 거라고 했다. 그 교회에서는 임기가 끝나서 더 있기 곤란한 상황인데 다른 임지를 찾지 못해 교회를 개척하기로 한 것이다. 그런데 너무 급하게 결정해서인지 경산이란 지역에 개척하겠다는 계획만 있을 뿐 구체적으로 어떻게 하겠다는 청사진이 없었다. 눈치를 보니 교회에서도 개척하는데 아무 도움을 주지 않는 것 같았다.

성심껏 나를 돕긴 했지만 사흘 동안의 부흥회가 끝나면 당장 짐을 싸야 하기 때문에 초조한 기색이 역력했다. 잠깐이라도 짬이 나면 여기저기 전화하면서 건물을 알아보는 것 같았는데 별 성과는 없는 것 같았다. 점점 초췌해지는 부목사님의 표정을 볼 때마다 그 다급함이 너무나 절실하게 다가왔다.

보다 못해 부목사님에게 교회에서 개척기금을 좀 주는지 물어보았다. 그랬더니 그런 건 없다고 했다. 내가 예상한 대로 주변에서 도와줄 사람이 없어서 급한 대로 그 부목사님이 갖고 있는 걸 다 끌어 모아서 개척을 하려고 하는 것 같았다. 수중에 돈이 없다 보니 몇 개월 동안 알아봤지만 진척된 게 하나도 없었던 것이다.

그 얘기를 듣자 마음이 저려왔다. '과부가 과부 사정을 안다'고 내가 개척할 때의 상황이 떠올랐다. 그때 나는 하나님의 분명한 약속이 있었기 때문에 담대하게 나아갈 수 있었다. 그래도 현실적으로 부딪히는 문제를 만날 때마다 마음이 휘청거리곤 했다.

그런데 아무런 약속도 없이 '갈 바를 알지 못하고 나아가야' 하는 이 부목사님의 마음은 얼마나 힘들겠는가.

그 생각을 하니 가만히 있을 수가 없었다. 마침 그때 내 양복 안주머니에 봉투가 하나 있었다. 보통 부흥회에 다닐 때는 돈을 안 갖고 다니는데 그날은 전에 받은 봉투를 그대로 넣어 온 것이다. 한 번도 그런 적이 없었는데 그때는 이상하게 돈이 좀 필요할 것 같아 가져온 것이다. 봉투를 열어보니 백만 원이 있었다. 처음에는 그 돈을 그 부목사님께 조용히 드리려고 했는데 기도를 하면서 마음을 바꿨다.

그리고 집회 마지막 날인 그 다음 날, 새벽 기도회를 마치고 그 봉투 그대로 헌금한 뒤 교인들에게 말했다.

"여기 부목사님이 교회를 개척한다고 하는데 여러분은 어떻게 생각하십니까? 저는 함께 개척을 돕는 마음으로 오늘 새벽에 백만 원을 헌금합니다. 여러분도 혹시 마음에 감동이 되어 나도 좀 도와야겠다는 생각이 드시면 저녁에 교회 개척헌금으로 해서 별도로 헌금하세요. 그 헌금은 제가 교회에 말씀드려 전액 개척을 돕는 게 쓰도록 하겠습니다."

그리고 그 교회 당회에 허락을 구하기 위해 장로님들을 만났다. 장로님들도 목사님도 부목사님의 교회 개척을 돕기 위해 별도로 헌금을 하는 것을 대번에 허락하셨다.

교회의 결정을 들은 부목사님의 표정은 복잡했다. 감사와 불안이 엇갈린 표정이었다. 혹여라도 교인들이 부담을 느낄까봐 긴장한 모습이었다. 하지만 나는 내 봉투가 '물고기 다섯 마리와 보리떡 두 개'의 역할을 할 거라고 믿었다. 하나님이 주신 지혜로 그 일을 했기 때문에 하나님께서 그 일을 멋지게 마무리하실 것이다. 나는 가만히 서서 하나님이 하시는 일을 보면 될 뿐이었다. 믿음대로 될 지어다!

과연 그날 밤 오병이어의 기적이 일어났다. 개척 헌금이 1억 5천만 원 정도 모인 것이다. 헌금을 한 교인들도, 부목사님도, 장로님과 그 교회 담임 목사님도 깜짝 놀랐다. 그 교회가 세워진 이래 그렇게 많은 헌금이 모인 적은 한 번도 없었기 때문이다. 어떻게 이런 일이 일어났는지 모르겠다며 다들 놀라워했다. 그런 은혜와 감사 속에서 하나님께 영광을 돌리고 나는 서울로 돌아왔다.

그런데 일주일 쯤 지나서 그 교회 장로님으로부터 전화가 왔다. 그 개척헌금 때문에 교회가 둘로 나뉘었다는 것이다. 헌금의 액수가 너무 크다보니 그 돈 중에서 반은 건축기금으로 드리고 나머지는 교회를 위해 쓰자는 의견이 나왔고 이에 반대하는 사람들이 나서면서 교회가 시끄러워진 것이다. 극히 일부분이긴 했지만 그 헌금은 교회 개척기금으로 다 드리겠다고 강사 목사님과 약속한 돈인데 액수가 크다고 우리가 맘대로 쓸 수 없다면서 부목사님께 다 드리자는 의견이 물러서지 않으면서 의견이 팽팽하게 맞선 것이다. 헌금이 너무 많이 걷혀서 생긴 일이니 웃어야 할 지 울어야 할 지 그 이야기를 들으면서 퍽 난감했다.

장로님은 자신들끼리는 도저히 결정을 내릴 수가 없어서 애초에 이 일을 시작한 분이 결정하시는 대로 따르겠다고 의견을 모았다며 내게 어떻게 하면 좋겠냐고 물으셨다. 교회 사정이 어떤지 눈에 훤했기 때문에 대답하기가 쉽지 않았다.

하지만 듣고 싶은 대답을 해서는 안 된다는 생각이 들었다. 그래서 "그 헌금은 하나님 앞에서 개척교회를 돕는 헌금으로 하겠다고 서원한 게 맞지요?"고 묻자 장로님께서는 "네, 그렇지요. 하지만 상상도 하지 못할 만큼 큰돈이 들어온 게 문제입니다. 그래서 다들 놀랐고요. 솔직히 개척헌금으로 그 돈을 다 드리기엔 너무 많다는 게 솔직한 심정입니다"라고 말씀하셨다.

그렇게까지 말씀하시니 좀더 분명하게 내 입장을 밝혀야겠다고 생각했다. 그래서 나는 "장로님, 헌금이 너무 많다 싶어도 그건 지금 부흥회한 교회에서 쓸 게 아니고 개척하는 교회에 드려서 교회를 제대로 세우는 게 옳은 것 같습니다. 제 생각은 그렇습니다. 결정은 교회에서 하세요"라고 말씀드리고 전화를 끊었다.

그리고 얼마 후 교회를 개척한 부목사님으로부터 전화가 왔다. 감사하게도 교회가 결단을 내린 것이다. 나와 통화를 하고도 계속 설왕설래하다가 결국 "강사 목사님이 하나님의 말씀을 우리에게 전해주셨고, 성령의 감동으로 이 일을 하셨는데 우리가 거역해서는 안 될 것 같다. 하나님께 서원한 대로 헌금의 전액을 다 개척헌금으로 드리자"고 의견을 모으고, 부목사님께 헌금을 전달했다고 한다.

그 소식을 전해 듣고 얼마나 감사했는지 모른다. 나도 개척교회 살림의 고달픔을 알기 때문이다. 어려울 때는 교회의 주인 되신 하나님보다 교인들의 기색을 살필 때가 있다. 운영이 어려울 때마다 선교헌금이 걸리고, 주의 일을 하는데 있어 주춤할 때가 많았는데 하나님께서는 그 교회의 일을 통해 내가 타산지석 삼기 바라셨던 것이다.

'돈'이 들어가면 하나님의 뜻보다 계산을 먼저 하게 된다. 그런데 그 계산법대로 살다가는 하나님과 점점 멀어지고, 그 교회의 주인은 하나님이 아닌 '돈'이 되어버린다. 하나님께서는 걱정의 주름 펼 날 없는 우리 교회 살림 때문에 자꾸 옹색해지려는 마음을 내려놓고 누구를 바라보며 목회를 해야 하는지 다시 한번 엄중히 경고하신 것이다.

비전교회로 교회 이름을 바꾸다!

교회를 송파로 옮겨온 후 우리는 다시 전도에 박차를 가했다. 교회 부흥을 위해 '3천 명 예수 초청 큰잔치'를 벌였다. 지금도 그렇지만 '3천 명'이란 작은 교회에서는 상상하기 어려울 만큼 어마어마한 숫자다. 처음에 '3천 명'을 내세우면서 과연 다 채울 수 있을까 걱정하는 분도 있었다. 하지만 하나님의 일은 하나님이 하신다. 하나님께서 원하시면 채워주실 것을 믿고, 순종과 충성으로 큰잔치를 준비했다.

교인들이 한 마음 한뜻으로 잔칫상을 준비했다. 합심하여 기도하고 거리에서 전도지를 나누고, 삶 속에서 복음을 증거했다. 의무와 책임감이 아닌 흘러넘치는 은혜로 전하는 복음은 놀라운 역사를 만든다. 교인들의 적극적인 모습을 보는 것만도 감동이었는데 하나님께서는 그 땀에 아름다운 결실을 맺어주셨다. 간증주일에 3천 명이 모인 것이다. 지금도 예배당에 들어가기 위해 교회 앞에 길게 줄지어 서 있던 사람들의 모습이 눈에 선하다. 우리는 그 기적같은 은혜에 감사하며 온종일 11부 예배를 드렸다.

그날 교회를 찾은 분들이 전부 우리 교회에 남지는 않았다. 하지만 하나님은 '전도'를 통해 교회에 꼭 필요한 분을 보내주셨다. 마치 예수님의 열 두 제자가 "와 보라"에서 시작됐던 것처럼 '예수초청 큰잔치'를 위한 전도지가 교회의 기둥을 세우는 초석이 되었다. 그날 우리 교회를 찾은 분들 중에 (고)이성흠 장로님과 김숙자 권사님이 계시다. 두 분은 그 날 이후 한결같이 예수님을 사랑하고 교회에 충성하셨다.

비전교회가 세워진 역사는 하나님께서 보내주신 일꾼들의 충성을 바탕으로 이루어졌다. 개척 당시부터 교회를 지켜온 이재용 원로장로님과 백승모 수석장로님, 성경130독을 하신 송기섭 은퇴장로님, 은마 아파트의 첫 전도자였던 안수덕 권사님의 아들인 송순 장로님, 묵묵히 헌신하신 김현갑 장로님과 성가대를 이끌며 물심양면으로 교회에 충성하신 (고)이성흠 장로님, 교회 구석

구석 망가진 부분을 고치고 손질하시는 만능손 신석진 장로님과 성도들의 모범이 된 이종택 장로님 그리고 목사의 부름에 100% 순종하며 24시간 심방대기조로 섬겼

첫 장로 임직
이재용 장로(좌), 정도출 목사(가운데), 백승모 장로(우)

던 허옥 권사님과 기도 대장 김숙자 권사님, 정해숙 권사님, 제주도 부흥회에서의 만남이 교인으로 이어진 이광홍 권사님까지, 교회의 일치를 위해 목회에 협력하고 교회 앞에 덕을 세우기에 힘쓰셨던 임직들은 교회 성장의 나이테를 자신들의 삶 속에 고스란히 담아낸 신앙의 산증인이자 교회의 기둥들이다. 기도의 굳은 살 박힌 두 손으로 충성스럽게 교회를 섬긴 이분들의 믿음으로 날마다 영이 새로워지는 은총 속에서 교회가 성장할 수 있었다.

장로장립과 안수집사취임
맨앞(좌)정해숙 권사, 백승모 장로, 박정옥 사모, 정도출 목사(가운데), 이재용 장로, 허옥 권사
뒷줄(좌)김숙자 권사, 최외남 권사, 송기섭 장로, 김현갑 장로, (고)이성흠 장로, 고종덕 안수집사,
임춘희 권사, 박점례 권사

송파로 교회를 이전하면서 우리 교회는 큰 전환점을 맞았다. 바로 교회 이름을 바꾼 것이다. 그 시작은 웃지 못할 해프닝에서 시작됐다. 교회가 부흥하면서 많은 사람들이 들고나는 가운데 뭔가 수상한 기운이 감돌았다. 연로한 어르신들이 새 신자로 교회에 오셨다가 한 두주 정도 예배를 드리고는 안 나오는 일이 자꾸만 반복되는 것이었다. 목사로서 어지간히 신경이 쓰였다. 사실 교회에 오는 것보다 예배를 잘 드릴 수 있게 정착시키는 일이 더 중요한데 한두 주 나오다 말면 뜨내기 교인이 되거나 영영 교회를 떠나기 십상이기 때문이다.

그래서 교회의 새신자 프로그램에 문제가 있는지 살펴보고, 유독 어르신들 중에 그런 분들이 많은 이유를 알아보았다. 알고 보니 교회 이름 때문에 생긴 해프닝이었다. 교회에 한두 주 출석하시는 어르신은 대개 자발적으로 우리 교회에 찾아오신 분들이었다. 그분들이 가진 한 가지 공통점은 고향이 평안도라는 것이다. 교회 이름이 '평안교회'다 보니까 자신의 고향인 평안도와 관련이 있다고 생각하고 일부러 찾아오신 것이다. 그런데 와보니 목사는 경상도 사람이고 교인 중에도 평안도 사람이 하나도 없으니 실망해서 돌아가신 것이다. 고향 사투리라도 실컷 들어보려고 찾아왔는데 평안도와는 아무 상관이 없으니 군이 우리 교회에 다닐 필요가 없었던 것이다.

반면 '평안도'와 관련이 있다고 생각해서 안 오는 분들도 있었다. 실제로 중구 서소문에 '평안교회'가 있는데 그 교회는 평안도

분들이 많이 모이는 교회다. 그런데 전도를 하러 나가보면 우리 교회를 그 '평안교회'와 같다고 생각하는 분들이 꽤 많았다. 평안교회라서 특정 지역과 관련된 교회일 거라 생각하고 전도받길 거부하는 분들도 있었다. 간혹 그런 분들을 만나면 웃으면서 우리 교회는 평안도와 아무 관계가 없다고 말씀드렸는데 그런 일이 자주 생기다보니 웃어넘길 일은 아니란 생각이 들었다.

'평안 교회'라는 이름 때문에 평안도 사람들이 모인 교회라고 외면당하고, 또 평안도 사람들이 모이지 않은 교회라고 버림받으니 이름을 바꿔야겠다고 생각했다.

물론 몇몇 새신자가 들고나는 것이 교회의 존속에 큰 문제가 되는 건 아니었다. 하지만 때는 바야흐로 새 천년을 맞았고, 교회의 터도 옮겼으니 새로운 이름을 짓는 것도 의미 있겠다고 생각한 것이다. 다른 교회들도 이름을 바꾸며 새로운 변화를 모색하던 때였다.

그래서 전교인을 대상으로 교회 이름 공모전을 펼쳤다. 그걸 하면서 역시 하나님은 한 분이시고, 우리 교회를 향한 하나님의 뜻은 동일하시다는 것을 다시 한 번 느꼈다. 교회의 새 이름을 위해 기도하면서 품은 생각이 거의 다 비슷했기 때문이다.

백 명이 넘게 공모에 참가했는데 나온 이름은 크게 세 가지로 추려졌다. 비전교회, 새 천년 비전교회, 예수 비전교회. 그 중에서도 교집합을 이루는 게 '비전교회'였다. 처음 공모전을 제안할 때 나도 새 천년을 맞이하면서 새로운 미래를 향해 나아간다는 의미를 담고 싶다는 생각을 했는데 그게 '비전'이라는 이름에 오롯이 담겨 있었다.

게다가 그 안에는 내가 지향하는 목표, 하나님이 나한테 준 목회비전도 포함되어 있었다. 우리말로 '비전'은 '내다보이는 미래 상황'으로 굉장히 미래지향적이다. 영어 '비전'(Vision) 역시 통찰력을 포함하는 선견지명을 의미한다. 둘 다 앞을 내다보는 복음, 미래를 향하는 좋은 뜻이다. 한문도 마찬가지다.

'비전'(秘傳), 비밀 비(秘)자에 전할 전(傳)을 써서 '그리스도의 비밀을 전한다'는 뜻으로 해석이 가능하다. 즉 예수님의 비밀을 전하는 교회라는 뜻이다. 성경을 보면 우리에게 그리스도의 비밀을 전하는 자라고 하셨다.

"또한 우리를 위하여 기도하되 하나님이 전도할 문을 우리에게 열어 주사 그리스도의 비밀을 말하게 하시기를 구하라 내가 이 일 때문에 매임을 당하였노라. 그리하면 내가 마땅히 할 말로써 이 비밀을 나타내리라"(골로새서 4:3-4).

그런데 비전교회는 그런 의미도 담고 있다.

하나님의 뜻은 교회 공동체를 통해 드러난다. 공동체가 온전한 친교를 통해 하나님의 뜻을 삶으로 살아갈 때 세상의 빛과 소금이 될 수 있다. 성도의 온전한 교제를 이루기 위해서는 무엇보다 교회 공동체가 그리스도인의 모임이라는 것을 자각해야 한다. 그 정체성을 갖기 위해 우리는 '구역'을 '담쟁이 가족'으로 명명

했다. 담쟁이는 한 잎씩 떨어뜨려 놓고 보면 약하고 아무 힘이 없지만 함께 모이면 어떤 담도 넘을 수 있다. 그리스도인의 모임도 마찬가지다. '성도가 서로 교통'하면서 서로 신앙의 빛을 발할 때 교회가 온전해질 수 있다.

우리교회는 "나의 사랑하는 자가 내게 말하여 이르기를 나의 사랑, 내 어여쁜 자야 일어나서 함께 가자"(아가 2:10)라는 말씀 아래 전 교인이 담쟁이 가족으로 모여 영적으로 결속된 공동체를 이뤄나가고 있다. 하나님의 자녀라는 한 줄기에서 뻗어나간 담쟁이는 말씀과 기도라는 자양분을 먹으며 쑥쑥 자라고 있다.

담쟁이 가족은 매주 금요일 밤 예배 후에 모인다. 모임에 나타나는 하나님의 능력은 실로 커서 서로 나누는 기도 응답이 즉각적으로 이루어지고, 소모임 속에 임하시는 하나님의 능력을 체험하면서 하나의 잎이 덩굴로 모여지는 역사가 이루어지고 있다.

담쟁이는 잎이 무성하여 모여 있다고 좋은 게 아니다. 뻗어나가 벽을 꽉 채운 후 그 벽을 넘어서는 것이 중요하다. 즉 벽을 넘고 경계를 허무는 것이 담쟁이의 역할이다. 소통의 도구이자 화해와 축복의 통로가 되는 것이 바로 담쟁이다.

나는 믿음과 사랑의 끈으로 단단히 결속된 우리 교회의 담쟁이 가족이 교회 담장을 넘어 세상을 복음으로 변화시키는 공동체가 되기를 하나님께 기도드린다.

동네 사랑방, 교회 카페

 문을 활짝 열어놓아도 사람들이 잘 들어오지 않는 곳이 있다. 예배당 문이 그렇다. 모든 사람에게 열려 있고, 들어오라고 권하며 손을 잡아끌어도 선뜻 발을 들여놓는 사람이 없다. 교회의 문턱을 아무리 낮춰도 소용이 없었다. 사람들을 교회 안으로 끌어들이기 위해서는 특단의 조치가 필요했다.

그래서 생각해 낸 것이 카페다. 교회가 세상과 구분되어야하지만 분리되지는 말아야 한다. 그러기 위해 우리는 교회 한 귀퉁이를 열기로 했다. 그 공간을 카페로 세상 사람들에게 내주기로 한 것이다. 그리고 이왕 내주는 거 사람들이 눈치 보지 않고 들락거릴 수 있도록 문도 따로 만들었다. 예배드리러 오는 교인들과 마주치지 않게 카페 출입구를 별도로 만든 것이다.

물론 처음부터 그렇게 하려고 했던 것은 아니다. 카페를 만든 목적이 문화선교였기 때문에 장소가 중요하다고 생각했다. 교회를 통과할 수 있게 하면서 자연스럽게 전도를 하는 게 효과적이지 않을까, 고민도 많았다.

하지만 그 카페는 훗날 크리스천이 될 불신자들을 위한 공간이었다. '교회의 부속'이라는 이미지를 지워야 교회라면 질색하는 사람도 카페에 올 거란 생각이 들었다. 그래서 과감하게 문도 따로 만들고, 분위기도 평안하게 조성했다. 그러자 사람들이 찾아오기 시작했다.

조용하고 아늑한데다 가격도 저렴하니 인근 직장인들과 엄마들에게 이른바 '착한 카페'로 입소문이 난 것이다. 교회 카페는 어느 새 엄마들의 소모임 장소가 되고, 하교 후 아이들에게 간식을 사주는 곳이 되면서 동네 사랑방 역할을 하게 되었다. 카페가 교회와 지역사회의 소통 창구로서 자리매김한 것이다.

나는 이것이야말로 문화선교의 첫 걸음이라고 생각한다. 교회는 누구나 언제든지 찾아올 수 있는 곳이어야 한다. 비록 십자가를 통과하지 않더라도 교회가 주는 안온한 분위기를 맛보다보면 언젠가는 우리의 지친 영혼을 부르시는 예수님의 음성을 들을 수 있다.

지금은 고단한 인생들이 다리쉼을 할 수 있는 곳이지만 그 쉼 속에서 갈급한 영혼이 진정한 평안을 누리게 될 것을 나는 확신한다.

"수고하고 무거운 짐 진 자들아 다 내게로 오라 내가 너희를 쉬게 하리라"(마태복음 11:28)는 말씀처럼 주님과 함께 진정한 쉼을 누릴 수 있는 공간이 바로 교회 카페이기 때문이다.

나는 카페를 통해 불신자가 교회를 부담 없이 찾아오고 성도 간의 교제가 아름답게 이어지길 소망한다. 사실 교회의 문턱은 불신자뿐 아니라 교인들에게도 높았다. 다함께 예배를 드리고 성경공부를 하고 기도 모임을 갖지만 그것이 교제로 이어지는 경우가 별로 없다. 서로 속내를 터놓고 이야기하고, 수시로 얼굴을 마주할 곳이 없기 때문에 대부분 주일에 만나거나 외부장소를 빌어 따로 모임을 가졌다. 교회가 교인들의 삶과도 분리된 것이다.

하지만 교회 안에 카페를 만들자 마치 참새방앗간처럼 교인들이 수시로 들락거렸다. 시장에 가면서 한 번, 아이들 학원 바래다 주면서 한 번, 퇴근길에 한 번, 오가는 길에 한 번씩 발걸음을 하면서 서로 얼굴을 마주치고, 인사를 나누고, 속 얘기를 터놓으면서 교제가 깊어졌다. 수다 끝에 기도 제목이 나오면서 서로 중보하며 삶을 나누는 공간으로 카페가 자리잡기 시작했다.

그렇게 되기까지 시간과 열정을 다 바쳐 카페를 만들어 온 권사님과 집사님들의 수고와 노력이 있었다. 카페는 자원봉사자들로 구성된 팀이 각자 역할을 나누어 몸으로 봉사했다. 팀장 제도로 운영되는 카페 자원봉사팀은 레몬차, 자몽차 같은 것은 직접 좋은 재료를 사다가 만들었고, 팥빙수도 안동봉화에서 농사지은 것을 사다가 손수 만들었다.

교회에 커피향이 퍼지고, 레몬청 냄새가 진동했다. 가족들을 위해서만 실력발휘를 했던 권사님, 집사님들의 숨어있던 음식 솜씨가 여지없이 드러났다. 카페에서 나오는 수익금은 전부 아프리카 어린이와 북한 어린이들을 돌보는데 사용한다.

이렇게 교회 카페에 대해 자랑 아닌 자랑을 하면 반드시 이어지는 질문이 있다.

"그래서 그 좋은 카페로 인해 교인이 얼마나 늘었냐?"

솔직히 말하면 카페를 통해 전도된 사람은 거의 없다. 하지만 비록 오늘은 전도되지 않았지만, 카페를 찾는 사람들이 자신도 모르게 교회의 문턱을 넘어섰다는 게 중요하다.

그들은 그저 차 한 잔 마시고 돌아갈 뿐이라고 생각하겠지만 사실은 커피를 마시면서 성가를 듣고, 빵과 과자를 먹으면서 슬쩍 눈길이 닿았던 곳에 써있는 말씀이 그들의 배를 불렸을 것이다. 나는 그런 경험이 언젠가는 그들의 발걸음을 주님 앞으로 이끌 것이라 믿는다.

지난 4월, 개장 3주년을 맞은 카페가 새 단장을 하면서 명실공히 크리스천 문화카페로 거듭났다. 세상과 교회를 이어주는 다리 역할에서 벗어나 보다 적극적으로 하나님 나라를 세상에 알리고, 기독교 문화를 뿌리내리게 하기 위해 카페의 문을 더 넓히고, 문턱은 더 낮추었다.

산뜻하게 달라진 카페를 보면서 나는 이곳에서 흘러나온 거룩한 물이 온 세상에 흘러넘칠 것을 기대했다. 지금도 우리 교회의 카페가 문화사역을 통해 복음전파를 이뤄나갈 것이라는 소망이 견고한 것은 이를 위해 애쓰고 수고하시는 분들의 손길을 통해 하나님이 이미 '착한 일'을 시작하신 것을 보고, 듣고, 느끼기 때문이다.

1대 팀장이셨던 윤효순 권사님, 2대 팀장이셨던 권오진 집사님, 3대 팀장이셨던 김옥자 집사님을 비롯하여 팀원으로 봉사한 이애자 권사님, 이병교 집사님, 표원정 집사님, 안계환 집사님, 박한나 집사님의 흘러넘치는 사랑이 사람들에게 빛이 되고 그로 인해 하나님께 영광을 돌리고 있다. 나는 그 빛이 더 커지고 밝아져서 세상을 환하게 밝힐 것이라 믿어 의심치 않는다.

"이같이 너희 빛이 사람 앞에 비치게 하여 그들로 너희 착한 행실을 보고 하늘에 계신 너희 아버지께 영광을 돌리게 하라"(마태복음 5:16).

다음 세대를 세우는 교회

 은퇴 이후의 삶을 묻는 사람들이 있다. 이제 곧 닥칠 노년의 삶을 어떻게 보내면 좋을까. 나는 내 목회 인생에서 딱 하나 후회되는 '그 일'을 하고 싶다. 아동부를 가르치고 양육하는 일이다. 만약 은퇴한 목사를 받아들이기 어렵다면 교사로라도 봉사하고 싶다. 그만큼 아동부를 잘 키워내고 싶은 마음이 간절같다.

전도사 시절 3년을 제외하고 내 목회는 항상 어른 중심이었다. 신학을 하고 바로 교회를 개척했기 때문에 당장 교회를 이끌어 갈 동력이 필요했고, 부흥회를 위해 전국 사방으로 다니다보니 미래 세대에 관심을 갖고 양육할 시간이 절대적으로 부족했다. 그래서 믿음의 대를 잇는 일에 집중하지 못했다.

하지만 교회를 잘 세워나가기 위해서는 반드시 다음 세대를 양육하는데 힘써야 한다. 아이들은 금세 자란다. 그 아이들이 어떻게 자라느냐에 교회와 나라의 미래가 달려 있다. 나라와 교회의 동량(棟梁)이 될 아이들을 잘 가르치고 양육해야 우리에게 '내일'이 있는 것이다.

이스라엘의 가나안 입성은 여호수아라는 모세의 후계자에 의해 가능했다. 다음 세대를 키우지 않으면 하나님의 역사를 이뤄나갈 믿음의 대가 끊긴다. 거룩한 계보를 잇기 위해 우리교회는 '414 운동'에 기초하여 아동부와 중 · 고등부 양육에 집중하고 있다. '414 운동'이란 4살부터 14살 사이가 복음을 가장 잘 받아들이기 때문에 그 연령대에 집중하여 신앙훈련을 시키는 게 필요하다는 것이다.

실제로 예수님을 잘 믿는 사람 중에 이 나이대에 주님을 영접한 이들이 많다. 4살보다 어리면 상황을 이해하는 능력이 부족하고 14살 이후가 되면 자기 세계가 생기기 때문에 말씀을 받아들이기 어렵다. 그래서 4살부터 14살 사이에 예수님을 만날 수 있는 기회를 갖는 게 중요하다.

그렇다면 어떻게 양육하는 것이 좋을까?

하나님을 만나는 다른 왕도는 없다. 말씀과 기도 뿐이다. 그 안에서 하나님이 역사하시기 때문이다. 우리는 그것을 2016년 중 '고등부 여름 수련회를 통해 체험했다. 아이들이 혹할만한 특별한 프로그램 없이 2박3일 동안 앉아서 말씀과 기도, 찬양을 드리는 이상한 수련회, 커리큘럼만 보면 2016년 중고등부 여름 수련회는 실패한 수련회였다.

하지만 결과는 정반대였다. 2박3일 동안 의자에 앉아만 있었어도 아이들은 생기가 넘쳤고, 기쁨으로 충만했다. 말씀과 기도로 꽉 찬 그들의 영혼에서 흘러나오는 진정한 찬양으로 아이들은 그 어느 때보다 예수님을 가깝게 느꼈다고 한다. 인간의 아이디어를 보태지 않고 오직 하나님의 말씀에 의존한 수련회에 하나님께서는 성령의 임재라는 선물을 보내주신 것이다.

2016년 여름 수련회는 우리 교회 뿐 아니라 한국 교회에 큰 시사점을 준다고 생각한다. 우리는 다음 세대를 믿음으로 세우기 위해 인간적인 방법을 동원해 각종 다채로운 프로그램을 내세워야 아이들의 마음을 끌 수 있다고 생각하지만 큰 착각이다. 아이건 어른이건 사람의 마음을 움직이는 건 말씀과 기도뿐이다.

신앙은 카타르시스를 느끼는 짜릿한 체험이나 즐거움을 주는 이벤트가 아니라 생활이어야 한다. 예배를 통해 만난 하나님을 일상의 삶 속에서 거듭 만나고 그 주님으로부터 오늘을 살아갈 힘을 공급받을 수 있어야 진정한 변화가 일어난다.

그러기 위해서는 예배가 살아나야 한다. 우리는 아동부 수련회도 말씀과 예배 중심으로 진행했다. 예배를 통해 하나님을 만나고 예수님을 알아가는 기쁨을 아는 것이 가장 중요하기 때문이다. 다행스러운 것은 아이들이 예배 안에서 누리는 기쁨을 조금씩 알아가고 있다는 것이다.

한 아이는 지방으로 이사를 갔는데 우리 교회에서 예배를 드리기 위해 주말마다 언니 집에서 잠을 잔다. 물론 언니가 좋아서이기도 하지만 그보다는 함께 예배드리는 그 기쁨을 잊지 못해서라고 생각한다. 예배

드리기를 사모하고 교제를 즐거워하는 것, 이것이야말로 신앙을 성숙시키는 지름길이다. 예배의 기쁨을 아는 아이들이 자라 각 지역교회로 흩어져 '살아있으나 죽은 자'로 존재하는 많은 그리스도인들의 영적 부흥의 촉매제가 될 때 한국 교회의 미래는 희망적이다.

유치부 성탄절 공연

아동부 여름성경학교 모습

중고등부 여름수련회

좋은 열매를 맺는 아름다운 분리

 교회를 송파로 옮긴 후에도 나는 계속 부흥회로 바빴다. 나는 주일 낮 예배 설교만 하고 나머지는 거의 부목사님과 전도사님이 도맡아 교회를 돌보셨다. 내가 부흥회 강사로 참여하는 교회가 늘수록 우리 교회에 머물 수 있는 시간은 점점 줄어들었다. 나의 외부 활동에 익숙해진 교인들은 이제 '부모 없는 고아' 같다는 불만 섞인 투정을 하지는 않았지만 그렇다고 교인이 늘어난 것도 아니었다. 인간적으로 생각해보면 속상할 수도 있는 일이었다.

내가 부흥회를 하고 나면 그 후에 그 교회가 크게 성장하는 역사가 자주 벌어졌다. 제주 영락교회가 그랬고, 안양 평촌교회도 부흥회가 끝난 후에 크게 부흥했다. 물론 그 교회들이 부흥한 것은 그 교회 목사님들의 헌신과 노고 덕분이다.

그런데 겸손하신 목사님들은 항상 내게 부흥회가 교회 부흥의 촉매제 역할을 했다고 말씀해주셨다. 나도 그것을 완전히 부정하지 않는 것이 매년 전국 교회를 대상으로 이루어지는 부흥사 평가에서도 나는 '열매가 좋다'는 말이 압도적으로 많았다. 부흥회를 할 때보다 끝나고 난 뒤가 더 좋다는 것이다.

나는 그 평가를 들을 때마다 하나님께 감사한다. 그것이 바로 내 기도였기 때문이다.

'하나님, 부흥회하는 동안 기적이 안 일어나도 괜찮습니다. 부흥회 기간 동안 온전히 하나님을 만날 수 있게 해주세요. 그 만남으로 인해 부흥회가 끝난 후에도 계속 기도하게 해주셔서 그때 기적과 병 고침과 문제 해결의 능력을 맛볼 수 있게 해주세요.'

나의 이 기도가 하나님 보시기에 합당하셨던 것 같다. 부흥회 기간보다 그 이후가 더 좋으니 나는 가려지고 하나님께만 영광을 돌릴 수 있었다.

그런데 정작 '좋은 열매'에 대해 생각해 본 적은 없었다. 그러다가 우리 교회에서 사역하시던 목사님이 사임하시고 일산에서 개척하는 과정을 겪으면서 교회의 '좋은 열매'가 무엇인지 진지하게 고민하게 되었다. 그 시작은 나의 순수한 공감에서 시작됐다. 전혀 준비 없이 교회를 개척했던 나는 누구보다 개척교회 목사님들의 어려움을 잘 알고 있었다. 특히 물질적으로 어려울 때 얼마나 힘든지 그 말 못할 속사정까지 알기 때문에 교회를 개척할 때면 최선을 다해 돕는다. 그런데 우리 교회에서 부목사님으로 계셨던 분이 교회를 개척하신다니 소매를 걷어붙이고 도울 일이었다. 그런데 교회 예산을 보니 어느 하나 줄일 수 없을 정도로 빠듯했다. 거기에 항목 하나를 추가하여 개척교회를 돕는다는 것은 불가능했다. 그렇다고 모른 척 할 수는 없었다.

그래서 우리교회 교인들 중에서 그 목사님의 교회 개척에 동참하길 원하는 분들은 맘 편하게 교회를 옮기도록 했다. 내가 부흥사역을 하는 동안 열심히 목양을 하셨기 때문에 그 목사님을 따르는 교인이 많다는 것을 알고 있었다.

50여 명의 교인들이 목사님과 함께 하겠다고 나섰다. 그분들 중에는 아예 일산으로 이사를 가신 분들도 많기 때문에 잠시 교회개척을 돕다가 돌아오는 게 아니라 우리교회와는 완전히 분리되어 나가는 분들이었다. 대부분의 교회에서는 이런 상황을 가장 우려한다. 부목사가 교회를 개척하면서 교인들을 빼간다며 부정적으로 보는 시선이 많다. 그러면서 두 교회가 반목하여 갈등하다가 분열되는 경우도 많이 봤다.

하지만 나는 부목사님께 양육받기 원하는 분들이 교회를 옮기는 것을 아주 긍정적으로 생각했다. 기쁜 마음으로 보내드렸을 뿐 아니라 이후에 그 교회가 지역에서 잘 뿌리내려 건강한 교회로 성장하는 모습을 보는 게 즐겁고 행복했다. 그 마음은 축복 가운데 교회를 분리하면서 맺은 아름다운 결실이었다.

그러면서 깨달은 것이 교회가 맺을 수 있는, 아니 맺어야 하는 좋은 열매는 그런 교회의 연합정신이라는 생각이 들었다. 각 교회가 경쟁하면서 덩치 불리기에 힘쓸 게 아니라 '다 여호와의 이름을 부르며 한 가지로 주님을 섬기는' 교회로서 각자 달란트에 맞게 성장하고 성숙해나가는 게 중요하다. 그러기 위해서는 목회자가 교인을 잘 알고, 교인도 목회자를 잘 아는 게 중요하다.

"내 양들은 내 음성을 들으며 나는 그들을 알고 그들은 나를 따르느니라"(요한복음 10:27).

이 말씀처럼 목사와 교인이 목자와 양의 관계를 이룰 때 진정한 양육이 이루어진다.

이 관계를 이루기 위해서는 목자가 양을 알아야 한다. 양이 목자의 음성을 듣는 것보다 목자가 양을 세심하게 돌볼 수 있는 환경이 주어져야 한다는 것이다. 지금 양이 발에 가시가 찔렸는지, 다리가 아픈지 아니면 마음이 아픈지 즉각적으로 알아야 한다. 양의 기쁨과 슬픔, 고통과 좌절감을 알아서 그때마다 목자의 음성을 들려주어야 한다. 이런 관계가 잘 이루어지려면 교인이 3백 명 정도가 적당하다.

3백 명보다 교인이 많아지면 목자가 양의 상황을 일일이 알기가 어려워진다. 할 일은 많고 손은 부족하기 때문에 부목사를 세워 목양을 담당시키고 담임목사는 교회 행정이나 관리에 집중한다. 그렇게 해서는 진정한 목양이 이루어지기 어렵다. 교회의 첫째 목적은 진정한 예배자들을 세우는 것이다. 그것은 목양을 통해서만 가능하다. 그런데 가장 중요한 일을 부목사에게 맡기고 담임목사는 교회를 경영하는데 힘쓴다면 과연 그것이 하나님이 원하시는 일일까?

최근 발생하는 교회의 여러 가지 부정적인 모습도 대부분 대형교회에서 불거지고 있다. 대부분 교회를 부흥시켜 주신 하나님의 축복을 제대로 누리지 못한 우리의 잘못 때문에 생기는 일들이다. 교회가 커지면 물질이 쌓이게 되고 그것을 둘러싸고 잡음이나 갈등이 생기게 마련이다.

그것의 근본적인 원인을 생각해보면 교회를 양적으로만 성장시키려고 했던 한국 교회에 잘못이 있다. 3백 명 정도 교인을 잘 양육하여 건강한 교회를 세우고, 교회 연합의 정신으로 각기 자신의 달란트에 맞게 세상의 소금과 빛의 역할을 한다면 교회가 비난받는 일은 생기지 않았을 것이다.

한국 사회에서 교회에 대한 신뢰를 회복하려면 이런 목회적 회복이 필수다. 건강한 교회들이 많아져야 한다. 나는 신학교에 가서 강의할 때도 이 얘기를 강조한다. 그리고 신학을 공부할 때 대형교회를 보면서 목회를 꿈꾸지 말라고 한다.

만 명, 십만 명 구름떼 같이 모이는 성도들을 바라며 자신이 어떻게 목회할지 계획하면 막상 현실과 맞닥뜨렸을 때 좌절하기 쉽다. 만 명은커녕 천명 모이기도 힘든 게 요즘 현실이다. 그런 현실 속에서 좌절하면 목회가 힘들어지고, 그러면 목사도 교인도 시험에 들게 된다.

하지만 열심히 신학해서 3백 명 정도 규모의 교회를 건강하게 잘 목회해야겠다고 마음먹으면 결과가 전혀 달라진다. 3천 명은 초임 목사에게 버거울 수 있지만 3백 명은 충분히 감당할 수 있다. 그러면 자신감도 생기고, 목회비전도 구체적으로 세울 수 있다. 목회자들이 큰 교회를 만들겠다는 생각을 버리고 진정으로 양떼를 관리하는 목자가 되겠다는 각오를 다진다면 이 땅에 건강한 교회들이 잘 뿌리내릴 수 있다. 그때 한국교회의 진정한 종교개혁이 이루어질 것이다.

3백 명 교회가 되면 교인들도 달라질 수밖에 없다. 사람들이 대형교회를 선호하는 이유 중 하나가 무임승차를 할 수 있기 때문이다. 교회가 크면 누가 누군지 잘 모르기 때문에 주일에 예배만 드리고 가는 '선데이 크리스천'으로 살아도 목회자나 성도들이 크게 개의치 않는다. 영적인 친교 없이 성경 공부도 하지 않고, 기도훈련도 받지 않은 채 예배만 드리면 영적으로 성숙하기 어렵다. 나는 큰 교회에서 무임승차하면서 주일에 예배당 뜰만 밟는 분들에게 각 지역교회로 가서 목사님으로부터 일대일 양육받기를 권면한다. 그래야 신앙이 믿음 안에서 잘 자라나 세상의 빛과 소금 역할을 해 낼 수 있다.

내가 법을 전공해서인지 교회에 분쟁이 일어나면 나를 찾아오는 분들이 많다. 어쩔 때는 아침과 저녁에 교회에서 서로 대립하고 있는 사람들을 다 만날 때도 있다. 내용은 달라도 그분들 이야기의 서론은 똑같다. 다들 교회를 위해 어쩔 수 없이 나섰으며 자신들의 방법만이 교회를 살릴 수 있다는 것이다. 그 말을 들을 때마다 나 역시 똑같은 대답을 한다.

"괜히 싸우지들 마시고 차라리 그 싸울 힘으로 나가서 따로 교회를 세우세요. 자꾸 재산 탐내서 서로 헐뜯지 마시고요. 그 교회를 떠나면 참으로 더 귀한 일을 할 수 있습니다."

이렇게 말하면 대부분 원치 않는 대답에 실망하여 돌아선다. 그러면 나는 짓궂은 말 한마디를 더 보탠다.

"소송해서 이기면 좋겠지요. 하지만 그거 못 이깁니다. 어차피 소송 끝까지 가봐야 못 이기니까 계속하지 마시고 손 딱 털고 따로 세우세요."

'선데이 크리스천'이나 무임승차하는 분들이 교회에 갈등을 일으키는 경우는 거의 없다. 분쟁은 언제나 교회 사정을 가장 잘 아는 목사님과 장로님, 안수집사님 사이에서 일어난다. 이분들은 교회의 핵심 멤버이자 성도를 가르치고 양육할 책무가 있는 분들이다. 그런데 그 귀한 사명을 버려두고 교회를 망치는 일에 앞장서고 계시니 답답할 노릇이다. 교회가 커서 생기는 문제는 나누면 해결된다. 분리를 두려워하지 않을 때 교회는 분쟁이 아니라 축복 속에 교회를 세울 수 있다.

기드온 3백 용사 교회 운동

하나님께서는 부흥회와 교회 분리를 통해 내게 '기드온 3백 용사 교회'라는 소명을 새롭게 주셨다. 나의 소망은 열심히 전도해서 교인이 3백 명이 될 때 또다시 교회를 분리시키는 것이다. 상가에 있을 때 선교사를 파송함으로써 '선교하는 교회'의 모델이 되었던 것처럼 교인 수가 3백 명 이상이 되면 분리시켜 교회를 세움으로써 '기드온 3백 용사 교회'의 모델이 되고 싶다.

여기서 중요한 건 숫자 3백이 아니라 '기드온의 용사'다. 기드온의 용사란 전쟁을 하기에 적합한 자들, 모든 면에서 훈련된 자를 말한다. 3만 2천 명 중에서 고르고 선택한 하나님의 특공대다. 그들은 전쟁에 대한 두려움이 없고, 어떤 상황에서도 적을 의식하여 전투태세를 흐트러뜨리지 않는 용사들이다. 하나님은 그렇게 준비되어 있는 자들을 주목하신다. 그리고 세상의 기준으로 볼 때 반드시 지는 싸움을 승리로 이끄신다.

이것이 우리가 '기드온의 3백 용사'가 되어야 하는 이유다.

우리는 전투와 관계없이 살고 있는 것 같지만 우리가 이 세상에서 살아가는 것 자체가 전투다. 치열한 영적 전쟁이다. 미디안 군대 앞에 선 3만 2천 명의 오합지졸처럼 우리는 세상과 하나님 사이에서 선택을 해야 한다. 눈에 보이는 것과 보이지 않는 것, 즉 세상의 질서와 하나님을 향한 믿음의 선택이 우리 삶의 앞에 언제나 놓여 있다. 그럴 때마다 하나님을 선택하기 위해서는 마지막까지 남아 승리를 거둔 기드온의 3백 용사가 되지 않고서는 불가능하다.

하나님보다 앞서는 모든 문제들, 직장, 건강, 가족, 진로의 문제가 '메뚜기 같이 허다하고 해변의 모래같이 많을' 때가 얼마나 많은가. 그 염려와 걱정으로 인해 넘어지고 두려움에 떨며 좌절할 때가 얼마나 많은가. 그것이 바로 우리 눈앞에 있는 미디안 군대다. 하나님보다 더 크게 나를 압도하는 두려움이 있을 때 망설임 없이 하나님을 선택하기 위해서는 어떻게 해야 할까?

말씀으로 훈련받고 교회 공동체 안에서 사랑으로 양육되어야 한다. 그것이 바로 '기드온 3백용사 교회'를 만들어가는 과정이다.

훈련은 훈련생에 맞게 집중적이면서도 체계적으로 이루어져야 한다. 기드온의 3백 용사는 검증을 통해 기준미달인 자를 탈락시켰지만 교회는 다르다. 지금 현재가 아니라 하나님께서 역사하실 그 사람의 미래를 기대하며 교인 한 사람 한 사람을 용사로 훈련시켜 가야 한다. 그러기 위해서는 3백 명 교회가 알맞다. 목회자와 교인 간의 직접 소통이 가능하기 때문이다.

우리 교회는 전교인을 '기드온의 3백 용사'로 무장시키기 위해 '말씀의 자녀 세우기' 운동을 하고 있다. 우리가 하나님을 만나는 가장 직접적인 통로는 예배다. 우리가 참 예배자로 설 때 하나님의 말씀이 우리의 삶을 관통하여 변화시키고 보다 하나님과 친밀하게 교제할 수 있다.

참된 예배를 드리기 위해서는 주일에 한 번 예배드리는 것으로는 부족하다. 우리의 삶이 예배가 되어야 한다. 주일 예배를 통해 우리의 삶을 주님께 드리고 우리의 거룩한 본성을 회복시켜 주시는 하나님의 은혜로 일주일을 살아가야 한다. 그러기 위해서는 주일예배에 받은 말씀으로 한 주일을 사는 것이 중요하다. 그리고 그 삶을 교회 공동체 안에서 나누는 것이 중요하다.

우리는 그 두 가지를 이루기 위해 주보를 바꾸었다.

교회와 예배에 대한 모든 정보는 압축해서 앞면에 간단하게 넣고, 뒷면에 말씀을 기록하도록 하였다. 그렇게 하면 극장에서 영화를 보듯 수동적으로 예배를 드리지 않고 적극적으로 예배에 참여할 수 있다. 직접 말씀을 적고, 그 말씀이 내 삶에 어떻게 다가오는지 그 의미를 되새기고, 삶에 적용하다보면 말씀대로 살 수 밖에 없다.

여기에 '하브루타'를 덧붙였다. '하브루타'는 짝을 지어 질문과 대답을 통해 배워가는 유대인의 교육방식이다. 뛰어난 인재를 키워내는 유대인의 교육방식 중 가장 우수하다고 꼽히는 '하브루타'를 말씀을 나누는데 적용했다. 예배를 드리고 난 후 성도의 교제를 통해 말씀을 나누도록 한 것이다. 먼저 묵상을 통해 스스로 질문하고, 교제를 통해 그 답을 구하고, 더 깊이 하나님을 알아가는 기쁨을 교회 공동체 안에서 경험할 수 있도록 했다.

하나님은 우리를 공동체로 부르셨다. 따라서 개인의 성장은 곧 교회의 성장과 이어져야 하며 성숙된 교회는 사회를 변화시켜야 한다. 그러기 위해서는 먼저 교회 안에서 말씀을 통한 교제, 진정한 코이노니아가 이루어져야 한다.

'하브루타'를 활용한 '말씀의 자녀되기'가 좋은 점은 전교인이 하나의 말씀을 나눌 수 있다는 것이다. 말씀이 내게 어떤 울림을 주는지 깊이 사고하고 하나님에 대한 궁금증을 풀어가기 때문에 정답이 존재하지 않는다. 성경 지식에 따라 교회에 다닌 연한에 따라 수준이 달라지지도 않는다. 말씀 앞에서 누구나 겸손할 수 있고, 솔직할 수 있다.

말씀을 통해 포장된 자아를 벗고 진리 안에서 진정한 자유를 누릴 수 있게 된다. 이렇게 예배를 통해 받고, 묵상하고 성도와 함께 나눈 그 말씀을 갖고 일주일을 살아갈 때 우리는 진정 하나님과 동행하며 살 수 있다.

'하브루타' 방식의 성경공부는 특히 자녀들에게 효과적이다. 스스로 질문하면서 사고력을 키울 수 있을뿐더러 다른 사람으로부터 소개받은 하나님이 아니라 본인이 찾고 갈망하여 만난 하나님을 체험할 수 있다. 이 경험만큼 소중한 것은 없다. 하나님을 만나고 그 안에서 자신을 발견할 때 아이들의 삶은 완전히 달라진다. 하나님이 각자에게 새겨주신 독특한 능력을 발휘하며 자신의 삶을 살 수 있다. 자신의 그릇에 충만한 삶을 사는 것, 그것보다 더 행복한 것은 없다.

하브루타를 통한 말씀 나누기가 말씀의 자녀가 되기 위한 첫 단계라면 '전교인 교회에서 5분 거리에 살기'는 두 번째 단계다. 성도는 맡은 바 사명에 충실해야 하는데 그러기 위해서는 말씀과 기도, 전도와 봉사, 구제를 생활화해야 한다. 이것은 교회와 동떨어져서는 불가능하다. 교회를 중심으로 살아갈 때 우리는 성도로서 구별된 거룩한 삶을 살아갈 수 있다.

이렇게 얘기하면 요즘 같은 세상에 어떻게 그런 일이 가능하냐고 반문하는 사람들이 많다. 하지만 개혁교회 시기의 유럽이나 미국을 보면 마을의 중심에 위치한 교회가 주민들의 삶을 주관했다. 교회가 교회되게 하기 위해 성도들을 참 예배자로 세웠고, 교회의 장로들은 교인들의 삶이 성찬을 받을 만한지 아닌지 관리·감독했다. 이것은 교회가 삶의 중심이 될 때 가능하다. 심리적 거리 뿐 아니라 물리적 거리도 가까워야 한다.

먹고 살기 힘든 요즘, 우리는 직장을 따라 이사하는 것을 당연하게 생각한다. 자녀 교육이 인생의 목표가 된 지금, 아이들의 학군에 맞춰 집을 장만하는 것을 자랑스럽게 생각한다. 그렇다면 하나님의 자녀로 살기 위해 힘쓰는 것이 우리의 지상목표가 된다면 교회 가까운 곳으로 옮겨와 하나님의 부르심에 충성하는 삶을 살 수 있지 않을까. 불가능과 가능의 차이는 우리 마음의 중심축이 어느 쪽으로 기울었느냐에 따라 달라진다고 생각한다.

자녀를 위해 학군 좋은 곳으로 이사하지 말고 교회 근처로 옮겨오길 조언한다. 교회가 아이들의 놀이터가 되고 공부방이 될 때 하나님의 말씀 안에서 성장할 수 있다. 그러기 위해 우리교회는 '하브루타 공부방'을 준비하고 있다. 하브루타 방식으로 성경을 공부하고 세상 지식도 쌓아 힘껏 자랄 수 있도록 교회가 좋은 토양이 되어주고 자양분을 공급해주고자 한다.

이렇게 말씀과 기도, 그리고 교회 공동체를 중심으로 우리가 살아갈 때 진정한 믿음의 공동체로 성장할 수 있으며 그 안에서 하나님의 나라를 경험할 수 있다. 가장 효과적인 전도는 우리 안에 존재하는 하나님 나라를 다른 사람들에게 들키는 것이다.

그 아름다운 비밀이 무엇인지 사람들로 하여금 궁금하게 만드는 것이다. 나는 우리 교회 뿐 아니라 한국교회가 교회와 일터 그리고 집이 아름다운 삼각편대를 이루어 더 많은 사람들이 그 속에 참여하길 바라는 교회 공동체가 되길 바란다.

아시안 하이웨이로 세계 선교를

'기드온 3백명 용사'교회에 대한 비전은 북한과 세계선교로 이어진다. 아니, 이어져야 한다. 지금은 닫혀있는 땅, 아무런 희망이 보이지 않는 그 땅을 열고 회복시킬 분은 오직 하나님뿐이시기 때문이다. 북한에 대한 새로운 비전을 주신 하나님은 나를 총회 남북한 선교통일위원회로 보내셨다. 이것이 북한과 세계 선교에 동역하길 바라시는 하나님의 뜻이 아닐까.

최근 북한의 정세를 보면 불안하기 짝이 없다. 핵을 만든다고 세계를 떠들썩하게 하더니 제법 소형화에 근접했다고 한다. 그것에 성공하면 우리나라는 물론 세계도 안전하지 않다. 세계가 북한에 주목하는 이유가 바로 그것이다. 나는 북한이 전 세계의 폭탄이 되기 전에 하나님께서 그 문을 여실 것을 확신한다. 하나님은 자기 백성을 버리는 분이 아니기 때문이다.

"보라 형제가 연합하여 동거함이 어찌 그리 선하고 아름다운고"(시편 133:1).

하나되길 바라시는 하나님은 우리에게 복음통일의 비전을 주셨다. 북한의 정세가 불안할수록 역사를 주관하시는 하나님을 바라보며 낙망하지 말고 기도하며 복음통일을 준비해야 한다.

그 첫 번째가 한국 교회가 건강해져야 한다. 말씀으로 돌아가 하나님의 뜻대로 살아가는 신앙공동체가 되어야 한다. '기드온 3백용사 교회'를 이루어 영적 전쟁에서 승리하는 교회, 복음의 전신 갑주를 입은 신자들이 되어야 한다. 그렇게 전교인이 말씀과 기도로 훈련되고 교회를 중심으로 신앙의 원칙에 따라 복음의 삶을 살아가면 결국 그 힘으로 복음통일을 준비할 수 있게 된다. 우리가 하는 것이 아니라 하나님께서 그렇게 만들어 가실 것이다.

그리고 하나님께로부터 받은 그 동력으로 북한에도 '기드온 3백용사 교회'를 세워야 한다. 중국이 개방되었을 때 모든 것이 다 파괴되었다고 생각했지만 곳곳마다 교회 건물이 남아있었다. 아마 북한도 마찬가지일 거라고 생각한다. 하지만 예배당이 교회는 아니다. 그곳에서 하나님을 찬양하고 경배하는 참된 예배자가 있어야 진정한 교회를 이룰 수 있다. 예수 이름으로 훈련된 '기드온 3백 용사'들이 교회를 채워나가면서 북한을 복음화시켜야 한다.

그렇게 남북한 손을 잡고 복음으로 하나 될 때 우리는 "땅끝까지 이르러 내 증인이 되리라"(사도행전 1:8)라고 말씀하신 하나님의 뜻을 이뤄나갈 수 있다. 남북한이 하나 되는 것은 한민족의 통일만을 의미하지 않는다. 북한의 문이 열리는 순간 실제로 세계는 하나로 이어지게 된다.

믿기지 않겠지만 사실이다. 지난 57년부터 계획했던 아시안 하이웨이, 아시아의 32개국을 연결하는 약 14만km의 도로망이 최근 건설에 박차를 가하고 있다. 아시안 하이웨이는 일본에서 한국을 거쳐 중국, 인도를 지나 터키까지 연결되는 21세기 실크로드다. 그 고속도로가 지금 건설되고 있다.

물론 그 길은 복음전파를 위해 만드는 것이 아니다. 아시아 국가 간 물적·인적 교류를 확대하고 정치, 경제, 사회 등의 협력을 증진시키기 위해 만드는 '경제를 위한 길', '정치적인 길'이다.

하지만 역사를 이끄시는 분은 하나님이시다. 인간이 어떤 의도로 만들었건 하나님은 그것을 선하게 사용하신다. 역사적으로 복음전파가 이루어지기 전에 먼저 길이 닦였다. 로마의 도로를 통해 바울이 이방인에게 복음을 전파하였듯이 하나님은 길에서 세상의 권력과 힘을 지우시고, 복음의 통로로 사용하셨다.

세계를 하나로 연결시키는 아시안 하이웨이는 우리민족에게 세계선교의 횃불을 들어야 한다는 사명감을 다시금 일깨워준다. 아시안 하이웨이의 24개의 노선 중 우리나라는 2개가 지난다. 그 길이 연결되면 우리는 자동차로 부산에서 출발해 중국과 러시아를 거쳐 동남아시아, 유럽까지 갈 수 있게 된다. 또 부산과 강릉을 거쳐 러시아로 갈 수도 있다. 우리나라에서 시작된 복음이 전 세계로 뻗어나갈 수 있다는 얘기다.

하지만 그 모든 전제조건은 남북한 통일이다. 먼저 남북한이 하나 되어야 전 세계가 그리스도의 말씀으로 하나 될 수 있다. 이를 위해 비전교회는 선교의 비전을 가지고 '기드온 3백용사 교회'로 한국 교회에 건강한 피를 수혈할 수 있는 신앙공동체가 되는데 힘쓸 것이다.

그리고 온전히 하나님의 뜻을 구하는 훈련된 예배자들로 구성된 '기드온 3백용사 교회'로 한국 교회를 교회되게 하는데 앞장설 것이다. 하나님 안에서 한 지체인 교회가 자신의 맡은 바 사명을 다하게 하기 위해 중복사역을 피하고 선교와 교육, 구제와 봉사 등 지교회가 기꺼이 감당할 수 있는 일에 충성할 수 있도록 '교회 연합정신'을 구현해 나갈 것이다.

그러기 위해 비전교회가 컨트롤 타워가 되어 함께 기도하고 선교의 방향성을 세워나갈 수 있도록 할 것이다. 주보나 각 조직에 대한 행정적인 절차 등을 지원해주고 교회는 오직 말씀과 기도로 충만해짐으로써 하나님의 일을 잘 감당할 수 있도록 돕는 역할을 할 것이다. 그럴 때 비로소 이 땅에 세워진 십자가가 예수님의 보혈의 피로 세상을 구원할 수 있게 될 것이다.

그 피가 흘러 북한땅을 적시고 세계로 이어질 때 하나님의 온전한 복음사역이 완성될 거라 믿는다. 홀로코스트를 겪은 유대인은 다른 민족의 말은 귓등으로도 듣지 않지만 북한 정권의 강제수용소를 통한 인권탄압은 또 하나의 '홀로코스트' 대학살이라고 탈북자에게만은 마음을 연다고 한다. 목이 곧은 민족인 유대인의 그 딱딱한 마음을 녹일 사람은 탈북자밖에 없다는 것이다. 그런데 그 탈북자를 끌어안을 수 있는 존재는 우리들 밖에 없다.

오직 성령의 힘으로 하나님으로부터 위임받은 그 사랑으로 우리는 북한을 끌어안고 탈북자를 받아들여야 한다. 하나님의 때에 북한의 문을 열어 주시면 그때 복음을 들고 나가야 한다. 복음으로 국경의 경계가 무너질 때 우리 마음 속에 증오와 갈등도 사라지게 된다. 그때는 우리도 북한은 물론 일본과 중국, 러시아와도 손잡고 복음 전파에 나설 수 있게 될 것이다.

인종과 민족, 나라로 구분되지 않고 하나님의 자녀로 하나되어 복음을 전하는 '복음의 고속도로' 아시안 하이웨이에서 45억 만 명 아시아인이 하나되어 하나님을 찬양할 그날을 생각하면 벌써부터 가슴이 벅차오른다. 그 일에 동참하기를 기도한다. 우리가 하나님의 역사에 동역자로 서기를 기도한다. 나는 우리 비전교회가, 또 한국교회가 그 일을 기쁨으로 감당할 것을 믿어 의심치 않는다.

"또 이르시되 너희는 온 천하에 다니며 만민에게 복음을 전파하라"(마가복음 16:15)

복음을 대한민국에서 세계로!

하나님의 꿈의 완성은 무엇일까?

바로 예수님이 이 땅을 떠나시기 전에 우리에게 남긴 유언같은 명령, "땅 끝까지 이르러 내 증인이 되라"가 실현되는 그 날이 아닐까. 하나님의 꿈과 나의 소망이 하나로 겹쳐지면서 나는 우리나라를 향한 하나님의 새로운 비전을 보게 되었다.

우리나라는 세계에서 유일하게 원조수혜국에서 공여국이 되었다. 어떻게 그런 일이 생겼을까. 물론 우리 민족이 성실하고 근면하기 때문에 그런 큰 복을 받을 수 있었지만 그것만으로 경제발전이 이루어지는 것은 아니다. 큰 복을 통해 이루시려는 하나님의 계획이 분명히 있었던 것이다. 나는 그것이 세계선교라고 확신한다.

지금 전 세계에서 가장 많은 나라에 흩어져 사는 민족이 한민족이다. 전 세계 179개 나라에 한국인들이 살고 있다. 중국인들은 170개 나라로 우리나라에 이어 두 번째다. 물론 인구수로는 중국 사람이 가장 많다. 하지만 나라 수만 비교하면 한국인이 가장 다양한 나라에 흩어져 살고 있다. 디아스포라의 대표격으로 알려진 이스라엘도 중국에 이어 3위를 차지했다. 이러한 사실은 하나님께서 한국을 전 세계에 복음 전할 민족으로 선택하셨다는 걸 의미한다고 생각한다. 하나님께서는 한국이 세계 복음 전파의 사명을 감당하길 원하고 계신다.

또 하나 내가 한국인에 대한 하나님의 특별한 뜻을 깨닫는 것은 교회 건축에 대한 우리나라 사람들의 남다른 열망을 알기 때문이다. 우리나라 사람들은 어디를 가든 교회를 세우고, 학교를 세우는데 열심이다. 우리나라에 복음이 처음 들어왔던 구한말부터 부흥기였던 6-70년대에 자신의 집을 팔아 교회를 세운 이들이 허다하게 많았다. 자신이 거할 처소보다 하나님의 성전을 먼저 건축해야 한다는 믿음이 알게 모르게 우리나라 사람들의 DNA에 스며 있는 것 같다. 그러니 우리교회 같이 교인 수가 많지 않은 교회도 선교사 20명을 지원하고 교회를 계속해서 짓는 사역을 감당할 수 있는 것이다.

한번은 텔레비전을 보는데 미얀마 난민들이 나왔다. 어느 무덤에서 시신 139구가 나왔는데 살아있을 때 얼마나 고단했을까를 생각하니 가슴이 아려왔다. 그래서 지금도 떠돌고 있을 미얀마 난민을 도울 수 있는 방법은 없는지 알아봐 달라고 선교사님께 부탁했다. 그러자 기다렸다는 듯이 "그렇지 않아도 난민을 위한 교회가 절실했다"며 교회 건축을 지원해 줄 것을 호소했다. 중요한 것은 하나님께서 이런 감동을 내게만 주시는 게 아니라는 것이다. 교인들에게 이 이야기를 전달했을 때 성령의 감동·감화하심으로 다들 어려운 중에도 헌금을 하여 그들을 위한 교회를 지을 수 있었다. 라오스에 있는 교회도 교인 한 분이 자신이 건축을 감당하겠다고 하셔서 온전히 지을 수 있었다.

우리나라 사람들의 이런 역동적인 참여로 인해 선교의 파장이 극동의 작은 땅 대한민국에서 세계로 뻗어나가는 것이다. 한국의 세계선교 역사는 짧지만 눈 깜짝할 사이에 성장하여 선교사 파송 2만 7천 명을 넘겼다. 인구 단위로는 세계 제일이라고 한다.

나의 마지막 사명은 작지만 건강한 교회가 서로 연합하여 세계선교의 사역을 잘 감당할 수 있도록 성령의 띠를 더 단단하게 묶는 작업을 하는 것이다. 여기에 쓰임받는 도구가 되길 하나님께 기도드린다.

"오직 성령이 너희에게 임하시면 너희가 권능을 받고 예루살렘과 온 유대와 사마리아와 땅 끝까지 이르러 내 증인이 되리라 하시니라"(사도행전 1:8)

세계 복음화를 기도하며
정도출 목사

맞춤형 무릎기도문 시/리/즈

30일 작정 기도서

십대의
무릎 기도문

십대 자녀를 위한
무릎기도문

자녀를 위한
무릎기도문

가족을 위한
무릎기도문

자녀축복
안수기도문

재난재해안전
무릎기도문-자녀용

아가를 위한
무릎기도문

태아를 위한
무릎기도문

남편을 위한
무릎기도문

아내를 위한
무릎기도문

태신자를 위한
무릎기도문

새신자를 위한
무릎기도문

교회학교 교사
무릎기도문

재난재해안전
무릎기도문-부모용

망망한 바다 한가운데서 배 한 척이 침몰하게 되었습니다.
모두들 구명보트에 옮겨 탔지만 한 사람이 보이지 않았습니다.
절박한 표정으로 안절부절 못하던 성난 무리 앞에 급히 달려 나온 그 선원이
꼭 쥐고 있던 손바닥을 펴 보이며 말했습니다.
"모두들 나침반을 잊고 나왔기에 … "
분명, 나침반이 없었다면 그들은 끝없이 바다 위를 표류할 수 밖에 없을 것입니다.

우리는 삶의 바다를 항해하는 모든 이들을 위하여
그 나침반의 역할을 하고 싶습니다.
우리를 구원하신 위대한 주 예수 그리스도를 널리 전하고 싶습니다.

"하나님은 모든 사람이 구원을 받으며
 진리를 아는 데에 이르기를 원하시느니라"
 (디모데전서 2장 4절)

하나님 뜻 앞에서
계산기를 내려놓자

지은이 | 정도출 목사
발행인 | 김용호
발행처 | 나침반출판사

제1판 발행 | 2016년 11월 1일

등   록 | 1980년 3월 18일 / 제 2-32호
주   소 | 07547 서울특별시 강서구 양천로 583
          블루나인 비즈니스센터 B동 1607호
전   화 | 본사 (02) 2279-6321 / 영업부 (031) 932-3205
팩   스 | 본사 (02) 2275-6003 / 영업부 (031) 932-3207
홈   피 | www.nabook.net
이메일 | nabook@korea.com / nabook@nabook.net

ISBN 978-89-318-1524-5
책번호 가-9055

값은 뒷표지에 있습니다.